基于产品差异性的厂商竞争
与合谋博弈研究

曹文琴 著

西南交通大学出版社
·成都·

图书在版编目（CIP）数据

基于产品差异性的厂商竞争与合谋博弈研究 / 曹文琴著. —成都：西南交通大学出版社，2021.10
ISBN 978-7-5643-8304-6

Ⅰ.①基… Ⅱ.①曹… Ⅲ.①产业组织理论 – 研究②企业竞争 – 研究 Ⅳ.①F260②F271.3

中国版本图书馆 CIP 数据核字（2021）第 204960 号

Jiyu Chanpin Chayixing de Changshang Jingzheng yu Hemou Boyi Yanjiu

基于产品差异性的厂商竞争与合谋博弈研究

曹文琴　著

责 任 编 辑	张宝华
封 面 设 计	何东琳设计工作室
出 版 发 行	西南交通大学出版社 （四川省成都市金牛区二环路北一段 111 号 西南交通大学创新大厦 21 楼）
发行部电话	028-87600564　028-87600533
邮 政 编 码	610031
网　　　　址	http://www.xnjdcbs.com
印　　　　刷	成都蜀通印务有限责任公司
成 品 尺 寸	170 mm × 230 mm
印　　　　张	14
字　　　　数	269 千
版　　　　次	2021 年 10 月第 1 版
印　　　　次	2021 年 10 月第 1 次
书　　　　号	ISBN 978-7-5643-8304-6
定　　　　价	68.00 元

图书如有印装质量问题　本社负责退换
版权所有　盗版必究　举报电话：028-87600562

序　Preface

随着近几年电子网络零售交易需求的增加，快递行业实现了跨越式发展。国家邮政局公布的 2020 年邮政行业运行情况数据表明，2020 年全国快递服务企业业务量累计完成 833.6 亿件，同比增长 31.2%；业务收入累计完成 8795.4 亿元，同比增长 17.3%；快递业务收入占国内生产总值的比重达 8.2%。其业务量超过美、日、欧等发达国家经济体总和，全球包裹量占比超过 50%，连续七年稳居世界第一。国家邮政局提出，2021 年将继续深入推进"快递进村"工程，力争到年底，东部地区基本实现快递服务直投到村，中、西部地区建制村快递服务通达率分别达 80% 和 60%。然而，快递业在规模快速扩张的同时，也应注重高质量发展，不断优化市场结构，提升发展质效，进一步培育发展新动能。未来快递服务产品在功能具有较强替代性的同时，必将在服务质量、营销手段等方面展开差异化竞争。另外，快递行业高寡占的市场结构，使得快递服务商间竞争、合谋、背叛等各种策略交织，这又对其供给的产量决策、服务水平的质量决策、价格决策和其他相关方面的竞争决策产生重要影响，进而影响快递产业的市场结构和消费者福利。因此，非常有必要对此开展深入的科学研究和探讨工作。

在曹文琴副教授撰写的著作《基于产品差异性的厂商竞争与合谋博弈研究》中，以中国国内异地快递业的实证分析为例，针对产品差异性对厂商间竞争、合谋及稳定性的影响，运用合谋理论、博弈论数学模型、古诺产品差异化模型、Lancaster 模型及其扩展模型，从静态和动态两个角度，揭示了厂商间竞争、合谋行为的机理、影响因素。同时，对我国快递业高速发展及存在的问题，基于前述理论分析，从现实表象角度证明了快递服务商间竞争、合谋行为的存在性，并提出有序竞争、合谋行为的建议，从而为企业的决策和对策行为选择和政府管制政策的实施提供一定的理论依据。

此著作内容翔实，理论与实践分析紧密结合，可作为从事该领域研究的研究生、科研人员和管理一线人员的参考书。

郭军华

2021年9月

前言 Preface

产品差异化理论与竞争、合谋相结合是目前一个重要的研究领域。本书在这些研究的基础上，对产品横向差异、纵向差异对厂商间竞争、合谋策略的影响进行了更深入的研究，主要包括基于静态和动态博弈的厂商间产量、质量、价格竞争、合谋行为，以及厂商间进入阻止策略的分析。当前，我国的快递市场，正由原来的 EMS 占据主要地位的单极结构向多家快递企业参与竞争的多极结构和服务差异化转变。2020 年，快递服务品牌集中度指数 CR_8 为 82.2，行业规模经济效应更加显著，形成了高集中寡占市场结构。这是因为快递产业服务商间易出现合谋行为，而合谋行为的存在对快递服务商间的服务供给的产量决策、服务水平的质量决策、价格决策和其他相关方面的竞争决策产生重要影响，进而影响快递产业的市场结构和消费者福利。

本书针对产品差异性对厂商间竞争、合谋及稳定性的影响，运用合谋理论、博弈论数学模型、古诺产品差异化模型、Lancaster 模型及其扩展模型，从静态和动态两个角度，揭示了厂商间竞争、合谋行为的机理。同时，对我国国内异地快递业之间的竞争、合谋进行了深入分析，并从快递服务商和公共政策两个角度对有效竞争、合谋提出了相关建议。

本书分为四部分，共 9 章。第一部分由第 1 章绪论与第 2 章相关理论组成。绪论部分阐述研究背景、研究意义、关键概念界定和基本假设、结构体系、研究方法、创新点；第 2 章是与研究相关的理论简述及相关研究现状。

第二部分由第 3, 4, 5 章组成，主要运用静态博弈、重复博弈、动态博弈理论，研究产品横向差别化对竞争、合谋稳定性的影响。

第三部分由第 6, 7 章组成，主要运用静态博弈、重复博弈、动态博弈理论，研究产品纵向差别化对竞争、合谋稳定性的影响。

第四部分为第 8 章，主要以理论结论为基础，对有序竞争提出相关建议。以快速发展中的中国国内异地快递业为实证分析对象，对其竞争、合谋进行深入分析，并从快递服务商和公共政策两个角度对有效竞争、合谋提出相关建议。

最后是研究结论、研究局限性以及进一步研究的方向。首先对全书主要的研究结论与研究观点进行了总结。然后指出了本书在理论基础、实证研究两方面的不足，并指出了未来进一步研究的方向。

本书素材来源于多个课题的研究成果：2019 年江西省教育厅科技项目"基于产品差异性的快递行业竞争与合谋博弈研究（GJJ18032）"，2020 年华东交通大学校立教学改革课题"创新创业视角下'物流中心规划与运营'课堂教学改革研究"，2013 年江西省科技厅"多目标动态企业联盟的随机模糊合作博弈理论研究（20132BAB211013）"，以及 2015 年本人博士学位论文研究成果。

本书在编写过程中，得到了南昌大学管理学院涂国平教授的大力支持与帮助，徐祥、阎杰、徐晓凡、廖靖雯、瞿阳、李翔、王贺、李明泽等研究生，为本书资料搜集和整理做了很多工作，在此一并感谢。最后感谢未能一一列举的参考文献的作者们！

鉴于作者水平有限，书中难免存在疏漏和不妥之处，恳请广大读者批评指正！宝贵意见请反馈至邮箱 bessie2310@163.com。

华东交通大学交通运输与物流学院　曹文琴
2021 年 5 月

目录 Contents

第1章 绪 论 ··· 001
  1.1 研究背景 ·· 002
  1.2 研究目的和研究意义 ·· 004
  1.3 相关理论研究现状 ··· 006
  1.4 产业竞争、合谋研究现状 ··· 014
  1.5 本书主要内容和框架 ·· 021
  1.6 研究方法，主要创新点 ··· 024

第2章 理论简述及相关研究现状 ·· 026
  2.1 产业组织理论综述 ··· 027
  2.2 博弈论 ··· 029
  2.3 产品差异化研究 ·· 031
  2.4 默契合谋理论 ··· 035
  2.5 最低质量规制 ··· 037
  2.6 进入阻止理论 ··· 038
  2.7 小结 ·· 038

第3章 基于产品横向差异的产量竞争均衡分析 ···························· 039
  3.1 古诺假设下完全垄断的市场分析 ·· 040

3.2 古诺假设下双寡头产量竞争均衡……041
3.3 不完全成本信息下差异产品厂商 Cournot 产量竞争博弈分析……049
3.4 不完全差异信息下差异产品厂商 Cournot 竞争博弈分析……058
3.5 三个垄断厂商进入阻止博弈分析……065
3.6 小 结……066

第4章 基于产品横向差异的产量重复博弈均衡分析……068
4.1 双寡头产量重复博弈系统稳定性分析……069
4.2 三寡头产量重复博弈系统稳定性分析……077
4.3 小 结……083

第5章 基于产品横向差异的产量合谋稳定性分析……084
5.1 双寡头完全合谋情况下，收益、产量、价格分析……085
5.2 部分合作、背叛收益及演化稳定性分析……097
5.3 不同惩罚规制下产品差异度与共谋……102
5.4 不完全信息下双寡头博弈动态调整合作机制研究……105
5.5 小 结……112

第6章 基于产品纵向差异化的厂商进入、阻止行为分析……113
6.1 引 言……114
6.2 完全垄断下厂商市场行为分析……114
6.3 两个垄断厂商序贯质量决策的基本模型……119
6.4 市场完全覆盖时同时质量定位均衡……120
6.5 在位者是高质量企业的质量决策、进入阻止策略及收益分析……122
6.6 在位者是低质量企业的质量决策、进入阻止策略及收益分析……129

  6.7 政府以消费者收益最大化规制最低质量 …………………… 134

  6.8 政府以社会福利最大化规制最低质量 ………………………… 142

  6.9 小 结 …………………………………………………………… 147

第7章 基于产品纵向差异的厂商合谋稳定性分析 ……………………… 149

  7.1 提供高低不同质量水平厂商合谋稳定性分析 ……………… 150

  7.2 价格战在产品链上的扩散 …………………………………… 158

  7.3 需求波动下的合谋与价格竞争 ……………………………… 162

  7.4 小 结 …………………………………………………………… 168

第8章 政策建议与中国国内异地快递业的实证分析 ………………… 169

  8.1 产业政策建议 ………………………………………………… 170

  8.2 中国国内异地快递业的实证分析 …………………………… 173

  8.3 快递行业有效竞争，合谋策略建议 ………………………… 189

  8.4 小 结 …………………………………………………………… 193

第9章 结论与展望 ……………………………………………………… 194

  9.1 主要结论 ……………………………………………………… 195

  9.2 展 望 ………………………………………………………… 198

参考文献 …………………………………………………………………… 200

第1章
绪 论

本书主要研究产品差异化对厂商间竞争与合谋行为的影响机理。

1.1 研究背景

1.1.1 产品差异化背景

传统经济理论认为，完全竞争市场中，同类商品行业，产品具有同质性，厂商与消费者都被动接受价格，厂商没有垄断力量。然而现实的不完全竞争市场中，厂商往往采取产品差异化策略细分市场，避免产品同质化，以增强其核心竞争力。同时，随着经济发展和消费者观念的转变，消费者的需求不再是基本的、标准的、大众化的，而是呈现出多样化、个性化、差异化等特征。迈克尔·波特认为，如果差异化战略可以实现，那么它将成为产业中赢得超常收益的可行战略。产品差异化竞争对于处在竞争性市场中的企业至关重要。

产品差异普遍存在。厂商通过产品差异的垄断提高竞争壁垒，阻止其他厂商进入，从而增强其竞争优势。并且，产品差异可以导致消费者产生差异偏好，并为其差异偏好支付溢价，使厂商获得额外收益。产品差异化策略不仅可以在一定程度上回避、缓和激烈的竞争，还可以让企业赢得利润，增强其核心竞争力。

现代增长理论，尤其是内生增长理论认为，经济增长不仅表现为产品数量的增加，也表现为产品质量的不断提高。考察产品质量升级的内生增长模型主要有：Paul S. Segerstorm 模型（1990）、Crrossman and Helpman 模型（1991a）、Aghion & Howitt 模型（1992）。这些模型的显著特征是垄断竞争的市场结构，异质而非同质产品，如影随形演进的经济增长、产品差别和市场结构。

产品差异性中心内容是研究竞争市场中基于企业产品选择策略的产品价格形成，这也是现代管理学研究的热点问题之一。产品差异化问题研究始于20世纪30年代关于垄断竞争的讨论。70年代以后，随着博弈论的快速发展，有关企业产品的选择以及产品差异化理论的研究迅速成为热点课题，并且由于与垄断竞争、进入壁垒、技术创新、不确定信息等内容联系密切，成为管理学领域成长速度最快的前沿研究之一。

市场研究可以假定产品是同质性或者差异化的，但研究结论可能存在较大差别。对于现实多数产品，产品差异化假定具有更强的现实基础。

1.1.2 竞争、合谋背景

同产业内,独立经济主体的厂商,为实现自身利益和既定目标不断角逐,竞争是他们互动的普遍行为。竞争具体表现为企业进入某一新领域、保持或扩大市场份额、提高收益、争夺产业内有限资源等。各主体间充分而有效的竞争,能引导资源流向高效率企业,实现资源优化配置。经济理论界一度认为,竞争越激烈,市场经济的效率就越高。在这种观念误导下,人们追寻市场经济如何达到和实现充分、完全的竞争状态,结果常常导致过度竞争。经济发展和产业结构演变过程中,世界各国均大量存在需求变化后产业过度竞争而导致产业或地区经济不景气的事例。

20世纪70年代后在博弈论和信息经济学的基础上发展起来的以策略性行为为核心的新产业组织理论(NIO),特别重视以厂商行为与市场结构相互作用的逻辑演绎。根据厂商间的合作态度,策略性行为分为合作策略性行为(Cooperative Strategic Behavior)和非合作策略性行为(Non-Cooperative Strategic Behavior)。其中,非合作策略性行为是指厂商间的竞争行为,包括限制性定价、掠夺性定价等行为;合作策略性行为指厂商间为协调本行业各厂商行动和限制竞争而采取的行为。广义上讲,合谋和战略联盟都属于合作策略性行为。

学者对合谋的研究由来已久。亚当·斯密曾说:"从事同一贸易的人很少集会,但这种少有的会谈通常是以合谋对付公众或密谋提高价格而告终的……"Chamberlin(1933)推测,少数几个生产同类产品的企业,将索取垄断价格,并追求整个行业利润的最大化。Chamberlin(1929)、Stigler(1964)、Scherer(1980)对合谋理论进行过系统研究,这些研究都是在静态的框架下,从行业集中度、产品差别化、成本的对称性等行业特征方面分析合谋行为的存在性与稳定性问题。然而不管固定价格还是限制产量,达成合谋的企业都有动机背叛合谋协议,秘密削价,以获得更多利润。因此,在单期静态竞争下,背叛行为的存在将会瓦解合谋协议,使卡特尔组织陷入囚徒困境。

继Stigler(1964)研究之后,有相当多的文献试图在静态框架下分析动态方面的问题。这类文献一般假定厂商会预期到竞争对手对自己价格选择做出反应,这些方法包括拐折需求曲线(Kinked Demand Curve)、推测变差理论(Conjectural Variations)。非合作博弈理论的引入对合作策略性行为的研究产生了重大影响。在重复博弈理论中，引入一个连贯正规的框架，能更简洁和有序地讨论合谋机制的稳定性问题。1971年，Friedman成功证明了无名氏定理（Folk Theorem），即在无限重复博弈框架内研究默契合谋问题，得出：只要各成员对未来收益有足够的耐心，某种形式的默契合谋将会是精练纳什均衡结果。20世纪80年代后，国内外学者从理论和实证分析的角度对默契合谋问题进行了深入研究。Massimo Mo（2006）在《竞争政策——理论与实践》一书中对合谋理论进行了综合分析，诸如卡特尔、合资、合并、纵向合约、掠夺性定价方式、排斥行为和价格歧视等重要问题都在此书中得到了阐述。

目前，已有学者对某些产业内厂商间的合谋行为进行了研究。Kahal和Kaserman（1996）通过对规制放松后的美国长途通信业市场中存在的默契价格合谋进行了实证分析，提供了一些检验合谋存在的工具，同时论证了产业结构、规制安排与合谋间存在一定关系。李雪（2006）研究了产品差别化、市场透明度对合谋稳定性的影响。张秋红（2012）运用博弈论、产业组织理论、合谋理论等对中国电信服务商间合谋行为的机理，合谋行为对厂商绩效的影响进行了系统研究。杨菲菲（2013）通过研究中国电力产业监管中的规制合谋问题，运用组织合谋理论的分析框架，设计了相应的防范机制。张彦博（2018）通过构建连续时间内地方政府和污染企业之间的Stackelberg微分博弈模型，对企业污染减排过程中的政企合谋问题进行了研究。潘越、汤旭东（2020）通过企业间连锁股东的经济活动，分析了"治理协同"和"竞争合谋"的关系。曹文琴、徐祥（2020）运用演化博弈论，进一步研究了影响高速铁路快车与快递公司合作的因素，并分析了合理惩罚机制。

因此，将产品差异化理论与竞争、合谋相结合是目前一个重要的研究领域。本书将在这些研究的基础上，将产品横向差异、纵向差异对厂商间竞争、合谋问题进行更深入的研究，主要包括基于静态和动态博弈的厂商间产量、质量、价格竞争、合谋行为，还有厂商间进入阻止策略的分析。

1.2 研究目的和研究意义

1.2.1 研究目的

社会经济中，不同的竞争、合谋策略将导致竞争过度或竞争不足问题，那么如何实现有效竞争？本书将针对基于产品横向差异的产量竞争、进入阻止与合谋，基于产品纵向差异的质量竞争、进入阻止与合谋，以及各策略方主体收益的比较，探索产品差异性对竞争与合谋行为的影响机理，以期实现有效竞争。

本书主要分析以下问题：

（1）产品横向差异下，两厂商、三厂商的竞争均衡问题。市场中进行竞争的厂商具有某些私有信息，产生了市场信息非对称问题。那么，产品横向差异下，不完全成本信息、不完全产品差异信息如何影响竞争均衡；在现实世界中，经济行为主体间的相互作用大多是重复进行的，在产量重复博弈竞争过程中，产品横向差异如何影响系统稳定性。

（2）产品横向差异下的合谋稳定性问题。在完全竞争和完全合作之间还存在自发状态下的部分合作关系，产品横向差异如何影响合作意愿度；不同惩罚规制下，产品差异性如何影响共谋稳定性；具有合作意向的针锋相对策略能否提高合谋的稳定性。

（3）产品纵向差异下，厂商的进入、阻止策略选择问题。进入成本如何影响产品质量提供给厂商的进入、阻止策略和社会福利；基于不同主体利益设置的最低质量规制，如何影响壁垒，如何影响产品质量提供给厂商的进入、阻止策略和社会福利。

（4）产品纵向差异下的厂商合谋稳定性问题。某厂商推出一种新的产品，导致局部的产品差异化程度降低并引发局部价格战，价格战如何在产品链上扩散；有时，需求水平越高，厂商制定的价格越低，需求波动如何影响厂商合谋的稳定性；小企业为什么更易采用价格战。

1.2.2 研究意义

1. 理论意义

（1）作为新产业组织理论核心内容之一的竞争、合谋理论，尽管在解释合谋机制与市场环境对合谋机制稳定性的影响方面做出了开创性的研究，但是仍存在许多尚待探索的问题。例如，产品横向差异、纵向差异，动态博弈、静态博弈分别如何影响合谋稳定性；产品差异性下，成本信息不完全和产品差异信息不完全如何影响均衡结果，等等。而本书想通过考察各种分析路径，并在各种正统模型的经验性检验结果中寻找规律性,得出一般化的结论。这些研究在一定程度上扩展和增强了一般模型的适用性。

（2）竞争、合谋行为是厂商对策行为。通过研究,运用非合作博弈理论对国内异地快递服务商间竞争、合谋行为的产生原因、根本特征、表现形式及结果等规律性内容加以揭示,对有序竞争提出建议,这是对管理科学领域中厂商决策与对策理论研究的补充与丰富。

2. 现实意义

（1）通过对产品差异化下快递服务商间竞争、合谋行为机理的研究,阐明产品差异化下厂商间竞争与合谋行为的特征、变化情况以及维持合谋稳定的条件,从而为快递服务商间缓和或避免恶性规模战、价格战,选择更加合理、有效的决策和对策行为提出有意义的建议。

（2）为公共政策对竞争和效率的权衡提供基础依据。本书分析认为：一方面,有些行业竞争过度,造成行业资源配置恶化；另一方面,有些寡头垄断性行业充分利用浮动价格幅度政策,达成实际的默契合谋,使消费者福利受损。那么,公共政策如何寻找平衡点,既能促进竞争又能在一定程度上维系效率,需要对各种竞争和默契合谋行为进行详细分析。

1.3 相关理论研究现状

1.3.1 产品差异化研究现状

Sutton & Shaked（1982）构建了一个三阶段博弈均衡模型,以研究通过产品差异化来降低价格竞争的问题：第一阶段,企业选择是否进入该行业；第二阶段,生产不同质量的产品；第三阶段,制定不同的产品价格。Goldberg（1995）通过对美国企业进行实证分析,来研究产品差异化和国际市场寡头垄断问题。Wauthy(1996)研究了产品垂直差异化模型中的质量选择问题。Ernesto, et al（2000）对产品差异化竞争与银行管制间的关系进行了研究。Andaluz（2000）在两个相互依存的市场竞争环境假设下,分析了贸易壁垒对产品垂直差异化程度的影响。Shimizu（2002）在研究古诺市场中的差异化问题时,把包含产品差异化的 Deneckere 需求逆函数曲线引入到古诺市场模型中,结果表明，模型的解受商品是替代品还是互补品的不同影响。Marcel, et al（2003）对产品差异化和信息不对称两者的关系进行了研究。Christian（2004）对市场透明度和产品差异化进行了研究。石岿然、肖条军通过建立基于产品纵向差异的非线性需求函数模型，得出 Cournot 均衡为子博弈精炼纳什均衡；通过建立复制者动态系统，采用演化博弈方法讨论了系统各平衡点的局部稳定性。雷娟以双寡头垄断市场为基础，考察了网络外部性、产品兼容对产品纵向差异化的市场竞争战略的影响。芮明杰、李想运用产品差异化模型考察成本相同和成本不同两种情况下厂商的竞争行为，证明差异化战略和成本领先战略两者并不矛盾，指出差异化有利于避免恶性竞争，获取市场竞争优势。王国才、陶鹏德在研究网络外部性对市场绩效与企业竞争策略的影响时，通过构建扩展 Hotelling 模型，把网络外部性同顾客选择与产品差异化理论相结合。胡建兵改用三角形分布而不是传统的均匀分布，来研究纵向产品差异化竞争问题，研究表明，稳定和不稳定均衡均会出现。邓添予在产品差异化程度一定情形下，分析了网络零售商如何采取产品服务差异化市场竞争策略，以及所采取的服务差异化策略如何影响网络零售供应链成员的收益。肖剑、李园园（2018）研究了产品差异化下的线上与线下融合供应链合作广告策略，并针对单个制造商与单个零售商组成的线上与线下供应链，利用微分对策得到集中决策和分散博弈下供应链成员的广告投入和广告分担比例。祝树金、钟腾龙（2019）运用 De Loecker 方法分析度量了我国企业产品出口加成率，区分了产品差异化程度，实证研究了产品层面关税降低导致的进口竞争对于企业产品出口加成率的影响。胡志强（2020）通过构建包含股价信息学习机制的产品差异化决策模型，探讨了企业开展产品差异化的微观决策机制以及 IPO 前后企业策略变化的动态特征。

1.3.2　基于产品差异化的合谋稳定性研究现状

关于差异化产品的合谋稳定性研究也有很多。Chamberlin（张伯伦，1929）指出，当市场上产品数目较少且同质（即产品差别化程度较低）时，有利于厂商间的合谋。J. Bain（贝恩，1968）强调了市场结构与厂商行为关系的复杂性，厂商与竞争对手是否在价格和产量上进行竞争或合谋取决于这个厂商产品所在的市场结构的各个方面，如竞争对手数量、产品差别化程度等。从合谋协议是否容易达成的角度出发，Posner（1976）和 Stigler（1987）也认为在同质产品市场上，厂商间的合谋协议容易达成。Scherer and Ross（1990）发展了这个观点，认为随着产品差别程度的增加，厂商在进行合谋时需要考虑的维数在增加，默契合谋的可能性会随着产品差别化程度的减少而增加。Deneckere（1983）研究表明：对于产量重复博弈，产品横向差异化程度越低，厂商间的合谋越难维持，而对于价格重复博弈，不管产品横向差异化程度高低，厂商间的合谋都较易维持；但 Majerus（1988）认为，当企业数量增多时，该结果不一定成立。Lambertini（2000）认为，在纵向差异化框架下，在数量或价格竞争中，为更好维持合谋，厂商倾向于偏好古诺型的数量竞争。Chang（1991）研究差异化程度和企业维持合谋能力之间的关系时发现，产品差异化愈大，厂商间的合谋定价行为愈易发生。

Hackner（1995）认为，产品差异化程度较大时有利于弱化竞争，并且有利于厂商间合谋的维持。Ross（1992）也证明，在空间模型中，产品差异化更有利于厂商间的合谋。Hackner（1994）则认为，在垂直差异化中，产品越相似，厂商间的合谋越容易维持。而在相同的差异化环境（水平或者垂直）下，企业参与竞争的竞争类型对企业合谋稳定性也具有短期的策略性效应。如 Deneckere（1983）、Rothschild（1992）和 Albak & Lambertini（1998）研究了水平差异化的情形，证明了当产品间的替代性较高时，合谋在价格竞争博弈中比在数量竞争博弈中更易维持，而当产品间替代性较小时，则相反。Hackner（1994）使用了 Sharked 和 Sutton（1982）的垂直差别化双寡头价格模型，分析了垂直差别化对合谋稳定性的影响。Symeonidis（1999）使用 Sutton（1997）模型将厂商数量从两个放宽到多个，得出的结论与 Hackner 的相同。Symeonidis（2002）对厂商销售多种商品的情形展开研究，发现若厂商所销售的商品种类越多，合谋越难维持。Collie David（2006）研究表明，在边际成本递增情形下，产品差异化使得古诺型的双寡头垄断较伯川德型的双寡头垄断更易维持合谋。Dreber、Fudenberg 和 Rand（2014）基于利他主义和公平偏好，研究了重复博弈在人口统计学中的合作行为。Agliari 等学者（2016）研究了具有差异化商品的古诺双寡头博弈的动态系统，其中，有限理性企业采用梯度学习机制来调整市场上销售的数量，研究发现，产品差异化程度的提升在增加企业利润的同时，也会导致市场均衡稳定性的丧失。Vossen Alexander（2020）等学者根据一组独特的零售扫描仪数据对加拿大市场上的即食汤产品进行产品差异化模型研究，结论表明，差异化程度更高的产品与整个行业成本的通过率较低及公司特定成本冲击的传递率较高有关。

张秋红、刘国亮通过对产品纵向差异化下电信运营商间合谋行为的机理研究，结论表明，对于提供不同质量产品的运营商，其维持合谋的激励程度不同，产品纵向差异对抑制运营商间的价格战和合谋都有作用。王志江通过建立重复博弈模型，从数量上研究了产品替代程度与企业长期共谋之间的关系，结果表明：线性需求条件下，随着产品替代性程度的增加，厂商长期共谋合作愈困难，但是从总体上看，产品替代性对厂商间长期共谋的影响很小。王皓基于消费者的"0-1"购买特征和产品的纵向差异化特征，建立了一个新的价格战模型。赵玻、岳中刚从厂商数量、需求波动、信息交流、产品差异、最优价格政策、多市场合约、交叉持股等影响合谋形成和维持的因素着手，对相关理论研究文献进行了系统梳理。何慧爽分析指出，在产品差异化框架下，古诺竞争和伯川德竞争代表着两种不同的经济环境；另外一篇论文，在分析产品差异化的问题时引入合谋成本，修正了以往认为 Cournot 竞争比伯川德竞争的合谋更容易维持的认识，得出结论：在合谋成本的临界值之上，伯川德竞争比 Cournot 竞争的合谋更容易维持。赵刘威、杜建国（2018）通过构建具有异质预期的企业寡头博弈模型，分析了产量竞争下的纳什均衡局部稳定性，并基于边际利润及一个适应性预期的决策参数，分析了企业遵循一个梯度规则，同时决定着纳什均衡的局部稳定性，而产品差异化的程度对稳定性的影响取决于产品的性质。马东升（2019）分析指出，社会消费升级态势能够推动产品质量提升，从而形成升级产品与未升级产品并存的质量差异化局面，同时通过行为定价（Behavior-based Pricing，BBP）模型研究了 BBP 对竞争企业利润的影响。官振中、任建标（2020）对双寡头市场中两竞争性企业考虑有限理性公平偏好时的最优定价策略问题进行了研究，进一步提出，高质量企业的降价反应程度比低质量企业强烈，且总的降价额度与各感知参数和心理预期市场比例有关。杜宇玮（2020）通过重构一个异质性产品差异化策略模型，分析了不同终端市场结构下 GVC 中的外包企业与代工企业的竞合博弈与均衡，进而考察了代工企业自主品牌升级的实现机制及影响因素。

1.3.3 基于产品横向差异的竞争研究现状

1838 年，法国学者 Cournot 研究了完全信息下产品同质时两垄断厂商间的产量竞争，奠定了双头垄断研究的基础。

在静态竞争中，Bowley（1924）和 Shubik & Levitan（1980）建立了差异化产品的总需求模型，但没有研究消费行为。Hotelling（1929）对空间产品差异化进行了分析，把个人需求与产品特征相联系，并根据对个人需求的明确假设，推导出了需求的性质。Letner and Singer（1937）研究时，在 Hotelling 模型的需求方加入了保留价格。Lancaster（1979）通过研究发现，消费者对所分析的产品特性具有一致的偏好。叶和俊等讨论了同一行业中两个具有一定替代性的差异化产品在不同情况下竞争的市场均衡结果，研究表明，产品与产品间的替代程度、成本差异，甚至期初的产量决策都会影响最终的市场结果。芮明杰等应用 Bowley 需求函数构建了存在产品差异的成本领先企业的 Cournot 均衡博弈模型，研究表明，产品差异很小的厂商之间，如果成本差距很大，若低成本厂商选择差异化，其利润反而下降，而高成本厂商选择差异化，其利润将增加。

在动态竞争方面，斯坦克尔伯格建立了一个典型的完全信息动态博弈，讨论了领导厂商的先动优势。Dowrick 研究认为，只要寡头在市场竞争中的反应函数不同，寡头就会争取相应的先动优势或后动优势。Richard 验证了先动厂商在市场需求方面容易获得优势，表现为先动者往往具有较高的市场份额和市场规模，而且这种先动优势可以减少特定的与转换成本相关的风险（Schmalensee, 1982）并抵消作为市场先驱者所承担的风险（William Robinson 和 Sunwook Min, 2002）。赵凯、王健（2018）在传统研发溢出效应假设基础上，通过技术差距将溢出效应与产品差异有机联系起来，并通过构建双寡头企业两阶段博弈模型，对研发卡特尔、生产卡特尔、完全合作等不同形式合作联盟的均衡水平和福利变化进行了分析比较。郎骁、邵晓峰（2019）研究了零售商进入市场时是否存在先后顺序情况下，两个零售商的横向差异产品组合竞争问题。周沐、刘同（2020）基于 Salop 圆周市场模型，从横向产品差异化角度切入，系统地对比分析了单独定价和横向并购策略下企业利润和社会福利的变化，同时探讨了正负网络外部性对均衡价格和社会福利的影响。

从理论上看，厂商的生产决策依赖准确信息的获取，但实际上，竞争主体往往具有很多私有信息，而竞争对手对这些私有信息不能准确识别，继而产生市场信息非对称问题。有关不完全信息下的 Cournot 博弈研究有：

Bertoletti 对不完全信息条件下古诺博弈的有效性进行了讨论。Merzoni 研究了不完全信息条件下 Nash 均衡解的变化。张宇波等建立了不同市场逆需求函数以及厂商在不同生产成本下的动态 Cournot 模型，并对该模型进行了稳定性分析。彭运芳通过对寡头垄断市场情况下古诺模型和斯坦克尔伯格模型的博弈分析，证明了信息多者不一定得益多的事实。夏少刚等首先在完全信息和不完全信息两种条件下分别得出各自的均衡利润。岳朝龙等通过引入厂商成本类型的预测概率建立了动态古诺模型，分析了其对最优均衡产量及利润的影响。王强、陈圻在成本信息不完全条件下研究了具有替代性产品的古诺竞争问题，并对完全信息与不完全信息两种情形下的均衡结果做了比较。黄金曦（2016）以万科和宝能系股权之争为案例，对双方基于不完全信息下关于股权反收购的动态博弈进行了分析。李钢、卢艳强（2019）从囚徒困境的博弈关系出发，引入知识付费解释变量，运用完全信息静态与重复博弈方法建立了模型并进行了分析。马永红、李言睿（2019）研究了投资额的分配、利润的分配、创新产品的销量对企业合作创新概率的影响问题。

1.3.4　基于产品横向差异的产量重复博弈均衡研究现状

如果产量博弈重复多次进行，局中人可能会为了长远利益而放弃眼前的利益，从而选择不同的均衡策略。因此，重复博弈的次数多少会影响到博弈均衡的最终结果。

Bischi 等将有限理性思想引入到双寡头博弈模型中，建立了一个二维非线性系统，研究表明，市场有可能进入混沌状态。Agiza 等人将 Bischi 研究的模型做了改进，研究基于有限理性预期的具有非线性成本的双寡头博弈模型，及逆需求函数改变时的双寡头博弈模型，发现当系统参数变化时，市场将出现周期分岔、混沌等复杂动力学现象。易余胤、盛昭瀚等将溢出效应引入有限理性双寡头博弈模型中，指出寡头的理性和溢出效应对系统是否趋向 Nash 均衡状态或陷入混沌状态具有重要影响。

1.3.5　厂商进入遏制研究现状

关于厂商进入遏制的讨论，相关研究比较多，主要是从限定性定价、产能投资、空间抢占、沉淀成本等方面进行的。在多个在位厂商的进入阻止模型研究方面，Gilbert and Vives（1986）、Waldman（1987）认为，对于多个在位厂商而言，进入阻止的投资是一种公共产品，但同时也会出现阻止过度的进入阻止现象。Bemheim（1984）分析，在位厂商和进入厂商选择阻止进入和容纳进入策略，直到进入阻止收益大于容纳进入收益时进入被阻止，均衡的市场结构形成。在多个潜在进入厂商的次序进入模型研究方面，Eatonandware（1987）分析了潜在进入厂商次序进入中的进入阻止问题。Fahri Karakaya（2002）研究考察了工业行业中25种进入障碍的重要性。Martin Peitz（2002）讨论了一个垂直产品差异寡头垄断市场的在位公司利用先进的项目和包容的战略威慑问题。

李太勇的研究结果表明，策略地提供多种产品可以满足消费者多样化的需求，增加消费者剩余，但也可能导致规模经济丧失，对社会福利的总影响取决于这两者的相对规模。景建红、冷雪梅对中国电信行业的进入壁垒进行了经济学分析。范正伟、谢雪梅简要分析了中国电信进入移动领域所面临的进入壁垒。万伦来、郭冬亮（2016）从政府补贴、市场进入壁垒对民营企业绩效的影响角度进行了分析。余东华、邱璞（2016）分析了民营企业行为对制造业产能过剩的影响机制，并实证测度了制造业产能过剩程度、民营企业进入壁垒和民企行为对制造业产能过剩的影响程度。范红忠、章合杰（2019）通过构建动态道德风险模型，并采用跨国宏观、微观数据，在利率市场化的前提下，对银行业进入壁垒、银行监管和银行风险承担行为三者之间的关系进行了理论和实证研究。

1.3.6　基于产品纵向差异的合谋稳定性研究现状

关于产品纵向差异合谋稳定性的研究很多。Chang（1991）研究了产品差异化程度和企业维持合谋能力之间的关系，发现产品差异化有利于企业合谋定价。Chang（1992）的研究同样表明，产品的替代性越强，来自背离合谋的收益越大，合谋愈难达成。Hackner（1995）认为，产品差异化有利于合谋的维持及竞争弱化。Ross（1992）证明，在空间模型中，产品差异化更有利于企业合谋。Hackner（1994）则认为，在垂直差异化中，产品越相似，企业合谋越易维持。

在供给方面，厂商通常推出针对不同消费者的差异化产品，形成了一系列的产品链条;在合谋与价格战方面,有时,价格战被限定于局部的产品链条,而有时,价格战一旦发生,就会向产品链条的其他部分蔓延。某些外生因素的冲击也会导致合谋破裂而爆发价格战。关于这方面的主要理论模型都建立在"同质产品"与"需求冲击"基础之上。Rotemberg 和 Saloner(1986)提出了一个"真正背叛"的价格战模型,这个模型的核心思想在于:意外的需求繁荣改变了厂商在合谋与背叛之间的权衡结果;繁荣时期的背叛行为能产生更大的收益,一旦背叛收益超过了预期的惩罚损失,背叛就会成为厂商的最优选择。因为这种"真实背叛"只在需求繁荣的时候发生,所以此模型通常被称为"繁荣时期的价格战"模型。

1.3.7 最低质量规制对竞争、合谋的影响研究现状

关于市场竞争中质量标准的研究主要基于 Gabszewicz、Thisse(1979),以及 Shaked、Sutton(1982)的研究框架:厂商为缓和激烈的价格竞争,会在产品质量上拉开差距,各自定位于对质量支付意愿不同的群体,从而获得市场力量,摄取更多消费者剩余。在这一框架下,有学者支持更严格的质量标准,认为提高质量标准可以使消费者买到更加物美价廉的产品(Ronnen,1991)。另外有学者发现,严格的质量标准也可能会损害消费者利益。例如,在某些条件下,严格的质量标准可能反而使厂商更多地提高价格,降低产品的性价比,从而有损消费者利益(Crampes and Hollander, 1995; Valletti, 2000; Kuhn, 2006; Chen and Serfes, 2011)。

Hamilton 等(2003)指出,质量规制可以通过提高产品质量或提供附属的公共产品来增加社会福利,但质量规制也使消费者失去了一部分选择权。Boccard 和 Wauthy(2009)研究发现,质量规制可以引导市场中的新进入者提供高质量产品。Baron(2011)认为,一些行业由于合作行动的成本较高,较难形成行业组织,因此,需要通过政府规制而不是社会压力来提供高质量的信任品。

Ecchia 和 Lambertini(1997)建立了在双寡头市场上企业只生产一种产品、边际成本递增、固定成本外生给定的模型,研究表明,最低质量标准使企业之间很难在价格上进行共谋,从长期来看可以促进竞争。陈艳莹和杨文璐(2012)认为,偏高的质量标准能够提高消费者对产品整体质量水平的预期,

在提高质量的同时还会促进行业良性竞争。Andaluz 等学者（2015）对 Cournot 和 Bertrand 的双寡头动态与垂直产品差异和有限理性模型进行了比较。王琦玮等学者（2017）以 Bertrand 模型为基础，引入有限理性、技术吸收能力及非线性成本，构建了具有技术吸收能力的有限理性双寡头价格动态博弈模型，对离散的非线性四维系统及其稳定性进行了研究。

因此，有必要对产品差异化市场中最低质量标准的作用做进一步的研究。王艳、谭德庆（2018）在双寡头市场环境下，建立了微分博弈模型，讨论了单位产品质保服务投入和产品质保期对双寡头厂商均衡价格的影响。汪敏达、李建标（2019）运用理论建模和实验经济学方法分析了双寡头默契合谋的行为规律及发生动因。

1.4 产业竞争、合谋研究现状

1.4.1 快递产业相关问题研究

1. 快递产业论文发表情况

以下文献资料搜索时间为 2021 年 1 月至 2021 年 4 月。

在中国知网博士学位论文数据库（2005—2020 年）中，输入题名"快递"，搜索到博士学位论文 17 篇，主要集中在：管理科学与工程 8 篇、产业经济学 2 篇、机械制造及自动化 1 篇、企业管理 1 篇、光学 1 篇、控制科学与工程 1 篇、交通运输规划与管理 1 篇、交通运输工程 1 篇、应用经济学 1 篇。

在中国知网硕士学位论文数据库（2005—2020 年）中，输入题名"快递"，发现学科方向主要集中在：管理科学与工程（242 篇）、企业管理（144 篇）、工商管理（41 篇）、产业经济学（40 篇）、民商法学（32 篇）、法学（28 篇）。

中国知网期刊论文数据库（2005—2020 年）中，其期刊来源主要是：SCI 来源期刊、EI 来源期刊、核心期刊、CSSCI 期刊。输入题名"快递"，从研究层次分布来看，基础研究（社科）462 篇、行业指导（社科）385 篇、工程技术（自科）160 篇、基础与应用基础研究（自科）129 篇、行业技术指导（自科）62 篇、政策研究（社科）40 篇、基础教育与中等职业教育 16

篇，其余期刊发表32篇。从时间分布看，2014年发文占比最高，为8.99%；其次为2017年、2011年、2018年，分别发表93篇、92篇、91篇；2010—2016年发表的文献量起伏偏大，这源于我国电商行业迎来发展和变革时期。从机构发布情况看，发文最多的机构是国内唯一以物流为特色的高校：北京物资学院，30篇，占比10%。得到基金资助的论文中，占比最高的是国家自然科学基金，比例达44%；其次为国家社会科学基金，占比17%。具体情况如图1.1~1.3所示。

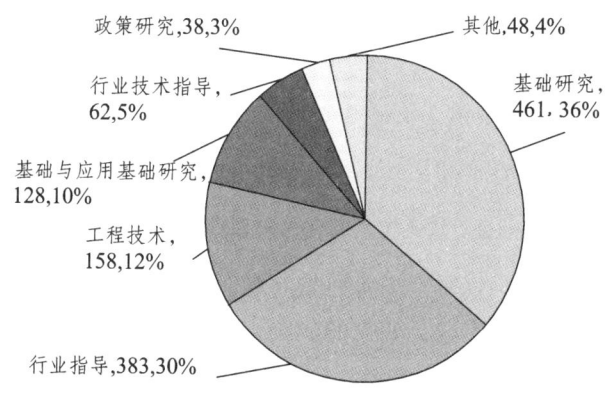

图1.1 快递相关期刊论文研究层次分布图

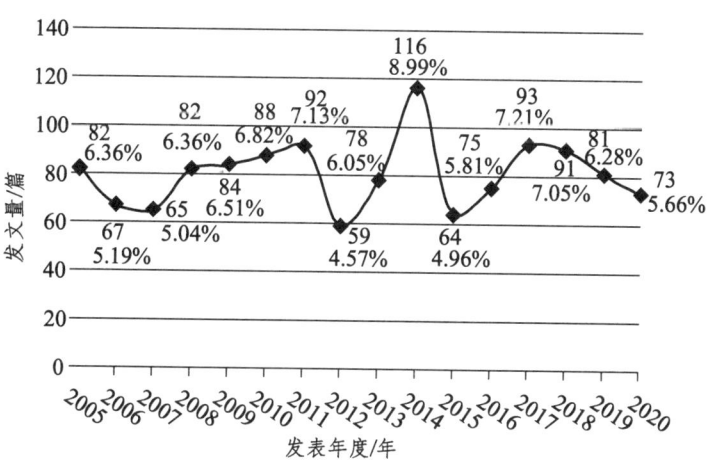

图1.2 2005—2020年快递相关期刊论文发文年份分布图

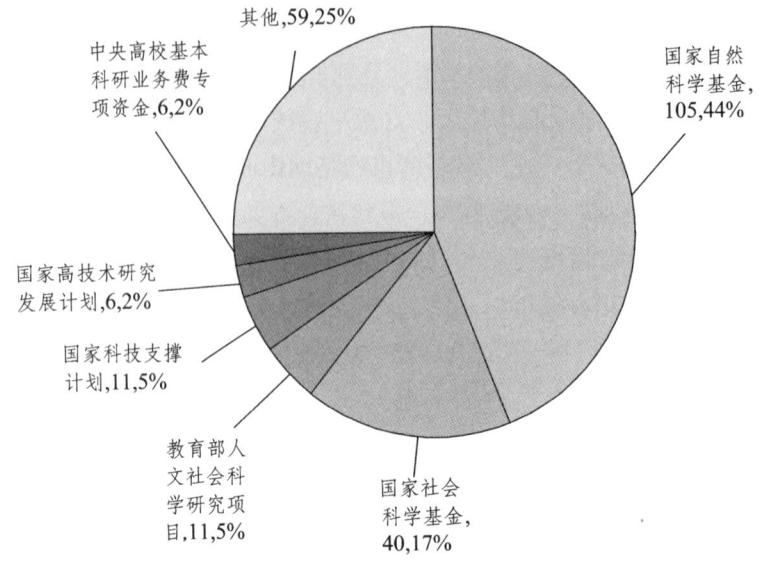

图 1.3 快递相关期刊论文发表基金分布图

通过图可以看出，在研究成果数量方面，近年来，国内对快递业的研究呈稳定增长趋势，并逐步成为研究的热点。而这数十年，也是中国快递产业发展最为快速的时期。可见，随着快递业在中国的迅速发展，对快递产业的学术研究也更为集中。

在中国知网硕士博士学位论文数据库（2005—2020年）中，搜索摘要"快递+合谋"，发现博士学位论文 1 篇；硕士学位论文 1 篇；搜索摘要"快递+竞争"，发现有 1188 篇论文。在期刊论文数据库中搜索摘要"快递+合谋"，未发现 1 篇论文；搜索摘要"快递+竞争"，发现有 SCI 来源期刊、EI 来源期刊、核心期刊、CSSCI 期刊论文，共计 134 篇。

2. 快递产业研究内容

关于快递产业研究内容，结合本书的研究方向，主要归纳为以下几个方面。

（1）快递服务质量、客户服务满意度。

在知网硕士博士学位论文数据库（2005—2020年）中，搜索摘要"快递+质量"，发现有 1123 篇学位论文；在期刊论文数据库中搜索摘要"快递+质量"，发现有 SCI 来源期刊、EI 来源期刊、核心期刊、CSSCI 期刊，共 130 篇论文。其内容涉及快递服务质量的测评、控制、提升，服务质量与客户满意度之间的关系，服务质量与服务定价等。如，王浩明确了快递服务质量的概念和内涵，探讨了测量和评价快递服务质量的方法。赵芳（2012）将服务质量分为四个维度，分别是沟通性、时效性、可靠性和补救质量。程萌（2013）重点从机构和内容两个方面表明我国快递业服务质量规制的现状。张启波（2012）通过 AHP 分析，对参与竞争的快递企业的服务质量水平进行了量化评价。刘亚（2014）认为，快递业服务质量各维度对服务价值（客户价值、企业价值）都有显著的正向影响，其中，可靠性、响应性、有形性影响比较显著，保证性、移情性影响显著。张晓玲（2018）构建 Logit 模型时，选取了安全性、快速性、经济性、方便性、准时性和服务质量六个指标。贾果玲、王建伟（2019）以 SERVQUAL-IPA 模型理论为基础，结合快递行业服务特性，构建了西安市圆通快递服务质量评价指标。焦志伦、马姣易（2020）基于边际贡献和市场地位因素，提出了快递服务制造业直销物流的价值链"Z 型曲线"。苗娜娜（2020）在分析我国快递业和居民消费发展现状基础上，客观测度了各省区市快递业的发展水平，并在此基础上，利用 2017—2018 年省级面板截面数据，就快递业发展与我国居民消费能级提升两个维度（规模和质量）之间的互动影响关系进行了研究。

（2）快递网络的枢纽选址和分配优化。

在知网硕士博士学位论文数据库（2005—2020 年）中，搜索摘要"快递+网络"，发现有 1339 篇学位论文；在期刊论文数据库中搜索摘要"快递+网络"，发现有 SCI 来源期刊、EI 来源期刊、核心期刊、CSSCI 期刊，共 228 篇论文。其内容涉及快递网络性质、网络效率与优化等。如，黄建华、党延忠（2011）以配送时间作为网络边的权值，从业务管理的维度，研究快递超网络基于效率的优化方法。白晓平、刘兵方（2019）提出，用贝叶斯-GO 综合方法分析快递配送系统的可靠性。韩兴（2019）提出了一种基于关键点的级联卷积最优拣选位置检测网络模型，并对包裹最优拣选位置进行了实时预测估计。徐俊杰、曹曦（2020）分析了城市快递共同配送的推广背景，讨论了各个层次开展共同配送的实施思路。

（3）快递业可持续发展与竞争。

在知网硕士博士学位论文数据库（2005—2020 年）中，搜索目录"快递+竞争"，发现有 450 篇学位论文；在期刊论文数据库中搜索摘要"快递+竞争"，发现 SCI 来源期刊有 16 篇论文，而 EI 来源期刊、核心期刊、CSSCI 期刊，共有 134 篇论文。其内容涉及快递竞争力发展、竞争战略、竞争优势。如，王道平、杨永芳（2009）通过分析我国国内快递市场的发展状况，针对国内快递市场的竞争、现有的竞争者以及影响快递企业竞争力的因素，提出政府部门的支持、国有及民营企业自身体制改革和品牌建设才是提高我国快递企业竞争力的关键途径。丁保国（2010）运用迈克尔·波特的五力模型详细分析了河南快递服务产业竞争环境的五个方面，剖析了河南快递服务产业四大（三类）市场竞争主体的具体竞争环境与竞争能力优势，并分别提出针对性的优先发展方向和相应竞争策略。丁雅婷（2013）从快递行业外部环境和企业内部经营角度分析对比了两企业的目标客户、产品和速度、产品价格、网络覆盖、客户服务、品牌建设、技术投入和人力资源管理情况等，并从中寻找规律，总结经验。尹诗、杨坚争（2018）对城市电子商务竞争力进行了评价和分析。王东（2019）对快递物流企业在互联网背景下竞合战略的实施提出了一些建议。李晓津、张浩源（2020）构建了适合快递型物流企业的 BWM-GRA 评价模型。

在中国知网数据库（2005—2020 年）中，输入题名"快递+博弈"，发现只有 4 篇 SCI 来源期刊论文，而 EI 来源期刊、CSSCI 期刊、核心期刊，共有 16 篇论文。如，阮平、黄炜（2014）用合作博弈理论分析和解释了快递员串件行为，建立了快递员间串件行为的合作博弈模型。杨雯、张荣（2018）将期权理论引入高铁快递和传统快递公司的定价模型中，分析了传统快递公司的期权最优订购量以及高铁快递公司的最优定价策略。于晓辉、何明珂（2020）分析了政府补偿机制在解决区块链驱动下快递"最后一公里"共同配送的效用，通过演化博弈分析了政府对于快递物流企业、社区补贴的合理范围。搜索题名"快递+博弈"的硕士博士学位论文，发现有 15 篇学位论文。

在中国知网硕士博士学位论文数据库中，输入题名含有"竞争或者合谋"，而且摘要含有"快递"，共有 106 篇硕士博士学位论文，它们基本上都是对快递业竞争战略的分析；搜索摘要含有"快递+合谋"，有 2 篇论文；搜索摘要含有"快递+博弈"，有 87 篇硕士博士学位论文，搜索摘要"快递+合谋"，有 2 篇论文；搜索摘要"快递+竞争"，有 1188 篇论文。在期刊论文数据库中搜索摘要"快递+合谋"，未发现 1 篇论文；搜索摘要"快递+竞争"，发现有 SCI 来源期刊、EI 来源期刊、核心期刊、CSSCI 期刊论文，共计 134 篇。如，马军平、徐寅峰（2017）通过分析现实快递服务网络结构上的转向限制以及待服务需求出现后不能立即接受服务的特征，将预知时间引入到在线旅行商问题中，提出以服务总时间最小为目标的转向限制网络中基于预知时间的快递车辆在线揽件路径选择问题。王李钢、陈末雨（2019）基于互联网经济时代的线上交易推动线下物流行业的快速发展，为解决快递"最后一公里"配送问题，提出快递自提点方案，这成为地理学多维视角下新的研究关注点。李晓津等（2020）把主观法——最优最劣法（BWM）和客观法——灰色关联分析法（GRA）相结合，构建了适合快递型物流企业的 BWM-GRA 评价模型，以评价快递型物流企业财务绩效。

以上分析表明，现有文献中，对快递产业合谋性问题的分析很少，较为集中的是快递产业竞争方面的分析。另外，在博士学位论文层次上，对快递产业的竞争与合谋问题采用博弈论方法进行研究的还很少。

1.4.2 其他产业竞争、合谋问题研究

在中国知网博士学位论文数据库中，以题名文含有"业+竞争"或"业+合谋"设置搜索，发现主要是对发电企业、电信业、房地产业、电力产业、电煤产业等进行的分析。如，杨菲菲（2012）针对中国电力产业的合谋问题，运用组织合谋理论的分析框架，通过寻找规制合谋防范的可行途径或思路，设计了相应的防范机制。闫莹（2010）基于合作竞争思想，从网络组织演化的复杂性入手，探讨了网络组织演化的动力机制以及获取竞争优势的途径。杜鹏（2011）对 HTVIC 成员间合作机制与竞争机制的内容、效应和计算机信息辅助系统进行了研究与设计，并对汽车电子虚拟产业集群进行了实证研究。纪国涛（2011）从合作竞争角度分析了我国建筑业存在的无序竞争等问题，提出相应的建议及措施。耿建明（2010）对我国房地产业的市场结构、竞争机制及企业竞争策略进行了系统研究。王胜伟（2019）在互联网经济的竞争发展背景下，提出互联网的竞争需要法律规制和引导，并分析得出互联网市场的竞争与传统市场的竞争存在巨大差别，以及平台竞争的特性、不断推陈出新的技术和商业模式。孙志棋（2020）基于沥青混合料低温开裂机理，系统研究了环境及材料组成因素对沥青混合料低温性能的影响。胡晓青（2020）针对供应链成员企业间存在的需求信息不对称问题，考虑供应链的实际运作，

在零售通道竞争环境下研究了供应链需求信息共享模型。

1.4.3　竞争、合谋研究评述

由以上综述可以看出，对竞争、合谋理论的研究已有一定的历史，也形成了相应的理论体系，并且其研究内容正在向新的领域不断扩展。目前，国内外研究者取得的主要研究成果有以下几个方面：

（1）对企业之间合谋问题的研究已经相对比较成熟，特别是在研究企业间合谋行为的影响因素方面，包括市场结构因素、供给方因素、需求方因素等，众多学者也都对此开展了研究，研究成果丰富。

（2）对合谋问题的研究正在向新的领域扩展。目前，主要的应用领域包括对拍卖中合谋问题的研究，以及组织内部合谋问题的研究。并且在合谋理论的基础上，又和其他理论，如委托代理理论相结合，产生了比较丰富的研究成果。

（3）开展了针对特定领域内部的企业之间、企业与政府部门之间以及企业内部的合谋问题的研究，取得了一定的研究成果。

但是，目前的研究仍然表现出以下不足：

（1）对于厂商间产品差异性对竞争与合谋的影响，无论是从横向差异分析，还是从纵向差异分析；无论是静态分析，还是动态分析，都没有进行系统的全方位的对比分析，特别是缺乏不完全信息条件下的分析。

（2）梳理文献发现，关于寡头垄断研究的论文，在考虑产品差异化时，或基于静态竞争，或基于领导厂商先决策的假设来讨论厂商间的竞争均衡，又或基于完全信息情况，或基于不完全信息情况来讨论厂商间的竞争均衡，然而，很少有将以上各种情形下的竞争均衡进行对比分析。而现实经济活动中，以上各种情形交叉综合在一起，因此，本书首先从产品横向差异化角度，对厂商处于完全垄断、寡头垄断竞争下同时决策、先后决策竞争均衡进行了分析和比较；其次，讨论成本信息不完全、产品差异信息不完全下的两个厂商的竞争均衡；最后，对三个垄断厂商进入阻止策略进行了分析，并从多角度对比分析考量产品横向差异对厂商竞争策略的影响。

（3）综合已有文献发现，以往研究通常是在一种确定的市场情形下来讨论最低质量标准规制对社会福利的影响，缺乏对不同市场情形的对比研究；

同时，被规制者在研究中通常被看作规制的被动接受者，很少考察其对规制者的行为回应。基于此，本书进一步考察变动成本的情况，将在两种不同的市场情形下（高质量在位者和低质量在位者）考察最低质量标准规制对均衡质量水平以及社会福利的影响，并通过构建跟随着分别为高质量企业和低质量企业来探讨被规制者与规制者间的博弈对最低质量标准阈值和对在位者的进入阻止策略的影响。

（4）目前，针对快递业内部组织之间的合谋行为的研究不多，特别在国内的研究中，对快递服务商间合谋行为机理、现象、成因以及对企业战略的影响作用等方面的深入研究尚未搜索到。事实上，已经有足够的事实证据证明，国内快递业之间交织着竞争、合谋行为，且对企业战略选择、产业结构以及社会福利等多方面都会产生影响作用，因此，有必要从理论角度对其进行深入研究。

本书在产品差异性对竞争、合谋影响系统研究的基础上，针对我国国内异地快递产业内部服务商间的合谋行为开展案例研究，从现象、机理、影响因素等多方面进行深入研究。通过本书的研究，一方面可以填补理论空白，另一方面为快递服务商制定更好的企业策略以及政府部门制定更适合的管制政策提供理论支撑。

1.5 本书主要内容和框架

本书针对产品差异性对厂商间竞争、合谋及稳定性影响，应用合谋理论、博弈论数学模型、古诺产品差异化模型、Lancaster 模型及其扩展模型，从静态和动态两个角度，揭示了厂商间竞争、合谋行为的机理、影响因素。同时，对我国国内异地快递业竞争、合谋进行了深入分析，并从快递服务商和公共政策两个角度对有效竞争、合谋提出了相关建议。详细逻辑结构如图 1.4 所示。

本书分为四部分，共 9 章。第一部分由第 1 章绪论与第 2 章相关理论组成。绪论部分阐述研究背景、研究意义、关键概念界定和基本假设、结构体系、研究方法、创新点；第 2 章是与本书相关的理论简述及相关研究现状。

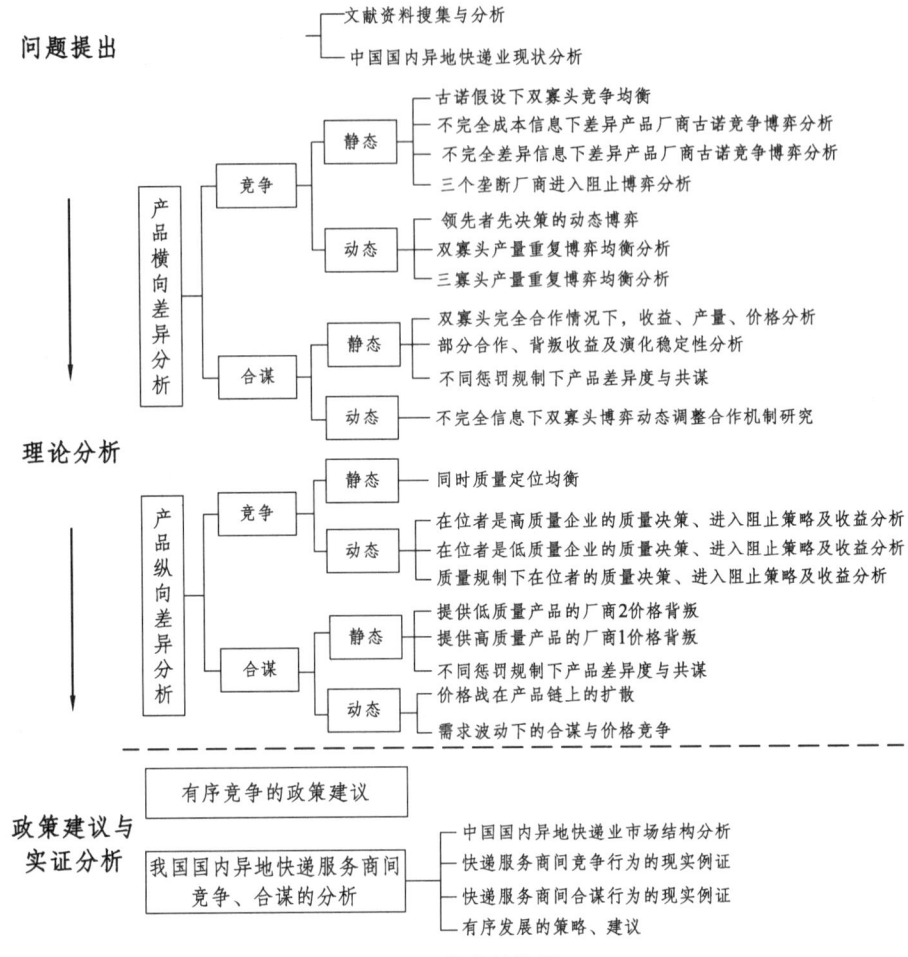

图 1.4 本书结构图

第二部分由第 3, 4, 5 章组成，主要运用静态博弈、重复博弈、动态博弈理论，研究产品横向差别化对竞争、合谋稳定性的影响。

第三部分由第 6, 7 章组成，主要运用静态博弈、重复博弈、动态博弈理论，研究产品纵向差别化对竞争、合谋稳定性的影响。

第四部分为第 8 章，主要以理论结论为基础，对有序竞争提出相关建议。以快速发展中的中国国内异地快递业为实证分析对象，对其竞争、合谋进行深入分析，并从快递服务商和公共政策两个角度对有效竞争、合谋提出相关建议。

具体而言有：

第 2 章，介绍本书开展研究的理论基础，包括产业组织理论、博弈论、产品差异化、默契合谋理论、最低质量规制和进入阻止理论。并对各理论中涉及本书的相关内容进行了较为详细的阐述。

第 3 章，主要从产品横向差异化角度对厂商处于完全垄断、双寡头垄断竞争、同时决策、先后决策竞争均衡进行了分析和比较；讨论成本信息不完全、产品差异信息不完全下的两个厂商的竞争均衡；最后对三个垄断厂商进入阻止策略进行了分析。

第 4 章，基于双寡头和三寡头垄断市场，建立了基于产品替代性的双寡头和三寡头产量重复博弈模型。对所建立的离散动力系统求其不动点，并分别对每个不动点的稳定性进行了分析；在对模型中的参数赋值后描述了纳什均衡点的稳定区域，通过数值模拟绘出系统的产量分岔图，并在此基础上讨论寡头的产量调整速度，产品间的差异性对系统运动行为的影响，并给出了经济学解释。

第 5 章，主要应用静态和动态博弈论方法，从机理的角度对产品替代性对合谋行为的影响进行了分析。首先，从静态博弈角度，分析完全合谋、不完全合谋下，产品替代性对厂商间合谋行为的影响；其次，分析比较不同惩罚规制下产品差异度对共谋稳定性的影响；最后，分析产量信息不完全下，比较分析针锋相对策略、动态调整策略和具有合作意向的针锋相对策略、动态调整策略对合谋稳定性的影响。

第 6 章，主要分析产品纵向差异下厂商的进入、阻止行为，研究、比较完全垄断下厂商市场行为、两厂商同时质量定位、高低质量厂商分别在无最低质量规制时和政府不同最低质量规制下序贯质量定位，在位厂商的竞争、进入阻止，跟随厂商的进入策略行为的机理。

第 7 章，组织合谋行为会受到组织所处社会环境等诸多因素的影响，而这些条件的变化也会在较大程度上影响合谋的发生和稳定性。本章主要分析产品纵向差异化下，产品替代性、质量水平高低、价格战、需求波动、退出可能性等对厂商间合谋行为的影响。

第 8 章是政策建议与实证分析。基于前述理论分析的结果，提出有效竞争的相关对策，并从现实表象角度证明快递服务商间竞争、合谋行为的存在性，提出相关建议。

第 9 章是研究结论、研究的局限性以及进一步研究的方向。首先对全书主要的研究结论与研究观点进行了总结。然后指出本书在理论基础、实证研究两个方面的不足，并指出未来进一步研究的方向。

1.6　研究方法，主要创新点

1.6.1　研究方法

1. 理论研究

本书应用非合作博弈理论对厂商之间合谋行为的存在性和不稳定性机理进行了研究；应用重复博弈理论对合谋的维持机制进行了研究；应用序贯决策分别对不同目的质量规制下的进入、阻止策略进行了分析；应用不完全信息博弈对产量信息不完全双寡头博弈动态调整合作机制、不完全成本信息下差异产品厂商古诺竞争博弈，以及不完全差异信息下差异产品厂商古诺竞争博弈进行了分析；应用动态博弈，对序贯决策下厂商竞争、合谋决策进行了比较。以理论阐述和分析为主要研究方法分析了产品差异性对厂商间竞争、合谋行为的影响作用。

2. 动态研究与静态研究相结合

本书运用静态博弈思想分析了厂商间合谋行为的存在性与不稳定性，并应用动态博弈思想进一步分析了厂商间合谋行为稳定性的激励条件；运用静态博弈分析产品差异性对竞争收益的影响，运用动态博弈分析产量调整速度和产品差异性对竞争均衡的影响，等等。这些均体现了动态研究与静态研究相结合的方法。

3. 案例研究

本书在研究中国国内异地快递服务商之间合谋行为现象，以及由合谋导致的服务商之间的产量战、价格战、服务战等引发的合谋行为时，举出具体现实例证加以证明，具有案例研究特征。

1.6.2　主要创新点

本书较为系统地在博弈论的基础上研究产品差异性对竞争、合谋行为的影响问题。主要创新点表现在：

第一，理论模型部分，体现在对主要模型进行了局部的改造和动、静态的综合比较。本书第 3 章对差异化古诺模型采用不完全信息理论进行扩展，讨论了成本信息不完全、产品差异信息不完全下的两个厂商的竞争均衡；对纵向差异化 Lancaster 模型进行了扩展，以分析价格战在产品链上的扩散以及需求波动下厂商市场退出可能性对合谋稳定性的影响；对针锋相对策略、动态调整策略进行了扩展，使之表达具有合作意向；运用重复动态博弈分析了产量调整速度和产品差异性对竞争均衡的影响。

第二，经验研究部分。基于前述理论分析，本书对我国快递业高速发展和存在的问题，即对我国国内异地快递服务商间竞争、合谋行为进行了系统、完整的分析，并从现实表象角度证明快递服务商间竞争、合谋行为的存在性，提出有序竞争、合谋行为的建议。

第 2 章
理论简述及相关研究现状

本章主要对本书研究所涉及的相关理论基础进行简要介绍，包括产业组织理论、博弈论、产品差异化理论、默契合谋理论、最低质量规制、进入阻止理论。

2.1 产业组织理论综述

产业组织研究最早甚至可以追溯到亚当·斯密关于市场竞争机制和分工协作的论述,但是是马歇尔最早意识到"组织"的重要性,并明确提出"产业组织"及相关概念。张伯伦在《垄断竞争理论》一书中提出了垄断竞争概念,探讨了垄断的形成原因及其行为等;罗宾逊夫人在《不完全竞争经济学》中讨论了垄断市场中的需求特征、企业成本、企业短期和长期均衡以及多边垄断和双边垄断等问题。另外,德国的冯·斯克伯格对垄断竞争理论也做出了一定的贡献。他们为产业组织理论的研究提供了分析基础,直接推动产业组织理论向市场结构方向发展,尤其是张伯伦提出的产品差异性导致市场结构呈现垄断竞争而不是完全竞争等理论观点,构成了现代产业组织理论的重要理论基础。

到目前为止,产业组织理论研究已有 90 余年的历史。在垄断与竞争的激烈争论中,产业组织理论不断发展,并逐渐形成了各具特色的重要流派。与本书相关的主要观点介绍如下:

1. 哈佛学派

哈佛学派的 SCP 三段论范式,指的是"市场结构(Market Structure)-市场行为(Market Conduct)-市场绩效(Market Performance)"分析框架。

1959 年,贝恩(J. Bain)出版了第一部系统论述产业组织理论的教科书《产业组织》,提出了产业组织理论的市场结构、市场绩效两段论范式。1970 年,谢勒(F. M. Scherer)出版了《产业市场结构和市场绩效》,进一步揭示了市场行为与市场绩效之间的关系,形成了现代主流产业组织理论中流行的 SCP 三段论范式,从而将哈佛学派的产业组织理论体系又向前推进了一步。哈佛学派十分重视市场结构对市场行为和市场效果的决定作用,其核心是"集中度-利润率"假说。进入壁垒是市场结构的决定性因素,如果现实市场中存在垄断或者寡占型市场结构,垄断厂商就有可能通过限制产出、提高进入壁垒等,把价格提高到正常收益以上的水平,从而削弱市场的竞争性,破坏资源的配置效率。并认为,随着企业数的增加,完全竞争状况的接近基本就能实现较为理想的资源配置效率。为了获得理想的市场绩效,最重要的是通过公共政策来调整和改善不合理的"市场结构"。有效的产业组织政策首先应着眼于形成和维护竞争的市场结构，并对经济生活中的垄断和寡占市场结构采取企业分拆、禁止兼并等强制性分割管制政策。

2. 芝加哥学派

芝加哥学派认为，企业作为市场行为主体总是在既定的均衡价格和均衡产量下使自身行为达到最优。在集中度较高的市场中，如果大企业之间采取秘密卡特尔等合谋行为，企业可以获得高利润率。但是，这只是市场处于非均衡状态下的暂时现象，它会随市场趋向稳定而消失。如果一个产业或企业持续出现高利润，这完全可能是因为该产业中企业的高效率和低成本，而不是垄断势力毁坏了市场绩效。因此，即使市场结构是垄断或高度寡占的，只要市场绩效良好，政府就没有必要对市场结构采取严格的监控政策。

芝加哥学派反对哈佛学派所主张的严格的反垄断政策和政府规制政策，主张应该全面实行放松政府管制，让具有不同市场力量的消费者和企业实行外部交易，国家应该为市场竞争过程确立制度框架，而且尽量减少对市场竞争过程的干预，这样通过市场竞争过程，强迫经济主体不断适应本身也在变化着的市场均衡。尽管现实中绝对的市场均衡难以实现，但是不受人为干预的竞争过程始终趋向这种均衡。

3. 新产业组织理论

新产业组织理论中比较有代表性的有：策略性行为理论、可竞争市场理论、产品差别化理论等。如表2.1所示。

表2.1 新产业组织的代表性理论

可竞争市场理论	1981年，鲍莫尔（W. J. Baumol）首次提出可竞争市场概念。1982年，鲍莫尔出版的《可竞争市场与市场结构理论》一书系统地提出了可竞争市场理论，这标志着可竞争市场理论的形成。以沉没成本理论、完全竞争市场、自由出入几个重要概念为中心的基本趋势的形成过程是可持续和高效的产业组织及其内源性。根据这一理论，对生产效率提高的性能和技术效率良好的市场，在完全竞争的市场外还可以实现。只要自由进入和退出市场，压力将迫使任何潜在的竞争市场结构的企业在竞争行为的条件下存在。这个市场将稳定在同一水平和竞争性均衡价格，高度集中的市场结构和效率可以共存

续表

产品差别化理论	因为不同产品质量的不同类型和不同产品的形成,可以满足不同消费者的喜好,两种不同的层次形成垂直差分。通过建立模型,说明了分化的原理,研究了多平衡自由进入的问题
策略性行为理论	其核心内容是企业寡头竞争的战略行为,包括合作战略行为和非合作策略性行为。特别是非合作策略性行为,在垄断或寡头垄断市场中,领先公司可以以竞争的策略性行为,在市场环境的变化中,迫使竞争对手的领先企业做出有利的决定

新产业组织理论的特点是:(1)思想和反垄断政策及调控措施的调整发生了巨大变化。(2)在不完全信息条件下建立了市场行为分析范式。(3)市场行为,不再强调市场结构的研究方向越来越突出,从结构主义到厂商行为,产业组织和新古典微观经济学理论更加密切。(4)主要采用数学方法和博弈论建立了一系列的理论模型,并对寡头垄断企业的竞争和动态行为模型进行了研究。(5)突破传统的单向的、静态的产业组织理论的研究范式,建立双向动态的研究框架。

从产业组织政策体系角度来看,政策制定和实行的根本是为了取得较好的市场绩效。

2.2 博弈论

2.2.1 博弈论的发展

博弈论(Game Theory)主要研究具有相互依赖行为的参与者的策略选择,是现代数学的一个新分支,也是运筹学的重要构成内容之一。John C.Harsanyi 在他 1994 年获得诺贝尔经济学奖的获奖词中将博弈论定义为:博弈论是关于社会形势中理性行为的理论,其中每个局中人对自己行动的选择必须以他对其他局中人将如何反应的判断为基础,是关于策略相互作用的理论。通常所说的博弈论一般是指非合作博弈理论,认为参与人是理性的,即参与人之间都会在一定的约束条件下最大化自身的利益,同时参与人之间在交互时利益有冲突，行为上相互有影响，而且不同参与人掌握的信息常常是不对称的。在这种情况下，博弈论研究参与人的行为、交互时的策略和策略的均衡问题。现代博弈论还强调团体理性、集体的效率、公正和公平的合作博弈。

早在 19 世纪 30 年代古诺（A. Cournot，1838）进行产业组织理论分析时提出的"双头垄断模型"中就已经出现了博弈论思想。20 世纪 80 年代以来，博弈论得到了前所未有的发展，逐渐成为主流经济学的一部分。克瑞普斯（D. Kreps）、威尔逊（C. Wilson）、弗登伯格（D. Fudenberg）和泰勒尔（J. Tirole）等人对博弈论的发展也做出了重要贡献，提出了序贯均衡（Sequential Equilibrium）等概念，并出版了许多博弈论著作。斯密（John Maynard Smith）出版了《进化和博弈论》（Evolution and the theory of games）一书；伯恩海姆（B. D. Bernheim）和皮尔斯（D. G. Pearce）于 1984 年提出了"可理性化性能力"（Rationalizability）；海萨尼和塞尔腾于 1988 年提出了在非合作和合作博弈中均衡选择的一般理论和标准。

斯宾塞（Spence）、萨洛普（Salop）、泰勒尔（Tirole），将 Cournot 均衡、Nash 均衡、Bertrand 均衡等观念运用到产业组织理论中，通过潜在竞争者进入与不进入的比较分析、寡头垄断企业之间的竞争、企业的进入与退出战略决策等不同市场结构中所处不同地位的企业战略决策，在价格竞争、价格串通和价格规制等价格方面的动态分析方面具有一定的成效，在研究企业竞争战略制度与行为方面取得了重大进展。

2.2.2 博弈基础模型

博弈类型比较多，按照参与者决策的先后顺序不同，可以将博弈分为静态博弈和动态博弈；按照参与者对其他参与人的了解程度不同，可以将博弈分为完全信息博弈和不完全信息博弈；按照参与者之间是否进行合作，可以将博弈分为合作博弈和非合作博弈；按照参与者的数量，可以将博弈分为单人博弈和多人博弈；按照参与者的收益之和，可以将博弈分为零和博弈及非零和博弈。

本部分介绍产业组织理论中两个最基本、最重要的博弈模型，这也是本书开展研究的基础模型。

1. Cournot 竞争模型

Cournot 模型适用于博弈双方实力均衡、非合作静态博弈的问题，该模型的特点为两家企业同时决定产量，然后通过总产量和需求曲线来决定均衡价格。

Cournot 模型假设每个寡头垄断企业的行为和相关条件是：（1）两个寡头企业生产的产品是同质的，无差异。（2）各企业根据对手采取的行动，并认为对手会继续这样做，来决定自己的行动。（3）简化计算每个厂商的边际成本，这是一个常数。（4）两个企业通过调整生产实现利润最大化。（5）两个厂家没有任何正式或非正式的合谋行为。

2. Stackelberg 竞争模型

Cournot 模型中，厂商做出假设，属于静态博弈。Stackelberg 模型和 Cournot 模型基本相同，不同的是在 Stackelberg 模型中，先做出决策的一方是主导厂商，首先宣布战略，并迫使其他厂商接受其选择，同时承认自己的战略领导地位，而接受他的选择的一方只作为一个追随者。

Stackelberg 博弈理论已广泛应用于经济领域，它提出的一种思维方法是分析决策序列之间的关系。Stackelberg 模型的具体逻辑思路是：领导性厂商决定一个产量，跟随者厂商可以观察到这个产量，然后根据领导性厂商的产量来决定他自己的产量。需要注意的是，领导性厂商在决定自己产量的时候，充分了解到跟随厂商会如何行动，这意味着领导性厂商可以知道跟随厂商的反应函数。因此，领导性厂商自然会预期到自己决定的产量对跟随厂商的影响。正是考虑到这种情况的影响，领导性厂商所决定的产量将是一个以跟随厂商的反应函数为约束的利润最大化产量。

2.3 产品差异化研究

2.3.1 产品差异化综述

产品差异化这一问题最早是由研究寡头和不完全竞争的经济学家提出的，如 Hotelling（1929）、Chamberlin（1933）、Robinson（1934）、Lernerand Singer（1937）。根据 J. Bain 的研究，产品差异化是指"消费者无法辨别、识别竞争产品或有特殊的偏好。"（J. Bain，1968）张伯伦曾指出："不管用哪种标准来区分一个卖方和卖方之间的商品（或服务），一般来说是有区别的"。

产品的差异在市场中普遍存在。生产商通过对产品差异的垄断形成竞争壁垒，来阻止其他外部企业进入原有市场，从而形成竞争优势。而且通过产品的差异，导致消费者产生差异偏好，并为这种差异偏好支付溢价，使企业获得额外利润。从现有研究文献来看，对产品差异化的研究主要沿着横向差异化和纵向差异化这两条路线进行。

1. 横向差异

横向差异主要表现为产品的外观、式样、品牌、包装、产地等特征的不同，主要假定消费者同质且具有相同偏好（或偏好差距不大），因此，该模型可以简化为一个代表性消费者如何选择各种不同产品的问题。

横向差异的思想最早来源于 Hotelling 的空间竞争模型，该模型解释了不同的消费者定位于不同的地点。许多学者沿着 Hotelling 模型进行了更深入的研究，如 D'Aspremont, Salop, Eaton & Lipsey, Economides 等人。

2. 纵向差异

纵向差异的思想最早来源于 Lancaster。纵向差异主要表现为产品的性能、适应性、可靠性、安全性、寿命等特征的不同，主要假定虽然消费者是异质的，但所有消费者对产品的偏好次序是一致的。

Gabszewicz 和 Thisse 在他们的模型中引入了一个消费者对质量的喜好参数 θ，发现参数 θ 值高的消费者购买高质量商品；参数 θ 值低的消费者购买低质量商品。Tirole 发现，垂直差异可以把消费者根据产品的某一方面的特征，以相同的方式把产品划分为不同的等级。

2.3.2 产品差异化模型

1. 代表性消费者模型

差异化产品的两个线性逆需求模型被广泛用于产业经济学中。其中一个源于 Bowley（1924）的研究，另一个则源于 Shubik and Levitan（1980）的研究，两者都将线性逆需求函数设为

$$P = a - bQ$$

（1）Bowley 模型。

1924 年，Bowley 提出了著名的差异化产品模型，即 Bowley 模型。在该

模型中使用的线性逆需求函数为

$$p_1 = a - b(q_1 + \theta q_2), \quad p_2 = a - b(q_2 + \theta q_1)$$

式中 a, b 为正数；θ 表征产品间替代程度信息，$0 \leq \theta \leq 1$；$\theta \to 0$，表示两商品高度差异化；$\theta \to 1$，表示两商品具有很高的替代性，几乎成为同质商品；若 θ 为负值，该模型成为一个具有互补性商品的需求模型。

（2）Shubik and Levitan 模型。

在 Shubik and Levitan 模型中提出了差异化产品的线性双寡头垄断需求函数：

$$q_1 = \frac{1}{2}\left[\alpha - \beta\left(1+\frac{\gamma}{2}\right)p_1 + \frac{\beta\gamma}{2}p_2\right], \quad q_2 = \frac{1}{2}\left[\alpha - \beta\left(1+\frac{\gamma}{2}\right)p_2 + \frac{\beta\gamma}{2}p_1\right]$$

其中，参数 γ 表示产品的差异化程度，记 $\bar{p} = \frac{1}{2}(p_1 + p_2)$。

如果 $\gamma = 0$，说明产品在消费者心目中不存在相似性，差异化程度很大，也不存在替代关系；当 γ 逐渐增大时，不同产品之间的相似程度增大，替代性增强。当 $\gamma \to \infty$ 时，$p_1 \to \bar{p}$，产品之间的替代关系越来越强，价格差别的空间越来越小，在极限上，产品是标准化的，所有产品以同一价格销售。

2. 差异化 Cournot 模型与 Bertrand 模型

（1）差异化 Cournot 模型。

考虑双寡头垄断情形，设两厂商拥有相同和不变的边际成本，由 Bowlye 线性逆需求函数，得到两厂商的利润：

$$\pi_1 = [a - b(q_1 + \theta q_2)]q_1, \quad \pi_2 = [a - b(q_2 + \theta q_1)]q_2$$

（2）差异化 Bertrand 模型。

考虑双寡头垄断情形，设两厂商拥有相同和不变的边际成本，由 Bowlye 线性逆需求函数，得到两厂商的利润：

$$\pi_1 = (p_1 - c)q_1 = (p_1 - c)\frac{(1-\theta)a - p_1 + \theta p_2}{(1-\theta^2)b}$$

$$\pi_2 = (p_2 - c)q_2 = (p_2 - c)\frac{(1-\theta)a - p_2 + \theta p_1}{(1-\theta^2)b}$$

3. Hotelling 模型

Hotelling（1929）对空间产品差异化进行了分析，把个人需求与产品特征相联系，根据对个人需求的明确假设，推导出需求的性质。

在一个长度为 1 的线性城市中有两个生产成本为零的厂商 A 和 B，其中，厂商 A 到左端点的距离为 a，厂商 B 到右端点的距离为 b，$a+b \leqslant 1$，$a \geqslant 0$，$b \geqslant 0$。消费者的人数标准化为 1，且均匀分布在线性城市上，每个消费者具有单位需求。两厂商的价格分别为 p_a, p_b。假定消费者购买产品的交通成本为 $T(z) = tz$，其中 t 为单位距离交通成本。以 $\tilde{x}$ 表示到厂商 A 购买和到厂商 B 购买无差异的消费者，则

$$-p_a - t(\tilde{x} - a) = -p_b - t(1 - \tilde{x} - b)$$

Hotelling 模型的结论为：厂商有集聚的趋势，购买者面对的是惊人的相似，即 Hotelling 最小差异化原理。

4. 纵向差异化 Lancaster 模型

消费者对所分析的产品特性具有一致的偏好。产品质量 q 是产品纵向差异空间中一种典型的产品特性，且 $q \in [\underline{q}, \overline{q}]$。产品边际成本 c 是质量 q 的凸增函数，设 $c(q) = rq^2$，r 为正参数；对于不同的厂商，生产同种产品所消耗的成本不同，即 r 取值不同。消费偏好参数为 θ，消费者效用函数 $u(\theta, s)$ 为消费参数为 θ 的消费者消费质量为 s、价格为 p 的产品所获剩余，即

$$u(\theta, s) = \begin{cases} \theta \cdot s - p, & \text{购买产品所获得的剩余} \\ 0, & \text{不购买产品所获得的剩余} \end{cases}$$

假定市场完全覆盖，存在两个厂商，生产质量分别为 q_l, q_h 的产品，产品价格分别为 p_l, p_h，消费者均匀分布，且 $f(\theta) = 1$。存在偏好为 θ' 的消费者消费两产品获得相同的剩余，则 $\theta' = \dfrac{p_h - p_l}{q_h - q_l}$。那么两厂商的利润函数分别为

$$\pi_l = [p_l - c(q_l)](\theta' - \underline{\theta}), \quad \pi_h = [p_h - c(q_h)](\overline{\theta} - \theta')$$

2.3.3 产品差异程度的测定

产品差异化程度的确定非常困难，因为产品的差异包含客观和主观的差

异。研究人员做了大量的研究,利用需求在测量产品差异程度时的交叉弹性,对产品差异化程度进行了分析,把同行业不同企业之间的交叉弹性需求的产品相比,高分化较低,即可替代性强的交叉弹性小。假设

$$\eta_{xy} = \frac{\Delta q_x}{q_x} \bigg/ \frac{\Delta p_y}{p_y} \quad \text{或} \quad \eta_{xy} = \frac{\mathrm{d}q_x}{\mathrm{d}p_y} \cdot \frac{p_y}{q_x}, \quad \eta_{xy} > 0$$

它表明产品具有可替代性,η_{xy} 越大,产品 x, y 间的可替代程度越高,产品间的差异化程度越小;相反,η_{xy} 越小,产品差异化程度也就越大。

2.4 默契合谋理论

2.4.1 默契合谋理论

Chamberlin 对合谋行为的较早描述为:在对生产同类产品的寡头垄断企业进行研究时,发现企业会意识到它们之间的相互依赖性,残酷的价格战威胁足以阻挡削价的诱惑,因而寡头垄断企业能够以一种纯粹非合作的方式进行勾结,达成默契合谋,从而协调各寡头厂商的行为,抑制竞争,以维持垄断价格。这其后,Chamberlin, Bain, Telser, Stigle, Orr 等对组织间的合谋研究做出过卓有成效的贡献。

"合谋"是指产业内的独立企业自愿地联合起来,通过限制产出或维持价格来获取垄断利润的行为。它具有多种形式,如联合起来达成固定价格、限制产量和分割市场的协议,或者联合抵制、合谋投标。

合谋的达成一般具有两个要素:其一,为了达成协议而进行的交流、讨论和信息交换的过程;其二,在让其他参与者遵守协议时,也一定存在着背离动机,从而使背叛行为获得短期利润,并存在之后为了强制实施协议对背离行为的惩罚(如产量战、价格战)。

博弈论的引入特别是重复博弈理论,使合谋理论的研究进入新阶段。Kreps 认为,在重复的"囚徒困境"博弈中,合作的结果可能发生,这时即存在着合谋的均衡。Friedman 和 Abreu 分别证明了在一定的限制性条件得到满足的情况下,"冷酷到底"策略和"胡萝卜加大棒"策略都可能导致厂商合谋

出现合作均衡，这一研究具有开创性。Rotemberg 和 Saloner 的研究具有代表性，他们的研究证明了在一个产品差异化的寡占行业中，如果信息的需求是不对称的，价格领导就是重复博弈的一个均衡。Stigler 则认为，当需求随着地理分布变化而变化的时候，基点定价就是一个次优选择的合谋方案。Benson 和 Greenhut 等也认为，基点定价可以减少执行成本，从而增加合谋的稳定性。这些通过重复博弈得出的一些结论用来解释影响合谋生成与稳定性的因素非常直观且易于理解。一些传统的观点，如集中度较高有利于合谋；长期的信息滞后和不经常的相互作用使得合谋难以维持，这些都可以在重复博弈的分析框架下得到很好的解释。

2.4.2 影响合谋的因素分析

一般依据合谋激励约束对合谋因素展开分析：每个厂商会对背离行为所能产生的直接收益与厂商因竞争对手对背离做出反应而损失的未来利润进行比较。只有当前者小于后者时，厂商才会选择合谋策略；若厂商因背离而获得的利润以及一旦触发惩罚机制所能获得的预期利润越少，并且厂商越关注未来（即发生"背离损失"时），那么合谋就越有可能发生。

同一行业内的厂商数量、进入壁垒、竞争对手间的关联关系、买方势力、产品差异、产能约束、市场透明度、对称性、需求弹性等都会对合谋行为产生重要影响。本书在前人研究的基础上，将产品同质假设扩展为产品存在差异条件下，需求变动对合谋的影响，这样更结合实际，得出的结论也更具有指导意义。

2.4.3 需求波动对合谋的影响

需求随时间的频繁变动对厂商合谋将产生重要影响。Deneckere（1983）认为，需求增长增加了厂商违背合谋而获得的收益。Rotemberg 等（1986）详细分析了面对不断变化的市场需求时垄断厂商对合谋的反应。Haltinger 等（1991）在研究模型时发现，需求与商业周期同步变化，在一个商业周期内，厂商合谋维持最困难的时候就是市场需求最大的时期。Bagwell 等（1997）进一步分析了商业周期相对稳定的情况下，需求变动对厂商合谋的影响。Staiger 等（1992）在假设生产能力约束下，对厂商需求变化对合谋价格的影响进行了分析，认为不可预期的低需求周期会导致过剩生产能力的出现，进而破坏合谋价格的稳定性。

付克娟在 Haltiwanger 和 Harrington 的分析基础上，分析了产品垂直差异下需求波动时的合谋价格、利润等结论，结果表明，在产品存在差异的条件下，合谋在衰退时期更难维持。臧展在 Rotemberg 和 Saloner 的分析框架下放宽了需求服从随机独立分布条件，构造了一个需求波动服从确定周期时的价格竞争模型，解释了我国空调行业价格的反周期波动现象。刘峥、徐琪（2015）针对双渠道供应链间合作与非合作情形，建立了双渠道优化合作转运模型以及最优订货模型；并在此基础上，考虑市场需求变化情况，通过仿真研究，分别分析了需求为均匀分布、正态分布和泊松分布时非合作与合作情形下的基础库存、订货量和渠道利润及供应链系统利润等。喻言、任剑新（2017）在产品市场需求不确定以及下游差异化产品的框架下，对需求波动情形不同以及不同需求情形对应概率不同时区别定价和统一定价策略下的社会总福利进行了比较。陈中洁、于辉（2020）探讨了供应商资金约束背景下，"买方驱动"反向保理对供应链运营的作用规律，运用极大极小值法构建单供应商和单零售商组成的二级供应链模型，得到只知均值和方差时的供应链决策和收益。

2.5 最低质量规制

最低质量标准（Quality Minimum Standards, MQS）一直是政府广泛采用的规制工具之一。我国政府在很多行业都已实施最低质量标准，进入市场的产品或劳务必须符合政府部门规定的最低质量要求。

关于最低质量标准的研究，对于质量标准影响消费者福利的考察主要着眼于竞争市场中，提高最低质量标准如何影响厂商的竞争策略，从而如何影响消费者福利或者社会总福利的变动。传统观点往往认为，设置最低质量标准会减少行业中企业的数量而不利于市场竞争。Valletti（2000）分析了 Cournot 模型下最低质量标准的效应后认为，与采用 Bertrand 模型的研究不同，最低质量标准会减少社会福利。

从有可能损害消费者福利的角度来看，严格的质量标准是在提高产品质量的同时提高产品的价格。标准并不一定导致更激烈的价格竞争，如果厂家由于成本给消费者提高了产品质量效益,那么消费者将会遭受由于标准提高带来的福利损失。有学者在企业数量、竞争形式、商业和其他因素的影响,以及不同的市场环境下,研究了最小质量标准的影响,同时指出,严格的质量标准将损害消费者的社会福利。凌超、张赞(2015)发现,当监管体系发生失衡,出现"重审批、轻监管"的情况时,企业的研发成本将被提高,而违法成本则被降低,企业更愿意选择低质量的产品。此外,最低质量标准作为常用的监管工具,能否发挥作用取决于事后监管的力度。陈艳莹、张小凡(2019)将最低质量标准(MQS)引入零售商开发高端自有品牌的动机和福利效应模型分析中,研究表明,最低质量标准越低,零售商推出高端自有品牌的动机越强,高端自有品牌对社会福利的提升幅度越大。

2.6 进入阻止理论

拉丰和泰勒尔(Laffon,Tirole)作为新产业组织理论以适应大量的理论和实证分析的代表,特别是在产业规制行为方面的研究,大大提高了此范畴中理论应用的深度和广度。"进入"是指一个企业进入新的业务领域,开始生产一种产品的经济行为及其替代品提供给目标市场。市场进入威慑战略是产业组织理论中的热点研究问题。近几十年来,已存在的战略行动遏制市场方面的研究取得了丰硕成果,并总结出常见的入门威慑战略行为,包括已存在的垄断能力有限、定价、广告或研发战略投资;通过长期合作的供应商或客户建立安全的控制输入,限制了产品质量市场扩张战略。

2.7 小 结

本章介绍了本书的理论基础,包括产业组织理论、博弈论、产品差异化理论、默契合谋理论、最低的质量规制和进入阻止理论。

第 3 章
基于产品横向差异的产量竞争均衡分析

　　本章主要应用博弈论方法,从产品横向差异化的角度对厂商处于完全垄断、双寡头垄断竞争、同时决策及先后决策竞争均衡进行分析和比较.分析产品差异性对决策均衡的影响;讨论成本信息不完全、产品差异信息不完全下的两个厂商的竞争均衡;最后对三个垄断厂商进入阻止策略进行分析。

3.1 古诺假设下完全垄断的市场分析

如果市场中，某种商品的销售者仅有一个，而这个销售者又是行业内唯一的生产者，这种市场就是完全垄断市场。完全垄断市场可能是由于厂商控制了特种资源、专利权、政府干预及自然垄断等原因形成的。这里假定需求市场是完全竞争的，消费者完全是价格接受者。完全垄断市场的主要特征有：

（1）只有唯一的供应者。在完全垄断产业领域可能会有多个生产厂商，但向市场提供产品的厂商只有一家，它所提供的产品是市场上的全部产品。

（2）没有密切的可替代的其他产品。唯一的供给者在制定价格时不必考虑其他的替代因素，即其他厂商的产品对该厂商产品的替代弹性为零。

（3）进入障碍非常高，新厂商很难或者不能进入该行业。

垄断厂商面对的主要约束是需求曲线，一般假定垄断厂商把产出作为选择变量。现假定垄断厂商的成本函数是 $C(q)$，逆需求函数是 $p = P(q)$，选择产出水平 q，其收益是

$$R(q) = pq = P(q)q$$

厂商的目标为

$$\max_q \pi = R(q) - C(q) = pq - C(q) \tag{3.1}$$

对上式求一阶偏导数，可得一阶条件：

$$p + q\frac{\partial p}{\partial q} = \frac{\partial C(q)}{\partial q} \tag{3.2}$$

式（3.2）左边是边际收益 $MR = \frac{\partial R(q)}{\partial q}$，右边是边际成本。在完全竞争条件下，价格等于边际收益，而垄断条件下，价格大于边际收益，差额为 $q\frac{\partial p}{\partial q}$，垄断价格是边际成本的非递减函数。

特殊地，厂商的成本函数为

$$C_i(q_i) = c_i q_i, \ (c_i \geq 0, i = 1, 2)$$

市场需求函数为

$$p = m - bQ = m - bq, \ (m, b > 0; \ m > c_i, i = 1, 2)$$

假设两个厂商的决策变量均为产量 q，则厂商 i 的利润为

$$\pi_m(q_m) = [p(q_m) - c_i]q_m$$

解得垄断产量为 $q_{mr} = \dfrac{m-c}{2b}$；垄断价格为 $p_{mr} = \dfrac{m+c}{2}$；厂商垄断收益为 $\pi_{mr} = \dfrac{(m-c)^2}{3b}$；消费者收益为 $\pi_{cr} = \dfrac{(m-c)^2}{8b}$；社会总福利为 $\pi_{zr} = \dfrac{3(m-c)^2}{8b}$。

完全垄断市场结构条件下，厂商规模很大，一般来说有利于实现大规模生产，实现规模经济效益。例如，铁路、快递、通信等就是规模经济十分显著的产业。但实际上，由于完全垄断阻断了产业竞争，产业内存在严重的低效率现象，如资源配置低效率、长期存在超额利润、寻租行为、垄断厂商生产经营低效、创新动力不足，等等。

3.2 古诺假设下双寡头产量竞争均衡

3.2.1 产品差异化下双寡头同时决策的静态博弈

1. 模型计算

Cournot 模型由法国经济学家 Cournot 于 1838 年提出，该模型假定厂商的产品是无差别的，成本函数只与产量有关等。设双寡头垄断市场上厂商的成本函数为

$$C_i(q_i) = c_i q_i, \ (c_i \geqslant 0, i = 1, 2)$$

市场需求函数为

$$p = m - bQ = m - b(q_1 + q_2), \ (m, b > 0; \ m > c_i, i = 1, 2)$$

假设两个厂商的决策变量均为产量 q_i，则厂商 i 的利润为

$$\pi_i(q_i, q_j) = [p(q_i + q_j) - c_i]q_i, \ (i, j = 1, 2; \ i \neq j)$$

经典的 Cournot 模型假设两个垄断厂商的产品是同质的。这里假设产品或者服务等不是同质的，而是差异化的情况。假设市场中存在代号为 1, 2 的两个厂商，提供具有替代性但又具有一定差异性的产品，用系数 e 表示替代程度，$e \in [0, 1]$，则 $(1-e)$ 表示产品之间的差异程度。当 $e = 1$ 时，表明产品具

有完全的替代性，即产品同质；当 $e=0$ 时表明产品不具备任何替代性，即产品完全异质（胡荣等，2010）。

设 p_1, p_2 为厂商 1, 2 的价格，q_1, q_2 为厂商 1, 2 的产量。假设两产品的单位边际成本分别为常数 c_1, c_2。两产品间的替代程度不一致，分别为 e_1（厂商 1 提供的产品对厂商 2 提供产品的替代程度），e_2（厂商 2 提供的产品对厂商 1 提供产品的替代程度）。按照鲍利模型，两厂商的线性逆需求函数可表示为

$$\begin{cases} p_1 = m - b(q_1 + e_2 q_2) \\ p_2 = m - b(q_2 + e_1 q_1) \end{cases} \tag{3.3}$$

厂商 1, 2 的利润函数分别为

$$\begin{cases} \pi_1 = [m - b(q_1 + e_2 q_2) - c_1]q_1 \\ \pi_2 = [m - b(q_2 + e_1 q_1) - c_2]q_2 \end{cases} \tag{3.4}$$

由两厂商利润最大化的一阶条件，可求解得厂商 1, 2 的均衡产量分别为

$$q_1^{1c*} = \frac{2(m-c_1) - e_2(m-c_2)}{b(4-e_1 e_2)}, \quad q_2^{1c*} = \frac{2(m-c_2) - e_1(m-c_1)}{b(4-e_1 e_2)}$$

因为 $q_1^{1c} > 0$，$q_2^{1c} > 0$，故设

$$2(m-c_1) - e_2(m-c_2) > 0 \quad \text{且} \quad 2(m-c_2) - e_1(m-c_1) > 0$$

即 $\quad m - 2c_1 + c_2 > 0$，且 $m - 2c_2 + c_1 > 0$

厂商 1, 2 的均衡利润分别为

$$\pi_1^{1c*} = \frac{[2(m-c_1) - e_2(m-c_2)]^2}{b(4-e_1 e_2)^2}, \quad \pi_2^{1c*} = \frac{[2(m-c_2) - e_1(m-c_1)]^2}{b(4-e_1 e_2)^2}$$

消费者收益为

$$\pi_c^{1c} = \frac{[2(m-c_2) - e_1(m-c_1)][(2-e_1 e_2)(m-c_2) + e_1(m-c_1)] + [2(m-c_1) - e_2(m-c_2)][(2-e_1 e_2)(m-c_1) + e_2(m-c_2)]}{2b(4-e_1 e_2)^2}$$

社会总福利为

$$\pi_z^{1c} = \pi_c^{1c} + \pi_1^{1c*} + \pi_2^{1c*}$$

2. 分析与比较

（1）两厂商的产量差为

$$\Delta q_1^{1c} = q_1^{1c*} - q_2^{1c*} = \frac{(e_1 - e_2)m - (2+e_1)c_1 + (2+e_2)c_2}{b(4-e_1 e_2)}$$

当 $(e_1 - e_2)m - (2 + e_1)c_1 + (2 + e_2)c_2 > 0$，即当 $c_1 < \dfrac{(e_1 - e_2)m + (2 + e_2)c_2}{(2 + e_1)}$ 时，

$$q_1^{1c*} > q_2^{1c*}, \quad \pi_1^{1c*} > \pi_2^{1c*}$$

即厂商 1 的产量和收益均大于厂商 2 的产量和收益。因此，同时决策时，厂商可以在控制成本的同时采用增强自身产品差异性的策略来获得竞争优势。

（2）当产品无差异时，$e_1 = e_2 = 1$，实施产品差异化与没有实施产品差异化策略下的产量比较。

$$\Delta q_2^{1c} = q_1^{1c*}(e_1, e_2) - q_1^{1c*}(e_1 = e_2 = 1)$$
$$= \dfrac{2(m - c_1) - e_2(m - c_2)}{b(4 - e_1 e_2)} - \dfrac{2(m - c_1) - (m - c_2)}{b(4 - 1)}$$

当 $e_2 < \dfrac{2(m - 2c_2 + c_1)}{3(m - c_2) - e_1(m - 2c_1 + c_2)}$，或者 $e_1 > \dfrac{3e_2(m - c_2) - 2(m - 2c_2 + c_1)}{e_2(m - 2c_1 + c_2)}$ 时，

$$q_1^{1c*}(e_1, e_2) > q_1^{1c*}(e_1 = e_2 = 1)$$

即若两厂商在保持成本不变下实施差异化战略时，厂商可通过提高自身产品对其他产品的替代性，或者降低其他产品对自身产品替代的程度，使产量和收益均有所提高。

特殊地，当 $c_1 = c_2 = c$，即 $e_2 < \dfrac{2}{3 - e_1}$，或者 $e_1 > \dfrac{3e_2 - 2}{e_2}$ 时，

$$q_1^{1c*}(e_1, e_2) > q_1^{1c*}(c_1 = e_2 = 1)$$

即通过提高自身产品对竞争对手的替代性，或者降低竞争对手对自身产品的替代性，来获得竞争优势。

（3）实施差异化策略下市场规模的比较。

厂商实施差异化策略后市场规模的增加量为

$$\Delta q_3^{1c} = [q_1^{1c*}(e_1, e_2) + q_2^{1c*}(e_1, e_2)] - [q_1^{1c*}(e_1 = e_2 = 1) + q_2^{1c*}(e_1 = e_2 = 1)]$$
$$= \dfrac{(2 + e_1 e_2 - 3e_2)(m - c_2) + (2 + e_1 e_2 - 3e_1)(m - c_1)}{3b(4 - e_1 e_2)}$$

特殊地，当 $c_1 = c_2 = c$ 时，

$$\Delta q_3^{1c}(c_1 = c_2 = c) = \frac{(2 + e_1 e_2 - 3e_2) + (2 + e_1 e_2 - 3e_1)}{3b(4 - e_1 e_2)}(m - c) \quad (3.5)$$

设 $\Delta q_3^{1c'} = \dfrac{(2 + e_1 e_2 - 3e_2) + (2 + e_1 e_2 - 3e_1)}{3b(4 - e_1 e_2)}$，随 e_1, e_2 变动的图形如图 3.1 所示。可见，与产品同质下相比较，在成本相同的情况下，差异化策略下市场规模有所扩大，且产品差异性越大，产量增量越大。

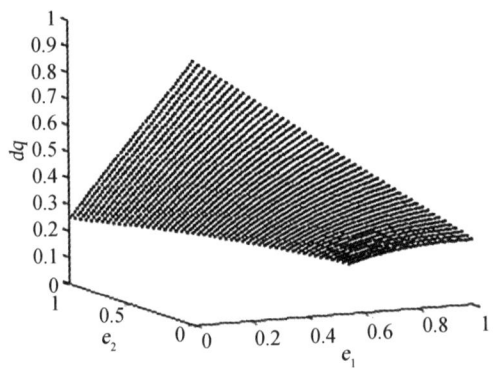

图 3.1　差异策略下市场规模增量示意图

（4）厂商总收益的比较。

由于算式较复杂，为便于分析 e_1, e_2 对总收益的影响，设 $c_1 = c_2 = c$。

$$\pi_1^{1c*}(e_1, e_2) + \pi_2^{1c*}(e_1, e_2) - \pi_1^{1c*}(e_1 = e_2 = 1) - \pi_2^{1c*}(e_1 = e_2 = 1)$$

$$= -(c - m)^2 \frac{2e_1^2 e_2^2 - 9e_1^2 - 16e_1 e_2 + 36e_1 - 9e_2^2 + 36e_2 - 40}{9b(4 - e_1 e_2)^2}$$

设 $\mathrm{d}p = -\dfrac{2e_1^2 e_2^2 - 9e_1^2 - 16e_1 e_2 + 36e_1 - 9e_2^2 + 36e_2 - 40}{9b(4 - e_1 e_2)^2}$，随 e_1, e_2 变动的图形如图 3.2 所示。由图可知，

$$\pi_1^{1c*}(e_1, e_2) + \pi_2^{1c*}(e_1, e_2) > \pi_1^{1c*}(e_1 = e_2 = 1) + \pi_2^{1c*}(e_1 = e_2 = 1)$$

并且 e_1, e_2 越小,厂商总收益的增加量越大,所以产品差异化策略下,厂商的总收益得到了提高。

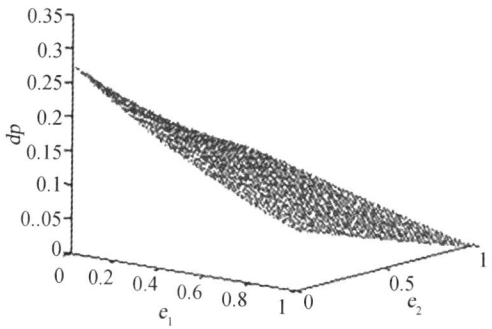

图 3.2　差异策略下厂商总收益增量示意图

(5)以上结果与不存在产品差异性(即 $e_1=e_2=1$)时,各厂商的均衡产量、均衡价格以及均衡利润对比。

由以上所述可以发现,当存在产品差异性时(即 $1 \geqslant e_i \geqslant 0$),各厂商的均衡价格、均衡产量和均衡利润都要高于产品无差异时的均衡价格、均衡产量和均衡利润,这也证明实施产品差异化更有利于厂商获利。从均衡结果分析可以发现,随着 e_i 的不断减小,即差异化不断增大时,两家企业的产量会不断提高,利润水平也会不断增加。

(6)消费者收益的比较。

$$\pi_c^{1n}(e_1,e_2) - \pi_c^{1n}(e_1=e_2=1)$$
$$= -(c-m)^2 \frac{4e_1^2 e_2^2 - 9e_1^2 e_2 + 9e_1^2 - 9e_1 e_2^2 + 4e_1 e_2 + 9e_2^2 - 8}{18b(4-e_1 e_2)^2}$$

设 $d\pi_c^{1n}(e_1,e_2) = -\dfrac{4e_1^2 e_2^2 - 9e_1^2 e_2 + 9e_1^2 - 9e_1 e_2^2 + 4e_1 e_2 + 9e_2^2 - 8}{18b(4-e_1 e_2)^2}$,随 e_1, e_2 变动的图形如图 3.3 所示。可以发现,当 $|e_1-e_2| \approx 1$,即一产品的替代系数趋近于 1,而另一产品的替代系数趋近于 0 时,替代系数趋近于 1 的产品将垄断市场,而替代系数趋近于 0 的产品将被市场淘汰。此后,又产生新的垄断,导致消费者收益降低。当 e_1, e_2 值较接近时,两产品共存于市场中,随着产品替代系数的减小(产品差异性越大),消费者收益的增益将越大。

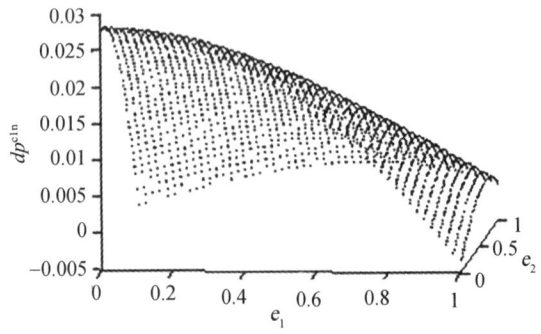

图 3.3 差异策略下消费者收益增量示意图

3.2.2 产品差异化下领先者先决策的动态博弈

1. 模型计算

德国经济学家 Stackelberg 在 1934 年将古诺模型拓展至动态产量竞争模型，并在模型中提出领导厂商与追随厂商这两个概念。在这样的市场中存在领导厂商和跟随厂商。该模型一般分为两个阶段：第一阶段，处于市场领导地位的厂商先进行抉择；第二阶段，跟随厂商观察到前者的行为后，再做出选择。不失一般性，设厂商 1 是领先厂商，先动；而跟随厂商 2 后动。这个两阶段动态博弈的决策顺序为：作为领导者的厂商 1 首先制定产量 q_1^{1f}；在观察到厂商 1 的产量水平 q_1^{1f} 后，作为跟随者的厂商 2 按照利润最大化原则制定其产量 q_2^{1f}。

采用回溯法求解动态博弈的均衡。跟随厂商 2 在领先厂商 1 给定的产量水平下，决策模式为

$$\max_{q_2^{1f}} \pi_2^{1f} = [m - b(q_1^{1f} + e_2 q_2^{1f}) - c_1] q_2^{1f} \tag{3.6}$$

通过最大化得到对 q_1^{1f} 的最优反应是

$$q_2^{1f} = \frac{m - be_1 q_1^{1f} - c_2}{2b}$$

于是领先厂商 1 的决策模式为

$$\max_{q_1^{1f}} \pi_1^{1f} = [m - b(q_1^{1f} + e_2 q_2^{1f})] q_1^{1f} \tag{3.7}$$

求解利润最大化的一阶条件,解得领先决策厂商 1 和跟随厂商 2 的产量分别为

$$\begin{cases} q_1^{1f*} = \dfrac{2(m-c_1) - e_2(m-c_2)}{2b(2-e_1e_2)} \\ q_2^{1f*} = \dfrac{(4-e_1e_2)(m-c_2) - 2e_1(m-c_1)}{4b(2-e_1e_2)} \end{cases}$$

进而得到领导厂商的均衡利润为

$$\pi_1^{1f*} = \frac{[2(m-c_1) - e_2(m-c_2)]^2}{8b(2-e_1e_2)}$$

追随厂商的均衡利润为

$$\pi_2^{1f*} = \frac{[(4-e_1e_2)(m-c_2) - 2e_1(m-c_1)]^2}{16b(2-e_1e_2)^2}$$

2. 分析与比较

(1) 同时决策与领先者先决策两种情形下主体的产量、收益对比。

$$\Delta d q_1^{1fc} = q_1^{1c*} - q_1^{1f*} = \frac{-e_1e_2[2(m-c_1) - e_2(m-c_2)]}{2b(e_1^2e_1^2 - 6e_1e_2 + 8)} < 0$$

$$q_2^{1c} - q_2^{1f} > 0, \quad \pi_1^{1c*} - \pi_1^{1f*} < 0, \quad \pi_2^{1c*} - \pi_2^{1f*} > 0$$

特殊地,当 $e_1 = e_2, c_1 = c_2$ 时,

$$\pi_1^{1f*} > \pi_2^{1f*}$$

所以领导厂商先决策,运用领导优势,产量、收益较同时决策时提高,而跟随厂商 2 的情况正好相反。这是厂商 1 在博弈中利用先动优势产生的结果。

总体产量的比较:

$$\Delta q_1^{1fc} = q_1^{1f*} + q_2^{1f*} - q_1^{1c*} - q_2^{1c*}$$

$$= \frac{e_1e_2(2-e_1)[2(m-c_1) - e_2(m-c_2)]}{4b(2-e_1e_2)(4-e_1e_2)} > 0$$

可见,先后决策比同时决策提供的总产品产量增加。但跟随厂商未必就一定处于弱势地位,可以通过成本优势和产品差异特色取得后发优势。

(2) 跟随厂商与领先厂商的收益比较。

若 $c_1 = c_2 = c$ 时, 跟随厂商与领先厂商的收益差为

$$\Delta \pi^{21f} = \pi_2^{1f*} - \pi_1^{1f*}$$

$$= (c-m)^2 \frac{e_1^2 e_2^2 + 4e_1^2 e_2 + 4e_1^2 + 2e_1 e_2^3 - 8e_1 e_2^2 - 16e_1 - 4e_2^2 + 16e_2}{16b(2-e_1 e_2)^2}$$

(3.8)

设 $\Delta p^{21f} = \dfrac{e_1^2 e_2^2 + 4e_1^2 e_2 + 4e_1^2 + 2e_1 e_2^3 - 8e_1 e_2^2 - 16e_1 - 4e_2^2 + 16e_2}{16(2-e_1 e_2)^2}$, 随 e_1, e_2 变动的图形如图 3.4 所示。可见, 在成本相同, 产品替代系数 $e_1 = e_2$, 即厂商在成本和产品差异性均相同时, 跟随厂商的收益小于领先厂商的收益, 但这并不代表跟随厂商将一直处于弱势地位。跟随厂商 2 可以通过优化产品设计、广告宣称的方式, 提高自身产品对领先厂商产品的竞争程度 (即提高系数 e_2), 削弱对方产品对自身产品的替代程度 (即降低系数 e_1), 或者通过降低成本的方式, 获取后发优势。进一步得出, 对于跟随者而言, 差异化能抵消领先者的先动优势, 尤其是当差异化达到一定程度时, 跟随者的产量和利润将会超过领先者, 从而得到市场竞争最终的均衡, 这是先动产量决策和后动差异化共同作用的结果。

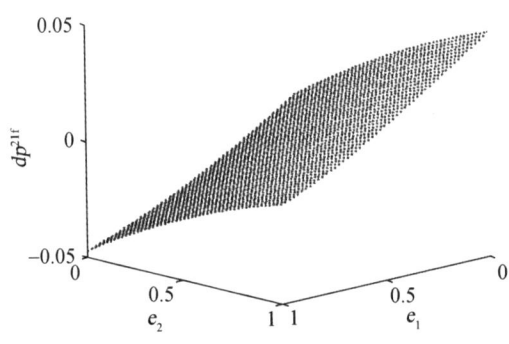

图 3.4 跟随厂商与领先厂商的收益差

3.2.3 产品差异化下同时决策和领先者先决策的比较

为更形象地比较分析产品差异化下各种情景的均衡产量和收益, 设

$\frac{m-c}{b} = R$, $\frac{(m-c)^2}{b} = F$，则产品差异化下三种情景的均衡产量和均衡利润汇总比较如表 3.1 所示。

表 3.1 产品差异化下三种情景的均衡产量和均衡利润比较

两产品差异性	决策类型	均衡结果						
		q_1	q_2	q_1+q_2	π_1	π_2	π_c	π_z
$e_1=1$, $e_2=1$	同时决策	$\frac{R}{3}$	$\frac{R}{3}$	$\frac{2R}{3}$	$\frac{F}{9}$	$\frac{F}{9}$	$\frac{2F}{9}$	$\frac{2F}{3}$
	1 先决策	$\frac{R}{2}$	$\frac{R}{4}$	$\frac{3R}{4}$	$\frac{F}{8}$	$\frac{F}{16}$	$\frac{9F}{32}$	$\frac{15F}{32}$
$e_1=0.5$, $e_2=0.5$	同时决策	$\frac{2R}{5}$	$\frac{2R}{5}$	$\frac{4R}{5}$	$\frac{4F}{25}$	$\frac{4F}{25}$	$\frac{6F}{25}$	$\frac{14F}{25}$
	1 先决策	$\frac{3R}{7}$	$\frac{11R}{28}$	$\frac{23R}{28}$	$\frac{9F}{56}$	$0.154F$	$0.253F$	$0.568F$
$e_1=0.7$, $e_2=0.3$	同时决策	$0.448R$	$0.343R$	$0.792R$	$0.201F$	$0.118F$	$0.236F$	$0.555F$
	1 先决策	$0.475R$	$0.334R$	$0.809R$	$0.202F$	$0.111F$	$0.248F$	$0.561F$
$e_1=0.2$, $e_2=0.8$	同时决策	$0.313R$	$0.469R$	$0.781R$	$0.0977F$	$0.220F$	$0.232F$	$0.549F$
	1 先决策	$0.348R$	$0.467R$	$0.815R$	$0.0978F$	$0.219F$	$0.240F$	$0.555F$

以上数据也印证了该章 1~2 节的分析。在双寡头垄断市场中，如果厂商的边际成本相同，那么厂商产品之间的差异化程度越大，市场上的总产量越多。而对于跟随者来说，差异化能抵消领先者的"先动优势"，尤其是当差异化达到一定程度时，跟随者的产量和利润将会超过领先者。也就是说，先天的优势并不一定是持久的，后天的差异产生的后动优势能弥补先天不足。

3.3 不完全成本信息下差异产品厂商 Cournot 产量竞争博弈分析

3.3.1 不完全成本信息下差异产品厂商 Cournot 竞争博弈模型

假定市场中只存在两家厂商，产品间存在一定的差异性，且两产品差异性程度相同，即 $e_1=e_2=e$；其中一家厂商具有信息优势。两厂商在市场中的逆需求函数分别为

$$p_1 = m - b(q_1 + eq_2), \quad p_2 = m - b(q_2 + eq_1)$$

设厂商 1 的单位产品成本为 c_1，且为共同知识；但厂商 1 不能完全确定厂商 2 的成本函数，只知道为高成本 c_2^H 的概率为 u，为低成本 c_2^L 的概率为 $1-u$，其中 u 为共同知识。厂商 2 不仅知道自己的成本信息，而且还知道厂商 1 的成本情况。同时，假定不同厂商之间产品的替代性参数 e、成本函数的概率值 u 以及厂商 2 单位成本的可能取值（c_2^L 或 c_2^H）相互独立。每个厂商的单位成本均恒定不变，其大小关系为 $0 < c_2^L < c_1 < c_2^H < m$。

两厂商同时决策，根据以上假设，有：

（1）厂商 2 相对于厂商 1 为高成本时，其利润函数表达式为

$$\pi_{2II}^H = [m - b(q_{2II}^H + eq_{1II}) - c_2^H] q_{2II}^H \tag{3.9}$$

给定厂商 1 的产量一定，厂商 2 选择 q_2^H 来最大化其利润，由

$$\frac{\partial \pi_{2II}^H}{\partial q_{2II}^H} = m - 2bq_{2II}^H - beq_{1II} - c_2^H = 0$$

得 $q_{2II}^H = \dfrac{m - beq_{1II} - c_2^H}{2b}$。

（2）同理，当厂商 2 相对于厂商 1 为低成本时，厂商 2 选择 q_2^L 最大化其利润：$q_{2II}^L = \dfrac{m - beq_{1II} - c_2^L}{2b}$。

由于厂商 1 不清楚厂商 2 的真实成本，从而不知道厂商 2 的最优反应究竟是 q_{2II}^H 还是 q_{2II}^L，因此，厂商 1 将选择产量 q_1 最大化下列期望利润函数：

$$E(\pi_1) = u[m - b(q_{1II} + eq_{2II}^H) - c_1]q_{1II} + (1-u)[m - b(q_{1II} + eq_{2II}^L) - c_1]q_{1II}$$

$$\tag{3.10}$$

由 $E(\pi_1)$ 最优的一阶条件 $\dfrac{\partial E(\pi_1)}{\partial q_{1II}} = 0$，得知厂商 1 的产量反应函数为

$$q_{1II} = \frac{1}{2}\left[\frac{m - c_1}{b} - ueq_{2II}^H - (1-u)eq_{2II}^L\right] \tag{3.11}$$

由式（3.9）~（3.11）可得贝叶斯纳什均衡产量分别为

$$\begin{cases} q_{1II}^* = \dfrac{2(m-c_1)-e(m-c_2^L)+eu(c_2^H-c_2^L)}{b(4-e^2)} \\ q_{2II}^{H*} = \dfrac{4(m-c_2^H)-2e(m-c_1)+e^2(1-u)(c_2^H-c_2^L)}{2b(4-e^2)} \\ q_{2II}^{L*} = \dfrac{4(m-c_2^L)-2e(m-c_1)-e^2u(c_2^H-c_2^L)}{2b(4-e^2)} \end{cases} \qquad (3.12)$$

对应的贝叶斯纳什均衡价格分别为

$$\begin{cases} p_{1II}^* = \dfrac{(2-e)m+c_1(2-e^2)+euc_2^H+e(1-u)c_2^L}{4-e^2} \\ p_{2II}^{H*} = \dfrac{(4-2e)m+2ec_1+(4-e^2-e^2u)c_2^H-e^2(1-u)c_2^L}{2(4-e^2)} \\ p_{2II}^{L*} = \dfrac{(4-2e)m+2ec_1-e^2uc_2^H+(4-2e^2+ue^2)c_2^L}{2(4-e^2)} \end{cases} \qquad (3.13)$$

此时厂商的利润分别为

$$\pi_{1II}^* = b(q_{1II}^*)^2, \quad \pi_{2II}^{H*} = b(q_{2II}^{H*})^2, \quad \pi_{2II}^{L*} = b(q_{2II}^{L*})^2$$

3.3.2 不完全成本信息下差异产品厂商 Cournot 竞争结论分析

定义 称系数 $K_c = \dfrac{c_2^H - c_1}{c_2^H - c_2^L}$ 为成本信息劣势厂商 1 具有的低成本因子,简称为低成本因子。

低成本因子,即具有信息优势厂商的高成本值与具有信息劣势厂商的成本值之差占具有信息优势厂商的高成本值与低成本值之差的比重。在高成本与低成本一定的前提下,它表征的是具有信息劣势厂商的单位成本值与具有信息优势厂商的高成本值的远离程度。如果具有信息劣势厂商的单位成本值远离高成本值而接近低成本值,则 $K_c \to 1$;如果具有信息劣势厂商的单位成本值接近高成本值而远离低成本值,则 $K_c \to 0$。即如果系数 K_c 值较高,说明具有信息劣势厂商的成本较低;如果系数 K_c 值较低,说明具有信息劣势厂商的成本较高。

结论 1 在不完全成本信息条件下,若厂商 2 相对于厂商 1 为高成本企业,则有:

（1）当 $0 < K_c < \dfrac{e(1-u)}{2}$ 成立时，有 $q_{1II}^* < q_{2II}^{H*}$，且随着产品间替代系数 e 的增大，两厂商均衡产量间的差距增大。

（2）当 $\dfrac{e(1-u)}{2} < K_c < 1$ 成立时，有 $q_{1II}^* > q_{2II}^{H*}$；当 $1-u < K_c < 1$ 时，随着产品间替代系数 e 的增大，两厂商均衡产量间的差距增大；当 $\dfrac{e(1-u)}{2} < K_c < 1-u$ 时，随着产品间替代系数 e 的增大，两厂商均衡产量间的差距缩小。

（3）当 $K_c = \dfrac{e(1-u)}{2}$ 成立时，有 $q_{1II}^* = q_{2II}^{H*}$。

证明

$$q_{1II}^* - q_{2II}^{H*} = \frac{2(c_2^H - c_1) - e(c_2^H - c_2^L) + eu(c_2^H - c_2^L)}{2b(2-e)}$$

$$= \frac{(c_2^H - c_2^L)(2K_c - e + eu)}{2b(2-e)}$$

当 $0 < K_c < \dfrac{e(1-u)}{2}$ 时，$q_{1II}^* - q_{2II}^{H*} < 0$；

当 $K_c = \dfrac{e(1-u)}{2}$ 时，$q_{1II}^* - q_{2II}^{H*} = 0$；

当 $\dfrac{e(1-u)}{2} < K_c < 1$ 时，$q_{1II}^* - q_{2II}^{H*} > 0$。

$$\frac{\partial (q_{1II}^* - q_{2II}^{H*})}{\partial e} = \frac{(c_2^H - c_2^L)(2K_c + 2u - 2)}{2b(2-e)^2}$$

当 $0 < K_c < \dfrac{e(1-u)}{2}$ 时，$\dfrac{\partial (q_1^* - q_2^{H*})}{\partial e} < 0$，$q_{1II}^* - q_{2II}^{H*} < 0$；

当 $1-u < K_c < 1$ 时，$\dfrac{\partial (q_{1II}^* - q_{2II}^{H*})}{\partial e} > 0$，$q_{1II}^* - q_{2II}^{H*} > 0$；

当 $\dfrac{e(1-u)}{2} < K_c < 1-u$ 时，$\dfrac{\partial (q_{1II}^* - q_{2II}^{H*})}{\partial e} < 0$，$q_{1II}^* - q_{2II}^{H*} > 0$。

为形象地刻画结论 1，图 3.5 描绘了函数 $\dfrac{2K_c - e + eu}{2-e}$ 在 $u = 0.5$，e 分别为 0.3，0.5，0.9 三种情形下函数随 K_c 从 0 到 1 变动的情况。

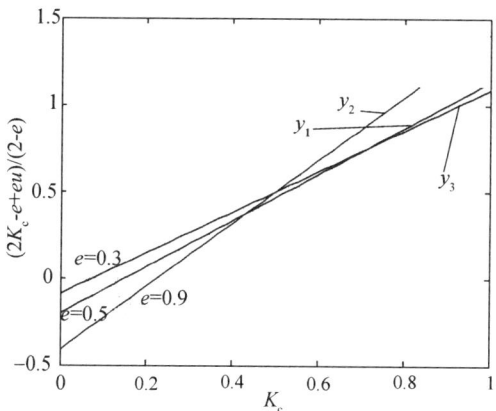

图 3.5　厂商 2 相对于厂商 1 为高成本企业时两厂商均衡产量差示意图

结论 2　在不完全成本信息条件下，若厂商 2 相对于厂商 1 为低成本企业，则：

（1）当 $0<K_c<\dfrac{2-eu}{2}$ 成立时，有 $q_{1II}^*<q_{2II}^{L*}$；当 $1-u<K_c<\dfrac{2-eu}{2}$ 时，随着产品间替代系数 e 的增大，两厂商均衡产量间的差距缩小；当 $0<K_c<1-u$ 时，随着产品间替代系数 e 的增大，两厂商均衡产量间的差距增大。

（2）当 $\dfrac{2-eu}{2}<K_c<1$ 成立时，有 $q_{1II}^*>q_{2II}^{L*}$，且随着产品间替代系数 e 的增大，两厂商均衡产量间的差距增大。

（3）当 $0<K_c=\dfrac{2-eu}{2}<1$ 成立时，有 $q_{1II}^*=q_{2II}^{L*}$。

证明

$$q_{1II}^*-q_{2II}^{L*}=\frac{2(c_2^L-c_1)+eu(c_2^H-c_2^L)}{2b(2-e)}=\frac{(c_2^H-c_2^L)(2K-2+eu)}{2b(2-e)}$$

当 $0<K_c<\dfrac{2-eu}{2}$ 时，$q_{1II}^*-q_{2II}^{L*}<0$；

当 $\dfrac{2-eu}{2}<K_c<1$ 时，$q_{1II}^*-q_{2II}^{L*}>0$；

当 $0<K_c=\dfrac{2-eu}{2}<1$ 时，$q_{1II}^*-q_{2II}^{L*}=0$。

$$\frac{\partial(q_{1II}^*-q_{2II}^{H*})}{\partial e}=\frac{2(c_2^H-c_2^L)(K+u-1)}{2b(2-e)^2}$$

当 $K<1-u$ 时，$\dfrac{\partial(q_{1II}^{*}-q_{2II}^{H*})}{\partial e}<0$；

当 $K>1-u$ 时，$\dfrac{\partial(q_{1II}^{*}-q_{2II}^{H*})}{\partial e}>0$。

为形象地刻画结论 2，图 3.6 描绘了函数 $\dfrac{2K_c-2+eu}{2-e}$ 在 $u=0.5$，e 分别为 0.3，0.5，0.9 三种情形下函数随 K_c 从 0 到 1 变动的情况。

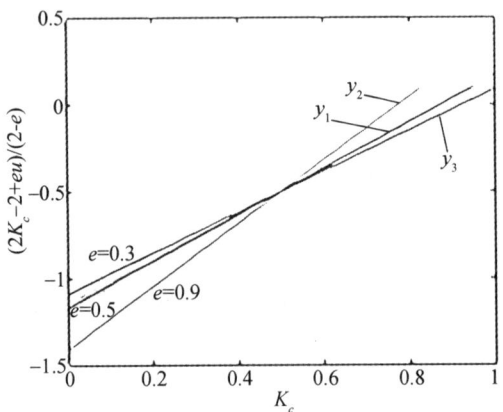

图 3.6　厂商 2 相对于厂商 1 为低成本企业时两厂商均衡产量差示意图

结论 3　在不完全成本信息条件下，

（1）如果 $0<K_c<\dfrac{e(1-u)}{2}$，则有 $q_{1II}^{*}<q_{2II}^{H*}<q_{2II}^{L*}$，$\pi_{1II}^{*}<\pi_{2II}^{H*}<\pi_{2II}^{L*}$ 成立；

（2）如果 $\dfrac{e(1-u)}{2}<K_c<\dfrac{2-eu}{2}$ 成立，则有 $q_{2II}^{H*}<q_{1II}^{*}<q_{2II}^{L*}$，$\pi_{2II}^{H*}<\pi_{1II}^{*}<\pi_{2II}^{L*}$ 成立；

（3）如果 $\dfrac{2-eu}{2}<K_c<1$ 成立，则有 $q_{2II}^{H*}<q_{2II}^{L*}<q_{1II}^{*}$，$\pi_{2II}^{H*}<\pi_{2II}^{L*}<\pi_{1II}^{*}$。

证明

$$q_{2II}^{H*}-q_{2II}^{L*}=\dfrac{c_2^L-c_2^H}{2b}<0$$

$$\pi_{2II}^{H*}-\pi_{2II}^{L*}=b(q_{2II}^{H*}+q_{2II}^{L*})(q_{2II}^{H*}-q_{2II}^{L*})<0$$

$$\pi_{1II}^{*}-\pi_{2II}^{H*}=b(q_{1II}^{*}+q_{2II}^{H*})(q_{1II}^{*}-q_{2II}^{H*})$$

$$\pi_{1II}^* - \pi_{2II}^{L*} = b(q_{1II}^* + q_{2II}^{L*})(q_{1II}^* - q_{2II}^{L*})$$

以上结论 1~3 表明，若低成本因子值低（即信息劣势厂商的单位成本较高），信息劣势厂商的贝叶斯纳什均衡产量及其相应的均衡收益最小；若低成本因子值较高（即信息劣势厂商的成本较低），并且产品替代程度较大，信息劣势厂商的贝叶斯纳什均衡产量及其相应的均衡收益最大；若低成本因子值和产品替代程度中等，信息劣势厂商的贝叶斯纳什均衡产量及其相应的均衡收益也介于信息优势厂商的高成本与低成本之间。分析表明，不完全成本信息条件下，两产品间的替代程度 e、成本函数的识别能力 u 以及低成本因子 K_c 的关系综合影响信息优势厂商与信息劣势厂商的均衡产量和均衡收益的大小关系。

结论 4　无论参数 u 与 e 取何值，总有 $p_{2II}^{L*} < p_{1II}^* < p_{2II}^{H*}$ 成立。

证明

$$p_{2II}^{H*} - p_{2II}^{L*} = \frac{c_2^H - c_2^L}{2} > 0$$

$$p_{1II}^* - p_{2II}^{H*} = \frac{(eu+e-2)(c_2^H - c_1) - e(1-u)(c_1 - c_2^L)}{2(2-e)}$$

$$= \frac{(c_2^H - c_2^L)(2eK_c - 2K_c - e + eu)}{2(2-e)} < 0$$

$$p_{1II}^* - p_{2II}^{L*} = \frac{2(1-e)(c_1 - c_2^L) + eu(c_2^H - c_2^L)}{2(2-e)} > 0$$

结论 4 表明，若信息优势厂商的成本为高成本，其产品价格将高于信息劣势厂商；若信息优势厂商的成本为低成本，其产品价格将低于信息劣势厂商。即在不完全信息条件下，低成本一定对应着低价格，信息优势、产品间的替代程度、成本函数概率对其不产生影响。

3.3.3　不完全成本信息与完全成本信息下厂商 Cournot 竞争的比较

在完全成本信息条件下，若厂商 2 为低成本厂商，则求解得到的均衡产量为

$$\begin{cases} q_{1CI}^{L*} = \dfrac{2(m-c_1) - e(m-c_2^L)}{b(4-e^2)} \\ q_{2CI}^{L*} = \dfrac{2(m-c_2^L) - e(m-c_1)}{b(4-e^2)} \end{cases} \quad (3.14)$$

相应的均衡价格和收益为

$$\pi_{1CI}^{L*} = b(q_{1CI}^{L*})^2 , \quad \pi_{2CI}^{L*} = b(q_{2CI}^{L*})^2$$

在完全成本信息条件下，若厂商 2 为高成本厂商，则求解得到的均衡产量为

$$\begin{cases} q_{1CI}^{H*} = \dfrac{2(m-c_1) - e(m-c_2^H)}{b(4-e^2)} \\ q_{2CI}^{H*} = \dfrac{2(m-c_2^H) - e(m-c_1)}{b(4-e^2)} \end{cases} \quad (3.15)$$

相应的均衡价格和收益为

$$\pi_{1CI}^{H*} = b(q_{1CI}^{H*})^2 , \quad \pi_{2CI}^{H*} = b(q_{2CI}^{H*})^2$$

接下来，比较两厂商的均衡产量、均衡价格以及均衡利润在完全信息与不完全信息条件下的大小关系。

结论 5 无论参数 e, u 取何值，有：

（1）如果厂商 2 相对于厂商 1 来说是高成本企业，则有 $q_{1II}^* < q_{1CI}^{H*}$，$q_{2II}^{H*} > q_{2CI}^{H*}$，$q_{1II}^* + q_{2II}^{H*} < q_{1CI}^{H*} + q_{2CI}^{H*}$。

（2）如果厂商 2 相对于厂商 1 来说是低成本企业，则有 $q_{1II}^* > q_{1CI}^{L*}$，$q_{2II}^{L*} < q_{2CI}^{L*}$，$q_{1II}^* + q_{2II}^{L*} > q_{2CI}^{L*} + q_{1CI}^{L*}$。

证明

$$q_{1II}^* - q_{1CI}^{H*} = \frac{e(u-1)(c_2^H - c_2^L)}{b(4-e^2)} < 0$$

$$q_{2II}^{H*} - q_{2CI}^{H*} = -\frac{e^2(c_2^H - c_2^L)(u-1)}{2b(4-e^2)} > 0$$

$$q_{1II}^* + q_{2II}^{H*} - (q_{1CI}^{H*} + q_{2CI}^{H*}) = \frac{e(c_2^H - c_2^L)(u-1)}{2b(e+2)} < 0$$

$$q_{1II}^* - q_{1CI}^{L*} = \frac{eu(c_2^H - c_2^L)}{b(4-e^2)} > 0$$

$$q_{2II}^{L*} - q_{2CI}^{L*} = -\frac{e^2 u(c_2^H - c_2^L)}{2b(4-e^2)} < 0$$

$$q_{1II}^* + q_{2II}^{L*} - (q_{2CI}^{L*} + q_{1CI}^{L*}) = \frac{eu(c_2^H - c_2^L)}{b(2+e)} > 0$$

结论 5 表明，在不完全信息条件下，低成本厂商的贝叶斯纳什均衡产量低于完全信息条件下的纳什均衡产量，高成本厂商的贝叶斯纳什均衡产量高于完全信息条件下的纳什均衡产量，这与两厂商信息优势、产品替代性、成本函数的概率值以及低成本识别因子的取值范围均无关。从整体市场供给看，若高成本厂商拥有信息优势，则其总产量低于完全信息情况下的总产量；若低成本厂商拥有信息优势，则其总产量高于完全信息情况下的总产量。

结论 6 无论参数 e, u 取何值，有：

（1）如果厂商 2 相对于厂商 1 为高成本厂商，厂商 1 在完全信息条件下的市场份额高于不完全信息条件下的市场份额。

（2）如果厂商 2 相对于厂商 1 为低成本厂商，厂商 1 在完全信息条件下的市场份额低于不完全信息条件下的市场份额。

（3）对厂商 2 而言，其市场份额的情况与厂商 1 完全相反。

证明

$$\frac{q_{1CI}^{H*}}{q_{1CI}^{H*}+q_{2CI}^{H*}} = \frac{1}{1+\frac{q_{2CI}^{H*}}{q_{1CI}^{H*}}} > \frac{1}{1+\frac{q_{2II}^{H*}}{q_{1CI}^{H*}}} > \frac{1}{1+\frac{q_{2II}^{H*}}{q_{1II}^{*}}} = \frac{q_{1II}^{*}}{q_{1II}^{*}+q_{2II}^{H*}}$$

$$\frac{q_{1CI}^{L*}}{q_{1CI}^{L*}+q_{2CI}^{L*}} = \frac{1}{1+\frac{q_{2CI}^{L*}}{q_{1CI}^{L*}}} < \frac{1}{1+\frac{q_{2CI}^{L*}}{q_{1II}^{*}}} < \frac{1}{1+\frac{q_{2II}^{L*}}{q_{1II}^{*}}} = \frac{q_{1II}^{*}}{q_{1II}^{*}+q_{2II}^{L*}}$$

$$\frac{q_{2CI}^{H*}}{q_{1CI}^{H*}+q_{2CI}^{H*}} = 1 - \frac{q_{1CI}^{H*}}{q_{1CI}^{H*}+q_{2CI}^{H*}} < 1 - \frac{q_{1II}^{*}}{q_{1II}^{*}+q_{2II}^{H*}} = \frac{q_{2II}^{H*}}{q_{1II}^{*}+q_{2II}^{H*}}$$

$$\frac{q_{2CI}^{L*}}{q_{1CI}^{L*}+q_{2CI}^{L*}} = 1 - \frac{q_{1CI}^{L*}}{q_{1CI}^{L*}+q_{2CI}^{L*}} > 1 - \frac{q_{1II}^{*}}{q_{1II}^{*}+q_{2II}^{L*}} = \frac{q_{2II}^{L*}}{q_{1II}^{*}+q_{2II}^{L*}}$$

结论 6 表明，在不完全信息条件下，信息优势高成本厂商的市场份额高于完全信息条件下的市场份额，而低成本厂商的市场份额相反；信息优势低成本厂商的市场份额低于完全信息条件下的市场份额，高成本厂商的市场份额相反。而与两厂商的产品替代性、成本函数的概率值以及低成本因子的相互关系无关。

结论 7 假定厂商的目标是追求利润最大化，有：

（1）如果厂商 2 相对于厂商 1 为高成本企业，则厂商 1 在完全信息条件下的利润高于不完全信息条件下的利润，而对厂商 2 而言，前者低于后者。

（2）如果厂商 2 相对于厂商 1 为低成本企业，则厂商 1 在完全信息条件下的利润低于不完全信息条件下的利润，而对厂商 2 而言，前者高于后者。

证明

$$\pi_{1II}^{*} - \pi_{1CI}^{H*} = (q_{1II}^{*} + q_{1CI}^{H*})(q_{1II}^{*} - q_{1CI}^{H*}) < 0$$

$$\pi_{2II}^{H*} - \pi_{2CI}^{H*} = (q_{2II}^{H*} + q_{2CI}^{H*})(q_{2II}^{H*} - q_{2CI}^{H*}) > 0$$

$$\pi_{1II}^{*} - \pi_{1CI}^{L*} = (q_{1II}^{*} + q_{1CI}^{L*})(q_{1II}^{*} - q_{1CI}^{L*}) > 0$$

$$\pi_{2II}^{L*} - \pi_{2CI}^{L*} = (q_{2II}^{L*} + q_{2CI}^{L*})(q_{2II}^{L*} - q_{2CI}^{L*}) < 0$$

结论 7 表明，与完全信息情形相比，低成本厂商在不完全信息条件下的利润较低，而高成本厂商在不完全信息条件下的利润较大。

3.4 不完全差异信息下差异产品厂商 Cournot 竞争博弈分析

上节主要分析了成本信息不完全的情形，本节从产品差异信息不完全的角度进行分析。因为在市场研究中，对产品差异化的考量程度也是相对的，因此，对任何一类产品，都无法明确地指出对产品差异化应当考虑到何种程度才堪称合理。

3.4.1 不完全差异信息下差异产品厂商 Cournot 竞争博弈分析

设厂商 2 的产品对厂商 1 产品的替代系数为 e_2，且为共同知识。但厂商 1 不清楚自己的产品对厂商 2 来讲是高替代系数 e_1^H 还是低替代系数 e_1^L，其中 $e_1^L < e_1^H$。即厂商 1 不能完全确定对厂商 2 的产品替代函数，只知道为 e_1^H 的概率为 θ，为 e_1^L 的概率为 $1-\theta$，其中 θ 为共同知识。而厂商 2 不仅知道自己对对方产品的替代系数 e_2，而且清楚厂商 1 对自己产品的替代系数是 e_1^L，或者是 e_1^H。同时，假定不同厂商之间产品的替代性参数 e_2、成本函数的概率值 θ 以及厂商产品替代函数可能取值（e_1^L 或 e_1^H）三者之间相互独立。每个厂商的单

位成本 c 相同且均恒定不变，其大小关系为 $0 < e_1^L < e_2 < e_1^H < m$。两厂商同时决策。

（1）当厂商1对厂商2来讲为高替代产品时，其利润函数表达式为

$$\pi_{2II}^{eH} = [m - b(q_{2II}^{eH} + e_1^{eH} q_{1II}^e) - c] q_{2II}^{eH} \qquad (3.16)$$

给定厂商1的产量，厂商2选择 q_2^H 来最大化其利润，由

$$\frac{\partial \pi_{2II}^{eH}}{\partial q_{2II}^{eH}} = m - 2b q_{2II}^{eH} - b e_1^H q_{1II}^e - c = 0$$

得 $q_{2II}^{eH} = \dfrac{m - b e_1^H q_{1II}^e - c}{2b}$。

（2）同理，当厂商2相对于厂商1为替代低产品时，厂商2选择 q_{2II}^L 最大化其利润，$q_{2II}^{eL} = \dfrac{m - b e_1^L q_{1II}^e - c}{2b}$。

由于厂商1对厂商2的产品的真实替代性不清楚，而且也不知道厂商2的最优反应究竟是 q_{2II}^{eH} 还是 q_{2II}^L，故厂商1将选择产量 q_{1II}^e 最大化下期望利润函数：

$$E(\pi_{1II}^e) = \theta[m - b(q_{1II}^e + e_2 q_{2II}^{eH}) - c] q_{1II}^e + (1-\theta)[m - b(q_{1II}^e + e_2 q_{2II}^{eL}) - c] q_{1II}^e \qquad (3.17)$$

由 $E(\pi_{1II}^e)$ 最优的一阶条件 $\dfrac{\partial E(\pi_{1II}^e)}{\partial q_{1II}^e} = 0$，得知厂商1的产量反应函数为

$$q_{1II}^e = \frac{1}{2}\left[\frac{m-c}{b} - \theta e_2 q_{2II}^{eH} - (1-\theta) e_2 q_{2II}^{eL}\right] \qquad (3.18)$$

由式（3.16）~（3.18）可得贝叶斯纳什均衡产量为

$$\begin{cases} q_{1II}^{e*} = \dfrac{(m-c)(2-e_2)}{b(4 - e_1^L e_2 + e_1^L e_2 \theta - e_1^H e_2 \theta)} \\[2mm] q_{2II}^{eL*} = \dfrac{(m-c)(4 - 2e_1^L - e_1^H e_2 \theta + e_1^L e_2 \theta)}{2b(4 - e_1^L e_2 - e_1^H e_2 \theta + e_1^L e_2 \theta)} \\[2mm] q_{2II}^{eH*} = \dfrac{(m-c)(4 - 2e_1^H + e_1^H e_2 - e_1^L e_2 - e_1^H e_2 \theta + e_1^L e_2 \theta)}{2b(4 - e_1^L e_2 - e_1^H e_2 \theta + e_1^L e_2 \theta)} \end{cases} \qquad (3.19)$$

对应的贝叶斯纳什均衡价格为

$$\begin{cases} p_{1II}^{e*} = c + bq_{1II}^{*} \\ p_{2II}^{eL*} = c + bq_{2II}^{L*} \\ p_{2II}^{eH*} = c + bq_{2II}^{H*} \end{cases} \quad （3.20）$$

此时厂商的均衡利润分别为

$$\pi_{1II}^{e*} = b(q_{1II}^{e*})^2, \quad \pi_{2II}^{eL*} = b(q_{2II}^{eL*})^2, \quad \pi_{2II}^{eH*} = b(q_{2II}^{eH*})^2$$

定义 称系数 $K_e = \dfrac{e_1^H - e_2}{e_1^H - e_1^L}$ 为具有信息劣势厂商的产品低替代识别因子，简称为低替代识别因子。

如果具有信息劣势厂商的产品替代值远离高替代值，接近低替代值，则 $K_e \to 1$；如果具有信息劣势厂商的产品替代值接近高替代值而远离低替代值，则 $K_e \to 0$。即如果系数 K_e 值较高，则说明具有信息劣势厂商的产品替代值较低；如果系数 K_e 值较低，说明具有信息劣势厂商的产品替代性高。

结论 8 在不完全差异信息条件下，如果厂商 1 相对于厂商 2 为高替代产品，则有：

（1）当 $0 < K_e < \dfrac{e_2(1-\theta)}{2}$ 时，有 $q_{1II}^{e*} < q_{2II}^{eH*}$，$p_{1II}^{e*} < p_{2II}^{eH*}$，$\pi_{1II}^{e*} < \pi_{2II}^{eH*}$，并且随着成本 c 的提高，差距缩小。

（2）当 $\dfrac{e_2(1-\theta)}{2} < K_e < 1$ 时，有 $q_{1II}^{e*} > q_{2II}^{eH*}$，$p_{1II}^{e*} > p_{2II}^{eH*}$，$\pi_{1II}^{e*} > \pi_{2II}^{eH*}$，并且随着成本 c 的提高，差距缩小。

（3）当 $K_e = \dfrac{e_2(1-\theta)}{2}$ 时，有 $q_{1II}^{e*} < q_{2II}^{eH*}$，$p_{1II}^{e*} = p_{2II}^{eH*}$，$\pi_{1II}^{e*} = \pi_{2II}^{eH*}$。

证明

$$q_{1II}^{e*} - q_{2II}^{eH*} = \frac{(m-c)(2e_1^H - 2e_2 - e_1^H e_2 + e_1^L e_2 + e_1^H e_2 \theta - e_1^L e_2 \theta)}{2b(4 - e_1^L e_2 - e_1^H e_2 \theta + e_1^L e_2 \theta)}$$

$$= \frac{(m-c)(e_1^H - e_1^L)(2K_e - e_2 + \theta e_2)}{2b(4 - e_1^L e_2 - e_1^H e_2 \theta + e_1^L e_2 \theta)}$$

$$\frac{\partial(q_{1II}^{e*} - q_{2II}^{eH*})}{\partial c} = \frac{-(2K_e - e_2 + \theta e_2)(e_1^H - e_1^L)}{2b(4 - e_1^L e_2 - e_1^H e_2 \theta + e_1^L e_2 \theta)}$$

$$\pi_{1II}^{e*} - \pi_{2II}^{eH*} = b(q_{1II}^{*} - q_{2II}^{H*})(q_{1II}^{*} + q_{2II}^{eH*})$$

结论 9 在不完全差异条件信息下，如果厂商 1 相对于厂商 2 为低替代产品，则有：

（1）当 $0 < K_e < \dfrac{2-e_2\theta}{2}$ 时，有 $q_{1II}^{e*} < q_{2II}^{eL*}$，$p_{1II}^{e*} < p_{2II}^{eL*}$，$\pi_{1II}^{e*} < \pi_{2II}^{eL*}$，并且随着成本 c 的提高，差距缩小。

（2）当 $\dfrac{2-e_2\theta}{2} < K_e < 1$ 时，有 $q_{1II}^{e*} > q_{2II}^{eL*}$，$p_{1II}^{e*} > p_{2II}^{eL*}$，$\pi_{1II}^{e*} > \pi_{2II}^{eL*}$，并且随着成本 c 的提高，差距缩小。

（3）当 $K_e = \dfrac{2-e_2\theta}{2}$ 时，有 $q_{1II}^{e*} = q_{2II}^{eL*}$，$p_{1II}^{e*} = p_{2II}^{eL*}$，$\pi_{1II}^{e*} = \pi_{2II}^{eL*}$。

证明

$$q_{1II}^{e*} - q_{2II}^{eL*} = \frac{(m-c)(2e_1^L - 2e_2 + e_1^H e_2\theta - e_1^L e_2\theta)}{2b(4 - e_1^L e_2 - e_1^H e_2\theta + e_1^L e_2\theta)}$$

$$= \frac{(m-c)(2K_e - 2 + \theta e_2)}{2b(4 - e_1^L e_2 - e_1^H e_2\theta + e_1^L e_2\theta)(e_1^H - e_1^L)}$$

$$\frac{\partial(q_{1II}^{e*} - q_{2II}^{eL*})}{\partial c} = \frac{-(e_1^H - e_1^L)(2K_e - 2 + \theta e_2)}{2b(4 - e_1^L e_2 - e_1^H e_2\theta + e_1^L e_2\theta)}$$

$$p_{1II}^{e*} - p_{2II}^{eL*} = \frac{(m-c)(2e_1^L - 2e_2 + e_1^H e_2\theta - e_1^L e_2\theta)}{2(4 - e_1^L e_2 - e_1^H e_2\theta + e_1^L e_2\theta)}$$

$$= b(q_{1II}^{e*} - q_{2II}^{eL*}) = \frac{(m-c)(e_1^H - e_1^L)(2K_e - 2 + \theta e_2)}{2(4 - e_1^L e_2 - e_1^H e_2\theta + e_1^L e_2\theta)}$$

$$\pi_{1II}^{e*} - \pi_{2II}^{eL*} = b(q_{1II}^{e*} - q_{2II}^{eL*})(q_{1II}^{e*} + q_{2II}^{eL*})$$

结论 10 在不完全差异信息条件下，

（1）当 $0 < K_e < \dfrac{e_2(1-\theta)}{2}$ 时，$q_{1II}^{e*} < q_{2II}^{eH*} < q_{2II}^{eL*}$，$p_{1II}^{e*} < p_{2II}^{eH*} < p_{2II}^{eL*}$，$\pi_{1II}^{e*} < \pi_{2II}^{eH*} < \pi_{2II}^{eL*}$；

（2）$\dfrac{e_2(1-\theta)}{2} < K_e < \dfrac{2-e_2\theta}{2}$ 时，$q_{2II}^{eH*} < q_{1II}^{e*} < q_{2II}^{eL*}$，$p_{2II}^{eH*} < p_{1II}^{e*} < p_{2II}^{eL*}$，$\pi_{2II}^{eH*} < \pi_{1II}^{e*} < \pi_{2II}^{eL*}$；

（3）当 $\frac{2-e_2\theta}{2} < K_e < 1$ 时，$q_{1II}^{e*} > q_{2II}^{eL*} > q_{2II}^{eH*}$，$p_{1II}^{e*} > p_{2II}^{eL*} > p_{2II}^{eH*}$，$\pi_{1II}^{e*} > \pi_{2II}^{eL*} > \pi_{2II}^{eH*}$。

证明

$$q_{2II}^{eH*} - q_{2II}^{eL*} = \frac{(m-c)(e_1^H - e_1^L)(e_2 - 2)}{2b(4 - e_1^L e_2 - e_1^H e_2 \theta + e_1^L e_2 \theta)} < 0$$

$$p_{2II}^{H*} - p_{2II}^{L*} = b(q_{2II}^{H*} - q_{2II}^{L*}) < 0$$

结论 8~10 说明，在不完全信息条件下，产品间的替代程度、产品替代函数的概率值以及低替代识别因子的具体关系是影响信息优势厂商与信息劣势厂商均衡产量、价格和收益大小关系的主要因素。

3.4.2 不完全差异信息与完全差异信息下厂商 Cournot 竞争的比较

在完全产品替代信息条件下，若厂商 1 相对于厂商 2 为低替代产品，则求解得到的均衡产量为

$$\begin{cases} q_{1CI}^{eL*} = \dfrac{2(m-c) - e_2(m-c)}{b(4 - e_1^L e_2)} \\ q_{2CI}^{eL*} = \dfrac{2(m-c) - e_1^L(m-c)}{b(4 - e_1^L e_2)} \end{cases} \quad (3.21)$$

均衡利润分别为

$$\pi_{1CI}^{eL*} = b(q_{1CI}^{eL*})^2, \quad \pi_{2CI}^{eL*} = b(q_{2CI}^{eL*})^2$$

在完全产品替代信息条件下，若厂商 1 相对于厂商 2 为高替代产品，则求解得到的均衡产量为

$$q_{1CI}^{eH*} = \frac{2(m-c) - e_2(m-c)}{b(4 - e_1^H e_2)}$$

$$q_{2CI}^{eH*} = \frac{2(m-c) - e_1^H(m-c)}{b(4 - e_1^H e_2)} \quad (3.22)$$

均衡利润分别为

$$\pi_{1CI}^{eH*} = b(q_{1CI}^{eH*})^2, \quad \pi_{2CI}^{eH*} = b(q_{2CI}^{eH*})^2$$

下面，将比较两厂商的均衡产量、均衡价格以及均衡利润在完全差异信息与不完全差异信息条件下的大小关系。

结论 11 无论参数 e, u 取何值，有：

（1）如果厂商 2 相对于厂商 1 来说是高成本企业，则有 $q_{1II}^{e*} < q_{1CI}^{eH*}$，$q_{2II}^{eH*} > q_{2CI}^{eH*}$，$q_{1II}^{e*} + q_{2II}^{eH*} < q_{1CI}^{eH*} + q_{2CI}^{eH*}$；

（2）如果厂商 2 相对于厂商 1 来说是低成本企业，则有 $q_{1II}^{e*} > q_{1CI}^{eL*}$，$q_{2II}^{eL*} < q_{2CI}^{eL*}$，$q_{1II}^{e*} + q_{2II}^{eL*} > q_{2CI}^{eL*} + q_{1CI}^{eL*}$。

证明

$$q_{1II}^{e*} - q_{1CI}^{eH*} = \frac{e_2(u-1)(c_1^H - c_1^L)(e_2 - 2)(c - m)}{b(4 - e_1^H e_2)(4 - e_1^L e_2 - e_1^H e_2 \theta + e_1^L e_2 \theta)} < 0$$

$$q_{2II}^{eH*} - q_{2CI}^{eH*} = -\frac{e_2 c_1^H (u-1)(c_1^H - c_1^L)(e_2 - 2)(c - m)}{2b(4 - e_1^H e_2)(4 - e_1^L e_2 - e_1^H e_2 \theta + e_1^L e_2 \theta)} > 0$$

$$q_{1II}^{e*} + q_{2II}^{eH*} - (q_{1CI}^{eH*} + q_{2CI}^{eH*}) = \frac{e_2(u-1)(c_1^H - c_1^L)(e_2 - 2)(c - m)}{2b(4 - e_1^H e_2)(4 - e_1^L e_2 - e_1^H e_2 \theta + e_1^L e_2 \theta)} < 0$$

$$q_{1II}^{e*} - q_{1CI}^{eL*} = \frac{e_2 u(c_1^H - c_1^L)(e_2 - 2)(c - m)}{b(4 - e_1^H e_2)(4 - e_1^L e_2 - e_1^H e_2 \theta + e_1^L e_2 \theta)} > 0$$

$$q_{2II}^{eL*} - q_{2CI}^{eL*} = -\frac{e_2 u c_1^L (c_1^H - c_1^L)(e_2 - 2)(c - m)}{2b(4 - e_1^H e_2)(4 - e_1^L e_2 - e_1^H e_2 \theta + e_1^L e_2 \theta)} < 0$$

$$q_{1II}^{e*} + q_{2II}^{eL*} - q_{2CI}^{eL*} - q_{1CI}^{eL*} = -\frac{e_2 u(c_1^H - c_1^L)(e_2 - 2)(c - m)(c_1^L - 2)}{2b(4 - e_1^H e_2)(4 - e_1^L e_2 - e_1^H e_2 \theta + e_1^L e_2 \theta)} > 0$$

结论 11 表明，在不完全信息条件下，低替代时，厂商 2 的贝叶斯纳什均衡产量低于完全信息条件下的贝叶斯纳什均衡产量；而高替代时，厂商 2 的贝叶斯纳什均衡产量高于完全信息条件下的贝叶斯纳什均衡产量，这与两厂商的信息优势、产品替代性、成本函数的概率值以及低成本因子的取值范围均无关。从整体市场供给情况看，在不完全信息情况下，若被高替代的厂商有信息优势，则高替代厂商的市场总产量低于完全信息情况下的市场总产量；若被低替代的厂商有信息优势，则低替代厂商的市场总产量高于完全信息情况下的市场总产量。

结论 12 无论参数 e,u 取何值，有：

（1）如果厂商 2 相对于厂商 1 为高成本厂商，厂商 1 在完全信息条件下的市场份额高于不完全信息条件下的市场份额；

（2）如果厂商 2 相对于厂商 1 为低成本厂商，厂商 1 在完全信息条件下的市场份额低于不完全信息条件下的市场份额；

（3）对厂商 2 而言，其市场份额的情况与厂商 1 完全相反。

证明

$$\frac{q_{1CI}^{eH*}}{q_{1CI}^{eH*}+q_{2CI}^{eH*}}=\frac{1}{1+\frac{q_{2CI}^{eH*}}{q_{1CI}^{eH*}}}>\frac{1}{1+\frac{q_{2CI}^{eH*}}{q_{1CI}^{eH*}}}>\frac{1}{1+\frac{q_{2II}^{eH*}}{q_{1II}^{e*}}}=\frac{q_{1II}^{e*}}{q_{1II}^{e*}+q_{2II}^{eH*}}$$

$$\frac{q_{1CI}^{eL*}}{q_{1CI}^{eL*}+q_{2CI}^{eL*}}=\frac{1}{1+\frac{q_{2CI}^{eL*}}{q_{1CI}^{eL*}}}<\frac{1}{1+\frac{q_{2CI}^{eL*}}{q_{1II}^{e*}}}<\frac{1}{1+\frac{q_{2II}^{eL*}}{q_{1II}^{e*}}}=\frac{q_{1II}^{e*}}{q_{1II}^{e*}+q_{2II}^{eL*}}$$

$$\frac{q_{2CI}^{eH*}}{q_{1CI}^{eH*}+q_{2CI}^{eH*}}=1-\frac{q_{1CI}^{eH*}}{q_{1CI}^{eH*}+q_{2CI}^{eH*}}<1-\frac{q_{1II}^{e*}}{q_{1II}^{e*}+q_{2II}^{eH*}}=\frac{q_{2II}^{eH*}}{q_{1II}^{e*}+q_{2II}^{eH*}}$$

$$\frac{q_{2CI}^{eL*}}{q_{1CI}^{eL*}+q_{2CI}^{eL*}}=1-\frac{q_{1CI}^{eL*}}{q_{1CI}^{eL*}+q_{2CI}^{eL*}}>1-\frac{q_{1II}^{e*}}{q_{1II}^{*}+q_{2II}^{L*}}=\frac{q_{2II}^{eL*}}{q_{1II}^{*}+q_{2II}^{L*}}$$

结论 12 表明，在不完全信息条件下，若被高替代的厂商拥有信息优势，则其市场份额高于完全信息条件下的市场份额，而被低替代的厂商的市场份额大小情况恰好相反；若被低替代的厂商拥有信息优势，则其市场份额低于完全信息条件下的市场份额，而被高替代的厂商的市场份额大小情况恰好相反。在不完全信息和完全信息两种情况下，厂商的市场份额大小关系与两厂商的产品替代性、替代函数的概率值以及低替代识别因子的取值范围均无关。

结论 13 假定厂商的目标是追求利润最大化，

（1）如果厂商 2 的产品被厂商 1 高替代，则厂商 1 在完全信息条件下的利润高于不完全信息条件下的利润，而对厂商 2 而言，前者低于后者；

（2）如果厂商 2 的产品被厂商 1 低替代，则厂商 1 在完全信息条件下的利润低于不完全信息条件下的利润，而对厂商 2 而言，前者高于后者。

证明

$$\pi_{1II}^{e*} - \pi_{1CI}^{eH*} = (q_{1II}^{e*} + q_{1CI}^{eH*})(q_{1II}^{e*} - q_{1CI}^{eH*}) < 0$$

$$\pi_{2II}^{eH*} - \pi_{2CI}^{eH*} = (q_{2II}^{eH*} + q_{2CI}^{eH*})(q_{2II}^{eH*} - q_{2CI}^{eH*}) > 0$$

$$\pi_{1II}^{e*} - \pi_{1CI}^{eL*} = (q_{1II}^{e*} + q_{1CI}^{eL*})(q_{1II}^{e*} - q_{1CI}^{eL*}) > 0$$

$$\pi_{2II}^{eL*} - \pi_{2CI}^{eL*} = (q_{2II}^{eL*} + q_{2CI}^{eL*})(q_{2II}^{eL*} - q_{2CI}^{eL*}) < 0$$

3.5 三个垄断厂商进入阻止博弈分析

本节主要研究在引入一个潜在进入企业情况下,进入厂商与在位厂商发生的进入与阻止进入的博弈。

该模型假设垄断市场有两个在位厂商 1,2,并且双方实力成为共同知识,存在一个潜在进入厂商 3。假设这三个厂商的边际成本为 c_i($i=1,2,3$),市场逆需求函数为 $p=m-bQ$,在位厂商为阻止其他厂商进入,将其单位阻止成本设为 k_i($i=1,2,3$),不考虑规模经济。潜在进入者厂商 3 需要承担的固定进入成本为 F。则三个厂商的利润函数为

$$\begin{cases} \pi_{31} = [m - b(q_{31} + eq_{32} + eq_{33}) - c_1 - k_1]q_{31} \\ \pi_{32} = [m - b(q_{32} + eq_{31} + eq_{33}) - c_2 - k_2]q_{32} \\ \pi_{33} = [m - b(q_{33} + eq_{31} + eq_{32}) - c_3]q_{33} - F \end{cases} \quad (3.23)$$

在位厂商 1,2 在第一期同时选择其产量;第二期,潜在进入者厂商 3 在观察到 q_{31},q_{32} 后决定是否进入及相应的产量 q_{33},同时潜在进入厂商 3 若要进入市场,就必须支付成本 F,下面采用逆向归纳法求解。

根据式(3.23)利润函数的一阶条件可得潜在进入者厂商 3 的反应函数为

$$q_{33}^* = \frac{m - c_3 - eb(q_{31} + q_{32})}{2b}$$

代入可得在位厂商 1 和厂商 2 的利润函数分别为

$$\begin{cases} \pi_{31} = \left[m - b\left(q_{31} + eq_{32} + e\dfrac{m - c_3 - eb(q_{31} + q_{32})}{2b} \right) - c_1 - k_1 \right] q_{31} \\ \pi_{32} = \left[m - b\left(q_{32} + eq_{31} + e\dfrac{m - c_3 - eb(q_{31} + q_{32})}{2b} \right) - c_2 - k_2 \right] q_{32} \end{cases} \quad (3.24)$$

分别对上述利润函数求导 $\frac{\partial \pi_{31}}{\partial q_{31}} = 0$，$\frac{\partial \pi_{32}}{\partial q_{32}} = 0$，可以得到三个厂商的产量为

$$\begin{cases} q_{31}^* = \dfrac{c_1 - c_2 + k_1 - k_2}{b(e^2 + 2e - 4)} - \dfrac{c_1 + c_2 + k_1 + k_2 - 2m - ec_3 + em}{b(-3e^2 + 2e + 4)} \\ q_{32}^* = -\dfrac{c_1 - c_2 + k_1 - k_2}{b(e^2 + 2e - 4)} - \dfrac{c_1 + c_2 + k_1 + k_2 - 2m - ec_3 + em}{b(-3e^2 + 2e + 4)} \\ q_{33}^* = -\dfrac{4m - 4c_3 + 2e(c_1 + c_2 - c_3 + k_1 + k_2 - m) + (c_3 - m)e^2}{2b(3e^2 - 2e - 4)} \end{cases}$$

进而得到均衡条件下三个厂商的利润分别为 π_{31}^*，π_{32}^*，π_{33}^*。

对于这两个在位厂商，由于在位厂商的实力，m, b, c_1, c_2 是共同知识，因此在位厂商的利润函数由 c_3, k_1, k_2 共同决定。由 $\frac{\partial \pi_{31}^*}{\partial k_1} = 0$，$\frac{\partial \pi_{32}^*}{\partial k_2} = 0$，解得

$$k_1 = m - c_1 - \frac{e(m - c_3)}{2}, \quad k_2 = m - c_2 - \frac{e(m - c_3)}{2}, \quad k_1 - k_2 = c_2 - c_1$$

此时潜在进入者的收益为 $\pi_{33}^* = \dfrac{(m - c_3)^2}{4b} - F$。

因此可得出以下结论：

（1）在完全信息条件下，当在位垄断厂商同时进行阻止进入决策时，都会考虑潜在进入对于双方利润的影响，并依据自身优势，合理支付阻止成本。

（2）在两个在位厂商的边际成本是共同知识，在位垄断厂商同时对于潜在进入者进行进入阻止决策时，两厂商投入的阻止成本差与其边际成本差相反，优势厂商投入的资源更多。

（3）对于潜在进入厂商 3 而言，若进入成本高于 $\dfrac{(m - c_3)^2}{4b}$，收益为负。

（4）对于两个在位厂商，产品差异性影响进入阻止成本，产品差异性越大，投入的进入阻止成本越少。

3.6 小　结

本章主要应用博弈论方法，从产品横向差异化的角度对厂商处于完全垄断、双寡头垄断竞争，同时决策、先后决策竞争均衡进行分析和比较，得出

当存在产品差异性时（即 $0 \leq e_i \leq 1, i = 1, 2$），各厂商的均衡价格、均衡产量和均衡利润都要高于产品无差异时的均衡价格、均衡产量和均衡利润，证明实施产品差异化更有利于厂商获利；领导厂商先决策，运用领导优势，产量、收益较同时决策时提高；对于跟随者来说，差异化能抵消领先者的"先动优势"，尤其是当差异化达到一定程度，跟随者的产量和利润将会超过领先者。

在成本信息不完全条件下，信息优势厂商与信息劣势厂商的贝叶斯均衡产量和利润大小关系均依赖于信息优势厂商的高成本概率值、产品间的替代程度以及低成本识别因子的取值范围，但各厂商的贝叶斯均衡价格大小不依赖于上述参数之间的关系，它们表现出低成本厂商在市场中一定对应着低价格的性质。如果拥有信息优势的厂商为低成本厂商，其在不完全信息条件下的贝叶斯纳什均衡产量、均衡价格、均衡利润以及市场份额均低于完全信息下的均衡结果；如果拥有信息优势的厂商为高成本厂商，其均衡结果与低成本时完全相反。

在产品差异信息不完全条件下，两厂商的贝叶斯均衡产量和利润大小关系均依赖于信息优势厂商的高替代概率值、产品边际成本以及产品低替代识别因子的取值范围。信息优势厂商将依据利润最大化决定需要隐藏或者传递自己的真实信息。

最后对三个垄断厂商进入阻止策略进行分析，得出在位垄断厂商同时进行阻止进入决策时，两个在位厂商投入资源差与其边际成本差相反，优势厂商投入的资源更多；产品差异性影响进入阻止成本，产品差异性越大，投入的进入阻止成本越少。

第 4 章
基于产品横向差异的产量重复博弈均衡分析

　　本章基于双寡头和三寡头垄断市场，建立基于产品横向差异的双寡头和三寡头产量重复博弈模型，讨论寡头的产量调整速度，产品间横向差异对系统运动行为的影响，并对有限理性预期下的动态决策过程以及博弈系统的复杂性态进行研究。

4.1 双寡头产量重复博弈系统稳定性分析

4.1.1 双寡头产量重复博弈模型

假设市场上有两寡头厂商生产同类产品，一个周期内，厂商的产品销售量等于产品生产量，即达到产销平衡；不考虑非价格因素的影响；消费者的购买行为主要取决于产品价格，厂商决策发生在离散时间周期内，$t = 0,1,2,3,\cdots$；$c_i\ (i=1,2)$ 为该厂商生产单位产品的变动成本，其生产成本函数为

$$C_i(q_i) = c_i q_i, (i=1,2)$$

第 n 期市场对产品 i 的价格由

$$p_i(t) = m - b[q_i(t) + e_{ij} q_j(t)], (i,j=1,2, i \neq j)$$

决定，其中 e_{ij} 为替代系数，表示产品 i 对产品 j 的替代程度。

每个厂商的战略空间是选择产品产量，则厂商 i 在第 t 期的税前利润为

$$\begin{aligned}\pi_i[(q_i(t), q_j(t)] &= q_i(t)[p_i(t) - c_i] \\ &= q_i(t)[(m-b)(q_i(t) + e_{ij} q_j(t)) - c_i], (i,j=1,2, i \neq j)\end{aligned}$$

（4.1）

厂商 i 在第 t 期的边际利润为

$$\frac{\partial \pi_i[q_i(t), q_j(t)]}{\partial q_i(t)} = m - 2bq_i(t) - be_{ij} q_j(t) - c_i, (i,j=1,2, i \neq j) \quad (4.2)$$

由于现实市场中厂商并不具有完全的市场信息，其决策往往按照部分信息做出。假设博弈双方基于有限理性预期进行决策，即在对上一期边际利润的局部估计基础上进行调整：如果厂商在第 t 期的利润为正，那么该厂商在第 $t+1$ 期将提高产量，反之则降低产量。由此可得厂商 i 在第 $t+1$ 期的产品产量：

$$q_i(t+1) = q_i(t) + \alpha_i q_i(t)[m - 2bq_i(t) - be_{ij} q_j(t) - c_i], (i,j=1,2, i \neq j)$$

（4.3）

其中 $\alpha_i > 0$，表示企业对产品价格的调整速度。

$$\begin{cases} q_1(t+1) = q_1(t) + \alpha_1 q_1(t)[m - 2bq_1(t) - be_{12}q_2(t) - c_1] \\ q_2(t+1) = q_2(t) + \alpha_2 q_2(t)[m - 2bq_2(t) - be_{21}q_1(t) - c_2] \end{cases} \quad (4.4)$$

厂商对产品产量变动的反应速度、调整力度、产品差异性都会影响到博弈结果以及博弈均衡的稳定性。

4.1.2 市场均衡及其局部稳定性

1. 系统均衡解

在系统（4.4）中，令 $q_i(t+1) = q_i(t)$，得到四个不动点：

$$E_1 = (0,0), \quad E_2 = \left(0, \frac{m-c_2}{2b}\right), \quad E_3 = \left(\frac{m-c_1}{2b}, 0\right)$$

$$E_4 = \left(\frac{2(m-c_1) - e_2(m-c_2)}{b(4-e_1e_2)}, \frac{2(m-c_2) - e_1(m-c_1)}{b(4-e_1e_2)}\right)$$

其中 E_1, E_2, E_3 为有界均衡，E_4 为 Nash 均衡（考虑到经济学模型的现实意义，本节只研究均衡解非负的情况）。

2. 均衡解的稳定性

对于 n 维线性离散系统 $q(t+1) = f[q(t)]$ 的稳定性，可以通过其 Jacobian 矩阵 J 的特征值来判断：

（1）若 J 的所有特征值都有负实部，系统的零解渐近稳定；

（2）若 J 的特征值中至少有一个具有正实部，系统的零解不稳定；

（3）若 J 的所有特征值都不具有正实部，但有实部为零的单根，系统的零解稳定，但非渐近稳定；

（4）若 J 的所有特征值都不具有正实部，但有多重零根或多重虚根，当每个重根的代数重数都与几何重数相等时，系统的零解稳定；若至少有一个重根的几何重数小于它的代数重数，系统的零解不稳定。

为研究系统（4.4）平衡解的稳定性，首先计算其 Jacobian 矩阵：

$$J = \begin{bmatrix} 1 + \alpha_1[m - 4bq_i(t) - be_2q_j(t) - c_1] & -\alpha_1 q_i(t)be_2 \\ -\alpha_2 q_j(t)be_1 & 1 + \alpha_2[m - 4bq_j(t) - be_1q_i(t) - c_2] \end{bmatrix} \quad (4.5)$$

将 E_1 代入式（4.5），得特征值

$$\lambda_i = 1 + \alpha_i(m_i - c_i) > 1, (i = 1, 2)$$

即 $\lambda_1 > 1, \lambda_2 > 1$，所以 E_1 为不稳定解。E_1 表示两厂商都退出市场，但任何一方退出都将导致另一方独占市场，所以这种情况不会发生。或者博弈双方都认为该市场不具前景而退出；或者双方在激烈竞争中达成暂时合作，垄断该市场，但市场的系统开放性和道德风险等原因又使得这种合作不稳定。

将 E_2 代入式（4.5），因双寡头竞争的两厂商实力相近，故 c_1, c_2 相近，得到特征值

$$\lambda_1 = \alpha_1 \left[m - c_1 - \frac{e_2(m - c_2)}{2} \right] + 1 > 1$$

因此，E_2 也是不稳定的。

E_4 是系统唯一的 Nash 均衡解，Nash 均衡解与可控参数 $\alpha_i\,(i=1,2)$ 无关。将其代入式（4.5），由于 Jacobian 矩阵的特征根形式复杂，借助 Routh-Hurwitz 判据来判断均衡解的稳定性。即对于特征方程：

$$F(\lambda) = \lambda^2 - Tr\lambda + Det = 0 \qquad (4.6)$$

若① $1 - Tr + Det > 0$；② $1 + Tr + Det > 0$；③ $Det - 1 < 0$ 同时满足，系统的均衡解稳定，其中 Tr 和 Det 分别是 Jacobian 矩阵的迹和行列式。

4.1.3 产量调整速度对系统稳定性的影响

由于算式非常复杂，为简化算式，设 $m = 20$，$c_1 = 1$，$c_2 = 2$，$b = 1$。先探讨产量调整速度 α_1, α_2 的变化对系统的影响。

当 $e_1 = e_2 = 1$ 时，

$$1 - Tr + Det = \frac{340\alpha_1\alpha_2}{3} > 0$$

要求

$$1 + Tr + Det = \frac{4(85\alpha_1\alpha_2 - 17\alpha_2 - 20\alpha_1 + 3)}{3} > 0$$

和

$$Det - 1 = \frac{2(170\alpha_1\alpha_2 - 17\alpha_2 - 20\alpha_1)}{3} < 0$$

同时满足。此时，系统在 (α_1, α_2) 平面上的稳定域如图 4.1 所示。当参数 $\alpha_i\,(i=1,2)$ 的取值在稳定域内时，均衡点稳定；参数 $\alpha_i\,(i=1,2)$ 的取值一旦离开稳定域，系统就会出现分岔、混沌等现象。

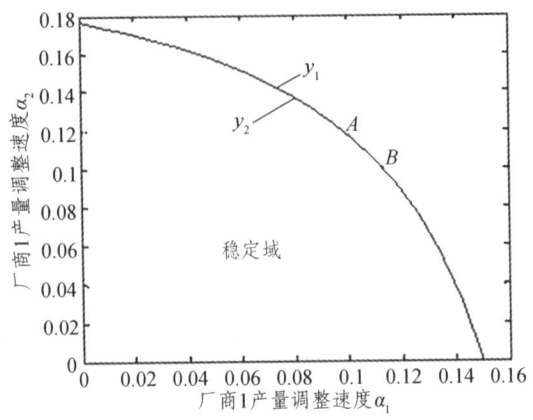

图 4.1 系统在 (α_1, α_2) 平面上的稳定域

在稳定域边缘，α_1, α_2 微小的变动就会对系统稳定性产生较大影响。随着厂商 2 产量调整速度 α_2 的降低，产量波动幅度逐步减小，但波动范围极小，当统计精度要求不是很高时，这种波动甚至可以忽略。继续增加 α_2，产量波动幅度加大，所以在敏感值附近，α_2 的微小变动对产量调整影响的变化很大。图 4.2 中四个图分别描述了当产量调整速度 $\alpha_1 = 0.1$，产量调整速度 α_2 在稳定域内由 0.11 逐步增大到 0.117，再逐步增大到稳定域外的 0.119, 0.121 时各博弈时段的 $q_1(t), q_2(t)$。在稳定域内，随着调整周期的推移，产量达到均衡；靠近稳定域边缘，$q_1(t), q_2(t)$ 的波动范围极小，当统计精度要求不是很高时，这种波动甚至可以忽略。继续增加 α_2，产量波动幅度加大，所以在敏感值附近，α_2 的微小变动对产量调整影响的变化很大。

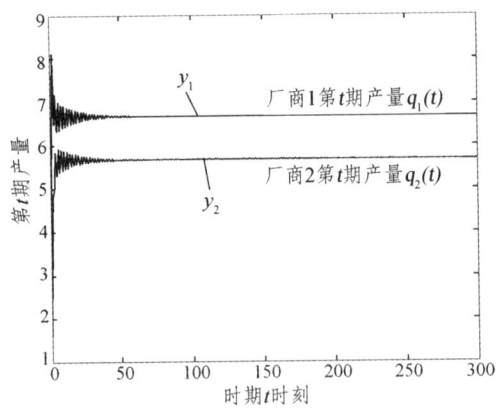

（a）$\alpha_1 = 0.1$，$\alpha_2 = 0.11$，产量随 t 的波动

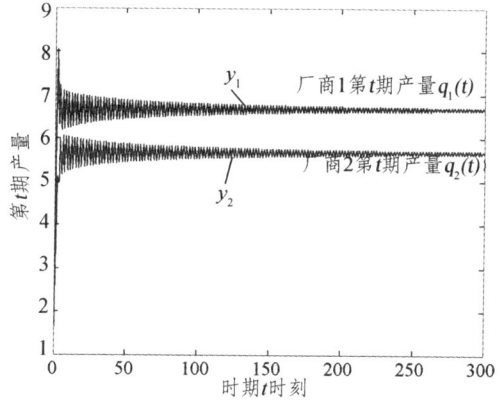

（b）$\alpha_1 = 0.1$，$\alpha_2 = 0.117$，产量随 t 的波动

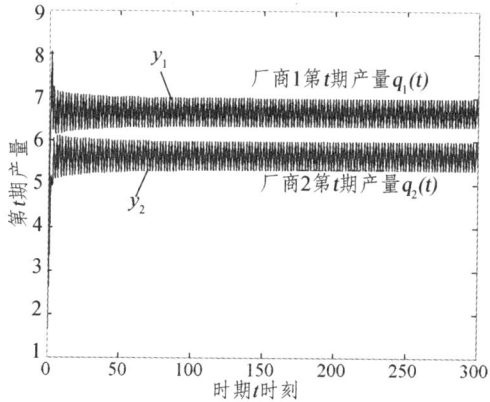

（c）$\alpha_1 = 0.1$，$\alpha_2 = 0.119$，产量随 t 的波动

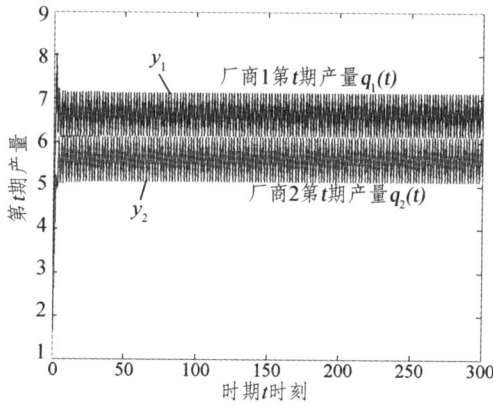

（d）$\alpha_1 = 0.1$，$\alpha_2 = 0.121$，产量随 t 的波动

图 4.2　$\alpha_1 = 0.1$，系统在稳定域边缘产量调整示意图

图 4.3 是当厂商 1 的产量调整参数 $\alpha_1 = 0.1$ 时,均衡产量 $q_1(t), q_2(t)$ 随 α_2 变化的演示图。当 $\alpha_2 \approx 0.1176$ 时,厂商 1,2 的产量同时出现倍分岔,参数 ($\alpha_1 = 0.1$, $\alpha_2 = 0.1176$) 所对应的点 A 恰好位于系统稳定域的边界处。当 $\alpha_2 \approx 0.1637$ 时,厂商 1,2 的产量同时出现 4 倍分岔。

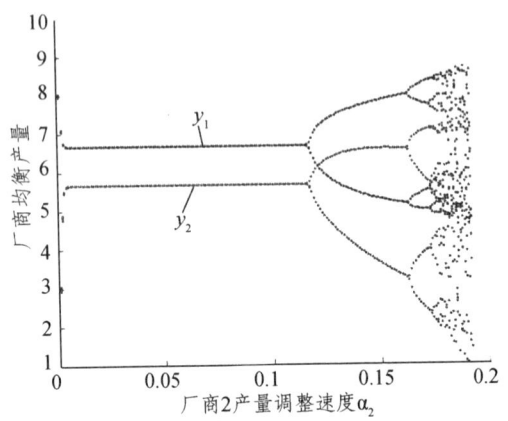

图 4.3 均衡产量随 α_2 变化的分岔示意图

图 4.4 是当厂商 2 的产量调整参数 $\alpha_2 = 0.1$ 时,均衡产量 $q_1(t), q_2(t)$ 随 α_1 变化的演示图。当 $\alpha_1 \approx 0.1131$ 时,厂商 1,2 的产量同时出现倍分岔,参数 ($\alpha_2 = 0.1$, $\alpha_1 = 0.1131$) 所对应的点 B 恰好位于系统稳定域的边界处。当 $\alpha_1 \approx 0.149$ 时,厂商 1,2 的产量同时出现 4 倍分岔。

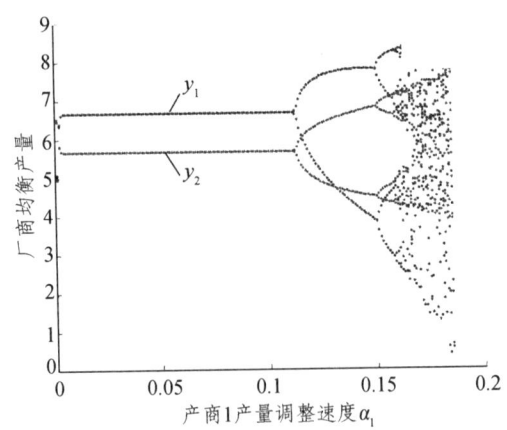

图 4.4 均衡产量随 α_1 变化的分岔示意图

当两个厂商的产品产量调整速度满足稳定条件时，产品产量趋于Nash均衡，双方都获得最大利润。若企业的产量调整参数分布在稳定域边缘，产品的产量将在Nash均衡点附近波动，一旦企业为了赢得前期优势而扩大产量调整速度超出稳定域，系统将离开Nash均衡，经倍周期分叉进入混沌状态。

4.1.4 产品差异性影响下的调整速度对系统稳定性的影响

为了研究产品替代性对系统稳定性的影响，比较分析 $e_1=1, e_2=1$；$e_1=0.5, e_2=0.5$；$e_1=0.3, e_2=0.8$；$e_1=0.01, e_2=0.01$，这四种不同组合产品替代系数下的系统产量调整的稳定域，如图4.5所示。

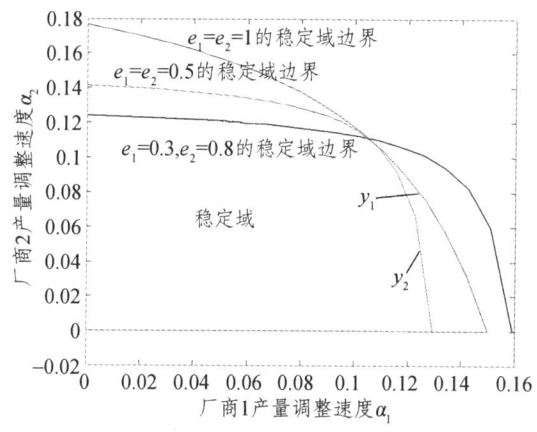

图4.5 不同产品替代组合下系统的稳定域示意图

图4.6和图4.7分别为当 $\alpha_2=0.1$ 时，产量随 α_1 变化的演示图。其中，图4.6为产品替代系数为 $e_1=0.3, e_2=0.8$ 时，产量随调整速度 α_1 变化的分岔示意图；图4.7 为产品替代系数 $e_1=0.01, e_2=0.01$ 时，产量随调整速度 α_1 变化的分岔示意图。随着厂商1产量调整速度的提高，两厂商的产品产量出现分岔、混沌等状态，但随着厂商1的产品对厂商2产品差异系数的降低（即产品替代性的减弱），即从0.3降到0.01，厂商2产量的波动范围变小，当统计精度要求不是很高时，这种波动可以忽略；而厂商1产量的波动幅度基本上没有改变，波动幅度依然很大。

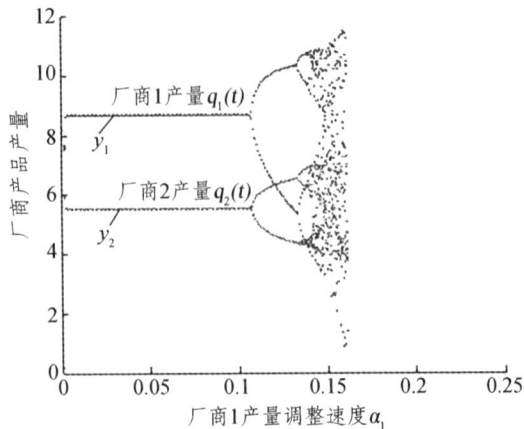

图 4.6　$\alpha_2=0.1, e_1=0.3, e_2=0.8$，产量随 α_1 变化的分岔示意图

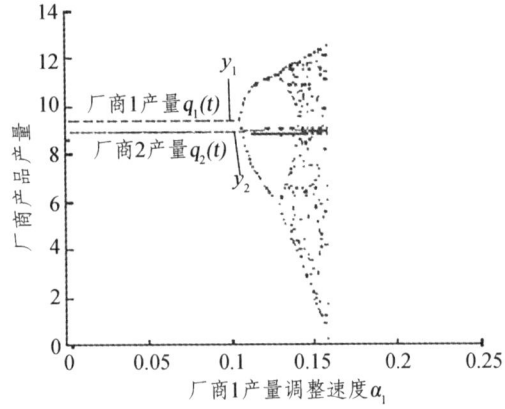

图 4.7　$\alpha_2=0.1, e_1=0.01, e_2=0.01$，产量随 α_1 变化的分岔示意图

图 4.8 和图 4.9 分别为当 $\alpha_1=0.1$ 时，产量随 α_2 变化的演示图。其中，图 4.8 为产品替代系数为 $e_1=0.3, e_2=0.8$ 时，产量随调整速度 α_2 变化的分岔示意图；图 4.9 为产品替代系数为 $e_1=0.01$，$e_2=0.01$ 时，产量随调整速度 α_2 变化的分岔示意图。随着厂商 2 产量调整速度的提高，两厂商的产品产量出现分岔、混沌等状态，但随着厂商 2 的产品对厂商 1 产品替代系数的降低（即产品替代性的减弱），即从 0.3 降到 0.01，厂商 1 产量的波动范围变小，当统计精度要求不是很高时，这种波动可以忽略；而厂商 2 产量的波动幅度基本上没有改变，波动幅度依然很大。

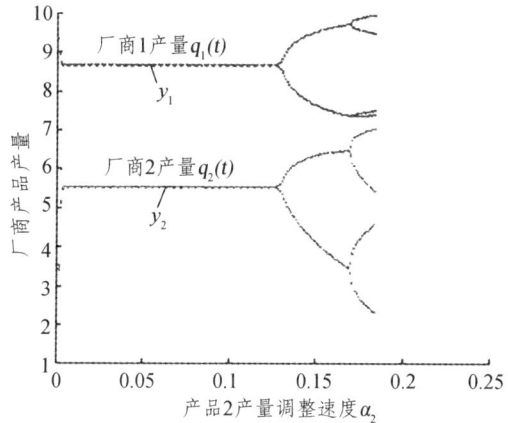

图 4.8　$\alpha_1 = 0.1, e_1 = 0.3, e_2 = 0.8$，产量随 α_2 变化的分岔示意图

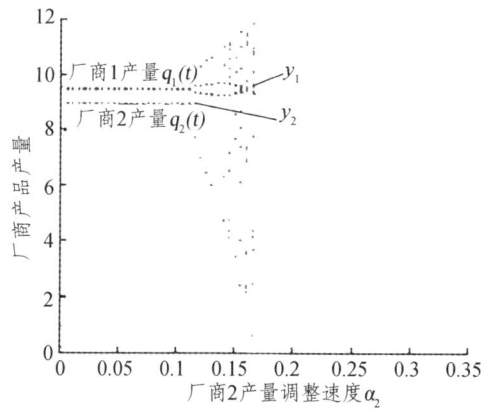

图 4.9　$\alpha_1 = 0.1, e_1 = 0.01, e_2 = 0.01$，产量随 α_2 变化的分岔示意图

以上分析表明：（1）当产量调整参数离开稳定区域时，系统陷入不稳定状态，经倍周期分岔进入混沌。一旦系统陷入混沌状态，产品产量剧烈波动，企业难以做出长期的规划，也难以获得稳定利润。（2）随着产品间差异性的增大，厂商产量调整波动受竞争厂商产量调整浮动的影响逐步减弱，当产品差异性很大时，影响甚至可以忽略。

4.2　三寡头产量重复博弈系统稳定性分析

当市场上的寡头数目增多时，博弈系统会出现较双寡头市场更加复杂的性态。本节主要对三寡头市场的产量重复博弈模型的动态演化过程进行详细分析，并根据数值仿真结果找出了可能导致系统发生混沌的主要因素。

4.2.1 三寡头重复博弈模型

在三寡头垄断市场上，假设条件与 4.1 节双寡头市场相同，第 n 期，市场对产品 i 的价格由式（4.7）：

$$p_i(t) = m - b\left[q_i(t) + \sum_{j=1}^{3} e_{ji}q_j(t)\right], \ (i,j = 1, 2, 3 \ 且 \ i \neq j) \quad (4.7)$$

决定，其中 e_{ji} 为替代系数，表示产品 j 对产品 i 的替代程度。

每个企业的战略空间是选择产品产量，则企业 i 在第 t 期的税前利润为

$$\begin{aligned}\pi_i(q_i(t), q_j(t)) &= q_i(t)(p_i(t) - c_i) \\ &= q_i(t)\left[m - b\left(q_i(t) + \sum_{j=1}^{3} e_{ji}q_j(t)\right) - c_i\right], \ (i,j = 1, 2, 3, i \neq j)\end{aligned}$$

$$(4.8)$$

厂商 i 在第 t 期的边际利润为

$$\frac{\partial \pi_i}{\partial q_i} = m - 2bq_i(t) - b\sum_{j=1}^{3} e_{ji}q_j(t)q_j - c_i, \ (i,j = 1, 2, 3, i \neq j) \quad (4.9)$$

由于现实市场中企业并不具有完全的市场信息，其决策往往按照部分信息做出。假设博弈双方在上一期边际利润的局部估计基础上进行调整，如果企业在第 t 期的利润为正，则在第 $t+1$ 期提高产量，反之则降低产量。由此可得企业 i 在第 $t+1$ 期的产品产量为

$$q_i(t+1) = q_i(t) + \alpha_i q_i(t)\left[m - 2bq_i(t) - b\sum_{j=1}^{3} e_{ji}q_j(t)q_j - c_i\right], \ (i,j = 1, 2, 3, i \neq j)$$

$$(4.10)$$

其中 $\alpha_i > 0$，表示企业对产品价格的调整速度。

4.2.2 市场均衡及其局部稳定性

令 $q_i(t+1) = q_i(t)$，得到八个不动点：

$$E_1 = (0,0,0), \quad E_2 = \left(0, \frac{m-c_2}{2b}, 0\right), \quad E_3 = \left(0, 0, \frac{m-c_3}{2b}\right), \quad E_4 = \left(\frac{m-c_1}{2b}, 0, 0\right)$$

$$E_5 = \left(\frac{2(m-c_1) - e_{21}(m-c_2)}{b(4 - e_{12}e_{21})}, \frac{2(m-c_2) - e_{12}(m-c_1)}{b(4 - e_{12}e_{21})}, 0\right)$$

$$E_6 = \left(0, \frac{2(m-c_2) - e_{32}(m-c_3)}{b(4 - e_{23}e_{32})}, \frac{2(m-c_3) - e_{23}(m-c_2)}{b(4 - e_{23}e_{32})}\right)$$

$$E_7 = \left(\frac{2(m-c_1) - e_{31}(m-c_3)}{b(4 - e_{13}e_{31})}, 0, \frac{2(m-c_3) - e_{13}(m-c_1)}{b(4 - e_{13}e_{31})}\right)$$

$$E_8 = (q_1^*, q_2^*, q_3^*)$$

其中

$$q_1^* = \frac{4(m-c_1) - 2e_{21}(m-c_2) - 2e_{31}(m-c_3) - e_{23}e_{32}(m-c_1) + e_{23}e_{31}(m-c_2) + e_{21}e_{32}(m-c_3)}{b(8 - 2e_{12}e_{21} - 2e_{13}e_{31} - 2e_{23}e_{32} + e_{12}e_{23}e_{31} + e_{13}e_{21}e_{32})}$$

$$q_2^* = \frac{4(m-c_2) - 2e_{12}(m-c_1) - 2e_{32}(m-c_3) - e_{13}e_{31}(m-c_2) + e_{12}e_{31}(m-c_3) + e_{12}e_{32}(m-c_1)}{b(8 - 2e_{12}e_{21} - 2e_{13}e_{31} - 2e_{23}e_{32} + e_{12}e_{23}e_{31} + e_{13}e_{21}e_{32})}$$

$$q_3^* = \frac{4(m-c_3) - 2e_{13}(m-c_1) - 2e_{23}(m-c_2) - e_{12}e_{21}(m-c_3) + e_{12}e_{21}(m-c_2) + e_{12}e_{23}(m-c_1)}{b(8 - 2e_{12}e_{21} - 2e_{13}e_{31} - 2e_{23}e_{32} + e_{12}e_{23}e_{31} + e_{13}e_{21}e_{32})}$$

其中 E_8 为 Nash 均衡，其余解均为不稳定（同 4.1 节）的有界均衡解（只考虑均衡解非负的情况）。

该系统的 Jacobian 矩阵为

$$\boldsymbol{J} = \begin{bmatrix} j_{11} & j_{12} & j_{13} \\ j_{21} & j_{22} & j_{23} \\ j_{31} & j_{32} & j_{33} \end{bmatrix} \quad (4.11)$$

其中 $j_{11} = 1 + \alpha_1(m - 4bq_1(t) - be_{21}q_2(t) - be_{31}q_3(t) - c_1)$；

$j_{12} = \alpha_1 q_1(t)(-be_{21})$；

$j_{13} = \alpha_1 q_1(t)(-be_{31})$；

$j_{21} = \alpha_2 q_2(t)(-be_{12})$；

$j_{22} = 1 + \alpha_2(m - 4bq_2(t) - be_{12}q_1(t) - be_{32}q_3(t) - c_2)$；

$j_{23} = \alpha_2 q_2(t)(-be_{32})$；

$j_{31} = \alpha_3 q_3(t)(-be_{13})$；

$j_{32} = \alpha_3 q_3(t)(-be_{23})$；

$j_{33} = 1 + \alpha_3(m - 4bq_3(t) - be_{13}q_1(t) - be_{23}q_2(t) - c_3)$。

将 E_8 代入式（4.11）的 Jacobian 矩阵，特征多项式具有如下形式：

$$f(\lambda) = \lambda^3 + A\lambda^2 + B\lambda + C \tag{4.12}$$

根据 Routh-Hurwiz 稳定性判据，系统不动点渐近稳定的充分必要条件是其特征多项式的所有零点都在单位圆内，因此应同时满足以下条件：

$$\begin{cases} f(1) = A + B + C + 1 > 0 \\ -f(-1) = -A + B - C + 1 > 0 \\ C^2 - 1 < 0 \\ (1 - C^2)^2 - (B - AC)^2 > 0 \end{cases} \tag{4.13}$$

将价格调整参数 α_i 设为可控参数，设其他参数值分别为 $m = 20, b = 1, c_1 = 1, c_2 = 2, c_3 = 3$。

图 4.10 为系统在 $e_{ji} = 0.5$ 时，$(\alpha_1, \alpha_2, \alpha_3)$ 空间的三维稳定域，此时系统 Nash 均衡点 (q_1^*, q_2^*, q_3^*) 为 $(6.6667, 6, 5.3333)$。图 4.11 分别为该三维稳定域三个角度的正视图。企业为了增加利润可能对产量加快进行调整，任何一方的调整速度超出稳定域都可能使系统陷入不稳定状态；但价格调整参数并不改变 Nash 均衡点的大小。

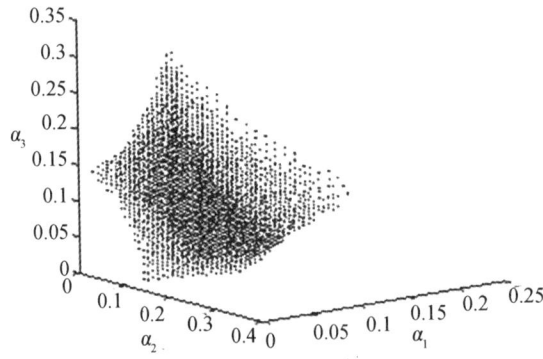

图 4.10　$e_{ji} = 0.5$ 时，$(\alpha_1, \alpha_2, \alpha_3)$ 空间的三维稳定域示意图

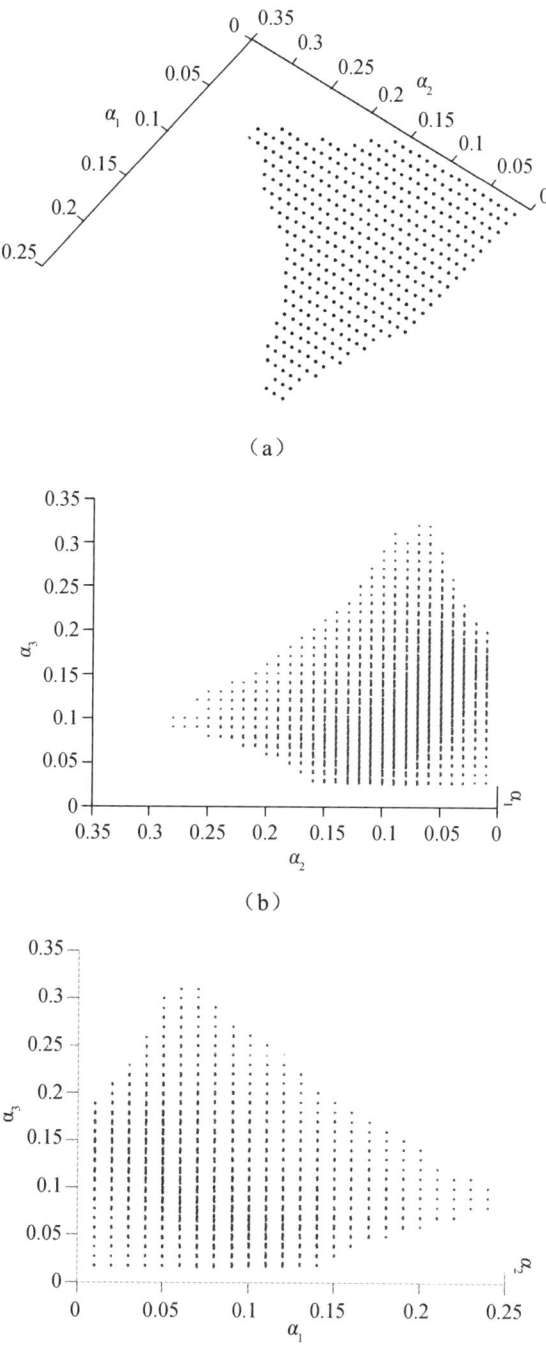

图 4.11　$e_{ji}=0.5$ 时，稳定域在三平面的投影示意图

4.2.3 系统性态分析

图 4.12 给出了 $\alpha_1 = 0.2, \alpha_2 = 0.2$ 时系统随参数 α_3 变化的产量分岔示意图,随着 α_3 的增大,系统出现倍周期分岔甚至混沌。

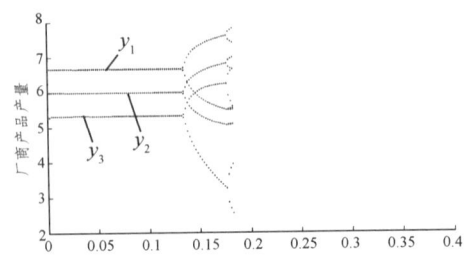

图 4.12 $\alpha_1 = 0.2, \alpha_2 = 0.2$ 时,系统随参数 α_3 变化的产量分岔示意图

4.2.4 产品替代性对三寡头博弈系统性态的影响

结合现实市场,根据产品相似程度与替代作用的强弱,将以上三种产品分为两类:厂商 2,3 的产品相似程度大,相互替代作用较强,为同一类产品;厂商 1 的产品为与其较相似且具有一定的替代作用,为第二类。由于两类产品间存在较大差异而且第二类产品具有较大的市场力量,其产量波动对第一类产品价格产生影响,而第一类产品的价格变化对第二类产品价格的影响极小(甚至可以忽略)。

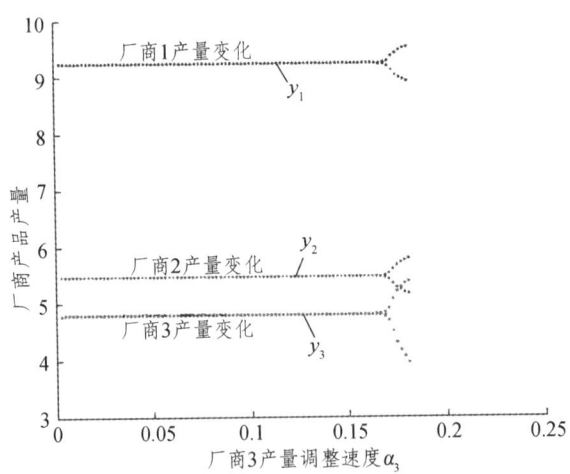

图 4.13 三厂商产量随厂商 3 的产量调整速度的改变示意图

图 4.13 为 $e_{12}=e_{23}=e_{32}=e_{13}=0.5$，$e_{21}=e_{31}=0.1$，$\alpha_1=\alpha_2=0.1$，三厂商产量随厂商 3 产量调整速度的改变示意图。因此，企业通过提升产品差异性可以降低其他产品产量波动对它的影响。

4.3 小 结

本章基于双寡头和三寡头垄断市场，建立了基于产品替代性的双寡头和三寡头产量重复博弈模型。对所建立的离散动力系统求出不动点，并分别对每个不动点的稳定性进行了分析；在对模型中参数赋值后描述了纳什均衡点的稳定区域，通过数值模拟绘出系统的产量分岔图，并在此基础上讨论了寡头的产量调整速度 α，产品间的相互替代性 e 对系统运动行为的影响，并给出了经济学解释。

双寡头系统稳定性分析表明，当博弈双方的产品产量调整速度满足稳定条件时，产量趋于 Nash 均衡，各厂商都获得最大收益。如果企业的产量调整参数分布在稳定域边缘，产品的产量将在 Nash 均衡点附近波动。一旦厂商为获得前期优势而加大产量调整速度超出稳定条件时，双方产量决策会离开 Nash 均衡，经倍周期分叉进入混沌状态，产品产量剧烈波动，企业难以做出长期规划并获得稳定利润。

三寡头市场的产量重复博弈模型动态演化过程的结果表明，任何一方的产量调整速度超出稳定域都可能使系统陷入不稳定状态。这表明，当市场上的寡头数量增多时，系统也会出现较双寡头市场更加复杂的性态。

随着产品间差异性的增大，厂商产量调整波动受竞争厂商产量调整浮动的影响逐步减弱，产量波动范围变小，当产品差异性很大时，其影响甚至可以忽略，能够保持较好的市场稳定性。具有较大产品差异性的产量波动对第一类产品产量产生影响，而第一类产品的产量变化对第二类产品产量的影响极小。

第 5 章
基于产品横向差异的产量合谋稳定性分析

本章主要应用静态和动态博弈论方法,从机理角度对产品横向差异对合谋稳定性的影响进行分析。首先,从静态博弈角度,分析完全合谋、不完全合谋情况下,产品差异对厂商间合谋行为的影响;其次,比较分析不同惩罚规制条件下,产品差异对共谋稳定性的影响;最后,分析产量信息不完全条件下,比较分析针锋相对策略、动态调整策略和具有合作意向的针锋相对策略、动态调整策略对合谋稳定性的影响。

5.1 双寡头完全合谋情况下，收益、产量、价格分析

Chamberlin（1929）等人认为，在寡头垄断市场中，鉴于企业数量很少，高额垄断利润的诱惑，以及对手诉诸产量战、价格战的威胁，企业间容易达成合谋。本节将古诺（Cournot）条件下厂商的利润与合谋厂商的利润相对比，从静态博弈角度，分析完全合谋情况下产品横向差异对均衡产量、收益的影响，从而证实寡头垄断市场中厂商之间合谋的存在性。由于算式较为复杂，本节重点分析产品替代系数 e_1, e_2 对合谋的影响，故设厂商的成本相同，即 $c_1 = c_2 = c$。

5.1.1 完全合谋的产量、收益分析

1. 模型计算

若厂商 1, 2 进行产量合谋，确定最优合谋产量 q_1^{m*}, q_2^{m*}，则合谋后两厂商的共同收益为

$$\pi^m = (m - bq_1 - be_2q_2 - c_1)q_1 + (m - bq_2 - be_1q_1 - c_2)q_2 \quad (5.1)$$

由式（5.1）收益最大化一阶条件，解得 $q_1^{m*} = q_2^{m*} = \dfrac{m-c}{b(e_1 + e_2 + 2)}$。因此，厂商 1, 2 的合谋收益分别为

$$\pi_1^m = \frac{(m-c)^2(e_1+1)}{b(e_1+e_2+2)^2}, \quad \pi_2^m = \frac{(m-c)^2(e_2+1)}{b(e_1+e_2+2)^2}$$

厂商 1, 2 的合谋收益和为

$$\pi^m = \frac{(m-c)^2}{b(e_1+e_2+2)}$$

此时消费者收益为

$$\pi_s^m = \frac{(m-c)^2}{2b(e_1+e_2+2)}$$

2. 分析比较

（1）产品差异性对合谋收益影响分析。由于厂商 1, 2 具有对称性，现以厂商 1 为例。在合谋收益没有转移分配的情形下，厂商 1 须考虑合谋收益与完全竞争收益的差，若合谋收益大于完全竞争收益，双方才有合谋的动机，

合谋后的增益为

$$\pi_1^m - \pi_1^c = \frac{(m-c)^2}{b}\left(\frac{e_1+1}{(e_1+e_2+2)^2} - \frac{(e_2-2)^2}{(e_1e_2-4)^2}\right) \quad (5.2)$$

由于算式大小判别较为复杂，设厂商 1 对厂商 2 的产品替代系数 e_1 分别为 0.2，0.5，0.8 时，数值 $s_1 = \left(\frac{e_1+1}{(e_1+e_2+2)^2} - \frac{(e_2-2)^2}{(e_1e_2-4)^2}\right)$ 随厂商 2 对厂商 1 产品替代系数 e_2 的变化而变动，如图 5.1 所示。可见，厂商 1 的合作增益随着厂商 2 对厂商 1 产品替代系数 e_2 的提高（差异性的降低）而增加；增加程度随着厂商 1 对厂商 2 产品替代系数 e_1 的增加（差异性的降低）而降低。当双方合作时，对方对自身产品替代程度较大，自身对对方产品替代程度较小的厂商较对方获得更高的合作增益。

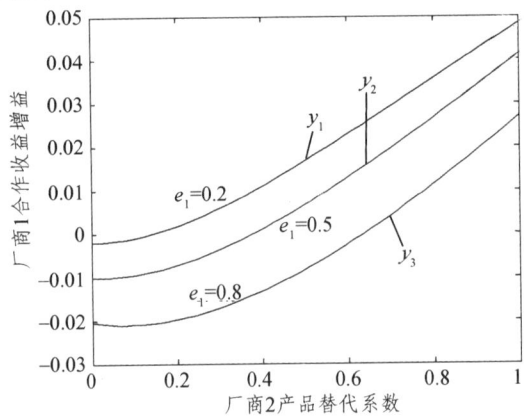

图 5.1 厂商合谋、竞争收益差随 e_2 的变动示意图

当 $e_1 = 0.2$，$e_2 = 0.14486$ 时，$\pi_1^m - \pi_1^c = 0$；当 $e_1 = 0.5$，$e_2 = 0.379$ 时，$\pi_1^m - \pi_1^c = 0$；当 $e_1 = 0.8$，$e_2 = 0.6388$ 时，$\pi_1^m - \pi_1^c = 0$。可见，当对方产品对己方产品的替代程度较大时，双方才有主动合谋的动机。若要双方都具有自发合作动机，两产品的差异程度要大体相当，此种情况下，自发合作较易形成。

当厂商 1，2 间产品替代系数相同，即 $e_1 = e_2 = e$ 时，

$$\pi_1^m - \pi_1^c = \frac{(m-c)^2}{b}\left(\frac{e^2}{4(e+1)(e+2)^2}\right)$$

令 $s_2 = \frac{e^2}{4(e+1)(e+2)^2}$，$s_2$ 随厂商间产品替代系数的变化而变动，如图 5.2 所示。

由图可见，合谋较竞争时收益增加，且产品间替代系数越大，合作获得的增益越高。

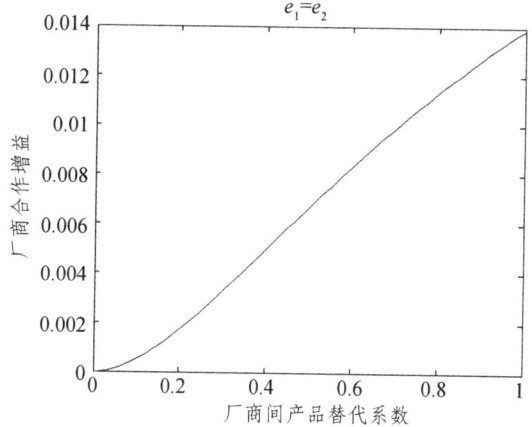

图 5.2　$e_1 = e_2$ 时，厂商合谋、竞争收益差随 e 的变动示意图

（2）厂商 1, 2 合谋总收益与完全竞争收益和的差值为

$$\pi^m - \pi^c = \frac{(m-c)^2}{b}\left(\frac{e_1^3 + (e_2 - e_2^2 - 2)e_1^2 + e_1e_2^2 + e_2^3 - 2e_2^2}{(e_1e_2 - 4)^2(e_1 + e_2 + 2)}\right) \quad (5.3)$$

由于算式较为复杂，模拟厂商 1 对厂商 2 的产品替代系数 e_1 分别为 0.2, 0.5, 0.8, 1, $e_1 = e_2$ 时，令数值 $s_3 = \dfrac{e_1^3 + (e_2 - e_2^2 - 2)e_1^2 + e_1e_2^2 + e_2^3 - 2e_2^2}{(e_1e_2 - 4)^2(e_1 + e_2 + 2)}$，$s_3$ 随厂商 2 对厂商 1 产品替代系数 e_2 的变化而变动，如图 5.3 所示。可见，只要双方产量合谋，收益和即增加，并且随着双方产品替代程度的增加而增加。

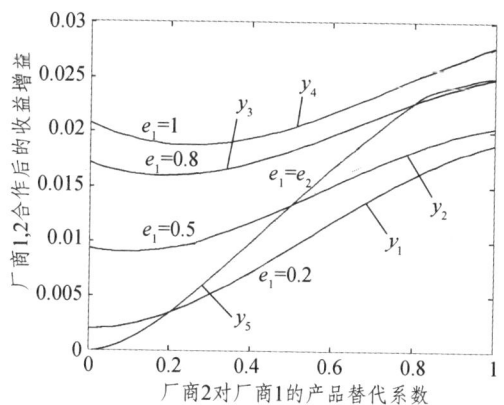

图 5.3　厂商合谋、竞争总收益差随 e_2 的变动示意图

（3）对消费者而言，消费者收益在厂商 1, 2 合作后的差为

$$\pi_s^m - \pi_s^c = \frac{(m-c)^2}{2b}\left(\frac{1}{e_1+e_2+2} + \frac{(1-e_2)e_1^2 + (4e_2-e_2^2)e_1 + e_2^2 - 8}{(e_1e_2-4)^2}\right)$$

令 $s_4 = \frac{1}{e_1+e_2+2} + \frac{(1-e_2)e_1^2 + (4e_2-e_2^2)e_1 + e_2^2 - 8}{(e_1e_2-4)^2}$，$s_4$ 随厂商 2 对厂商 1 产品替代系数 e_2 的变化而变动，如图 5.4 所示。可见，厂商 1, 2 获得合作收益后，消费者收益减少了，减少程度随产品替代程度的增强而增加。

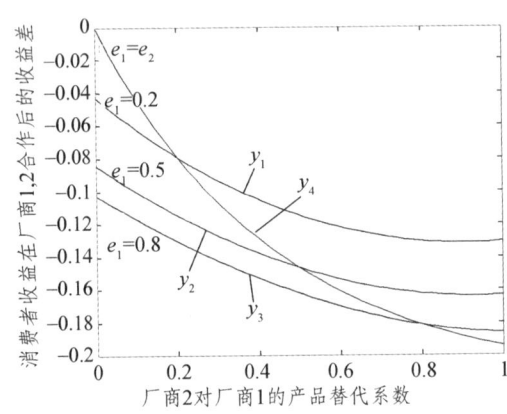

图 5.4　厂商合谋、竞争下消费者收益差随 e_2 的变动示意图

5.1.2　合作背叛的收益分析

当两厂商达成某种合谋后，其收益要高于彼此进行竞争时的收益；但若一厂商保持合谋，而另一厂商背叛合谋时，背叛者的收益要比合谋时的收益还要高，因此，它存在背叛合谋的动机。此时，厂商选择合谋还是选择背叛，就形成了一个囚徒困境。下面来分析在单期（只相遇一次）情况下，厂商博弈的均衡结果。

情形 1：若厂商 1 坚持合作，厂商 2 选择背叛，厂商 1, 2 收益的影响分析。

厂商 1 的产量仍为 $q_1^{m*} = \frac{m-c}{b(e_1+e_2+2)}$，若厂商 2 背叛，其决策模式为

$$\pi_{2b}^2 = (m - bq_{2b}^2 - be_1 q_1^{m*} - c)q_{2b}^2 \tag{5.4}$$

由 $\dfrac{\partial \pi_{2b}^2}{\partial q_{2b}^2}=0$,解得 $q_{2b}^{2*}=\dfrac{(m-c)(e_2+2)}{2b(e_1+e_2+2)}$。此时保持合作的厂商 1 的收益为

$$\pi_{2b}^1=\dfrac{(m-c)^2(2e_1-e_2^2+2)}{2b(e_1+e_2+2)^2}$$

背叛厂商 2 的收益为

$$\pi_{2b}^{2*}=\dfrac{(m-c)^2(e_2+2)^2}{4b(e_1+e_2+2)^2}$$

厂商 2 背叛后,厂商 1 的收益相对于独立决策时的损益为

$$\pi_1^c-\pi_{2b}^1=\dfrac{(m-c)^2}{b}\left(\dfrac{(e_2-2)^2}{(e_1e_2-4)^2}-\dfrac{2e_1-e_2^2+2}{(e_1+e_2+2)^2}\right)$$

令 $s_5=\dfrac{(e_2-2)^2}{(e_1e_2-4)^2}-\dfrac{2e_1-e_2^2+2}{(e_1+e_2+2)^2}$,$s_5$ 随厂商 2 对厂商 1 产品替代系数 e_2 的变化而变动,如图 5.5 所示。可见,竞争决策与合作决策背叛后的收益差,随着厂商 2 对厂商 1 的产品替代系数的提高而缩小,随着厂商 1 的产品替代系数的提高而增大,但基本上厂商 1 在竞争决策时的收益大于合作背叛后的收益。

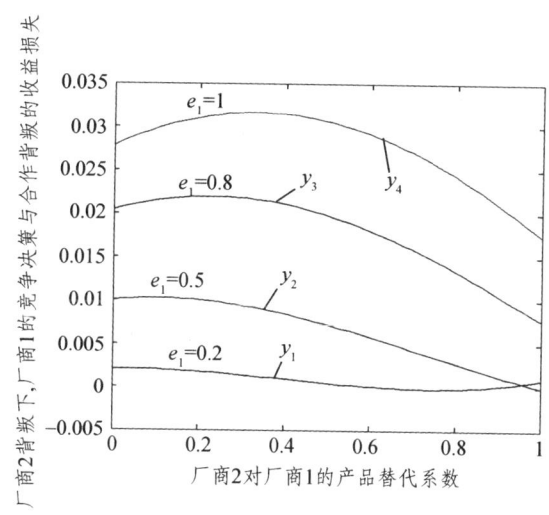

图 5.5 对方背叛下,厂商 1 竞争、合谋收益差随产品替代系数 e_2 的变动示意图

特殊地,当 $e_1=e_2=e$ 时,厂商 2 背叛后,厂商 1 的收益相对于独立决策时的损益为

$$\pi_1^c(e_1=e_2) - \pi_{2b}^1(e_1=e_2) = \frac{(m-c)^2}{b}\left(\frac{e^2(e^2+2e+2)}{8(e^2+3e+2)^2}\right)$$

令 $s_6 = \frac{e^2(e^2+2e+2)}{8(e^2+3e+2)^2}$，$s_6$ 随厂商间产品替代系数 e 的变化而变动，如图 5.6 所示。厂商间产品替代系数 e 越大，厂商 1 的收益损失也愈大。

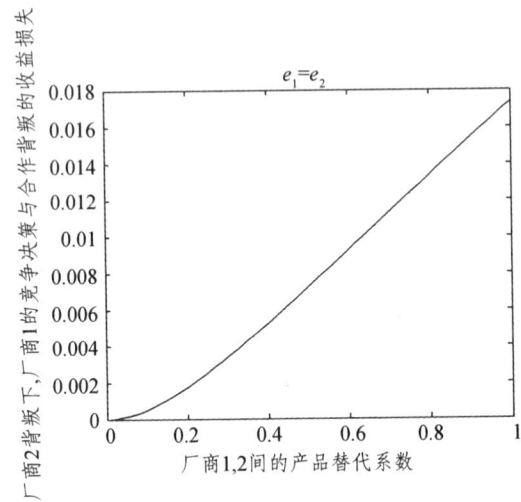

图 5.6　对方背叛下，厂商 1 竞争、合谋收益差随产品替代系数 e 的变动示意图

情形 2：厂商 1 主动背叛的相关收益分析。

若厂商 2 的产量仍为合作产量 $q_2^{m*} = \frac{m-c}{b(e_1+e_2+2)}$，而厂商 1 主动背叛，其背叛后的决策模式为

$$\pi_{1b}^1 = (m - bq_{1b}^1 - be_2 q_2^{m*} - c)q_{1b}^1 \quad (5.5)$$

由 $\frac{\partial \pi_{1b}^1}{\partial q_{1b}^1} = 0$，解得 $q_{1b}^{1*} = \frac{(m-c)(e_1+2)}{2b(e_1+e_2+2)}$。从而厂商 1 的背叛收益为

$$\pi_{1b}^{1*} = \frac{(m-c)^2(e_1+2)^2}{4b(e_1+e_2+2)^2}$$

由于 $q_{1b}^{1*} - q_1^{c*} = \frac{(m-c)e_1}{2b(e_1+e_2+2)} > 0$，因此，厂商 1 背叛后产量将增加。

厂商 1 的主动背叛收益与合谋时的收益差为

$$\pi_{1b}^{1*} - \pi_1^m = \frac{(m-c)^2 e_1^2}{4b(e_1+e_2+2)^2}$$

令 $s_7 = \frac{e_1^2}{(e_1+e_2+2)^2}$，$s_7$ 随厂商 2 对厂商 1 产品替代系数 e_2 的变化而变动，如图 5.7 所示。可见，厂商 1 主动背叛较合作时的收益增益，其收益增益随着厂商 2 对厂商 1 产品替代系数的提高而降低，随着厂商 1 对厂商 2 产品替代系数的增加而提高，而且主动背叛后的收益大于合作收益。

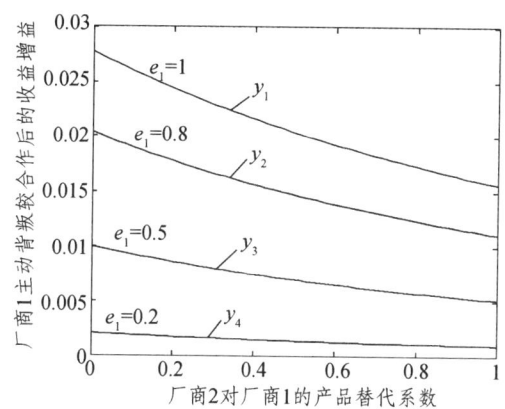

图 5.7　主动背叛收益增益随产品替代系数 e_2 变动示意图

由以上分析可知，厂商 1，2 产品替代系数相差不大的情形下双方都有主动合作的动机，故分析 $e_1 = e_2 = e$ 情形。

$$\pi_{1b}^{1*}(e_1=e_2=e) - \pi_1^m(e_1=e_2=e) = \frac{(m-c)^2 e^2}{4b(2e+2)^2}$$

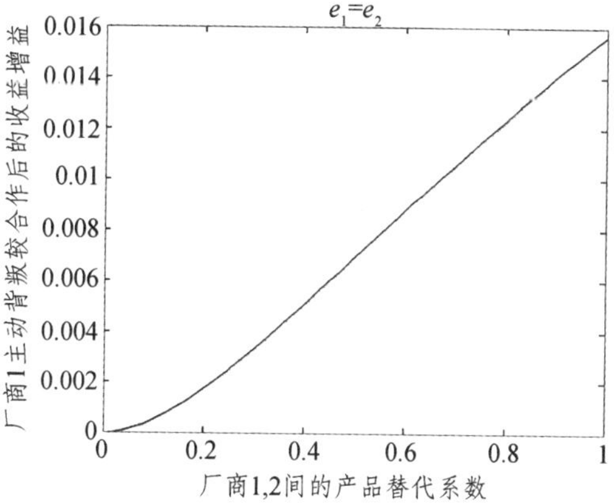

图 5.8　主动背叛收益增益随产品替代系数 e 的变动示意图

令 $s_8 = \dfrac{e^2}{(2e+2)^2}$，$s_8$ 随厂商间产品替代系数 e 的变化而变动，如图 5.8 所示。可见，厂商 1 主动背叛较合作时的收益增益，而且随着厂商间产品替代系数的提高而增加。

情形 3：双背叛相关收益分析。

若双方合作后都以为对方没有背叛，而自己背叛，即双方同时背叛，则双方的产量分别为 $q_{1b}^{1*} = \dfrac{(m-c)(e_1+2)}{2b(e_1+e_2+2)}$，$q_{2b}^{2*} = \dfrac{(m-c)(e_2+2)}{2b(e_1+e_2+2)}$。双方的收益分别为

$$\pi_{bb}^{1*} = \dfrac{(m-c)^2(e_1+2)(e_1 - e_2^2 + 2)}{4b(e_1+e_2+2)^2}，\quad \pi_{bb}^{2*} = \dfrac{(m-c)^2(e_2+2)(e_2 - e_1^2 + 2)}{4b(e_1+e_2+2)^2}$$

当 $\pi_{bb}^{1*} - \pi_1^m < 0$ 时，双方背叛后的收益小于合作收益。

厂商 1 的竞争收益与双方背叛后的收益差为

$$\pi_1^c - \pi_{bb}^{1*} = \dfrac{(m-c)^2}{b}\left(\dfrac{e_1 - e_2^2 + 2}{4(e_1+e_2+2)^2} - \dfrac{(e_2-2)^2}{(e_1 e_2 - 4)^2}\right)$$

令 $s_9 = \dfrac{e_1 - e_2^2 + 2}{4(e_1+e_2+2)^2} - \dfrac{(e_2-2)^2}{(e_1 e_2 - 4)^2}$，$s_9$ 随厂商 2 对厂商 1 产品替代系数 e_2 的变化而变动，如图 5.9 所示。可见，随着产品替代性的提高，厂商 1 在双方背叛后的收益损失变大。

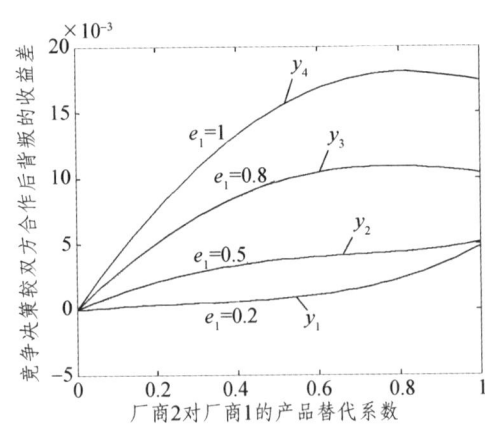

图 5.9　竞争收益与双方背叛后的收益差随产品替代系数 e_2 的变动示意图

特殊地，当 $e_1 = e_2 = e$ 时，厂商 1 的竞争收益与双方背叛后的收益差为

$$\pi_1^c(e_1=e_2=e) - \pi_{bb}^{1*}(e_1=e_2=e) = \frac{(m-c)^2}{b}\left(\frac{e^3(e+4)}{16(e+1)(e+2)^2}\right)$$

令 $s_{10} = \frac{e^3(e+4)}{16(e+1)(e+2)^2}$，$s_{10}$ 随厂商间产品替代系数 e 的变化而变动，如图 5.10 所示。可见，随着产品替代性的提高，厂商 1 在双方背叛后的收益损失变大。

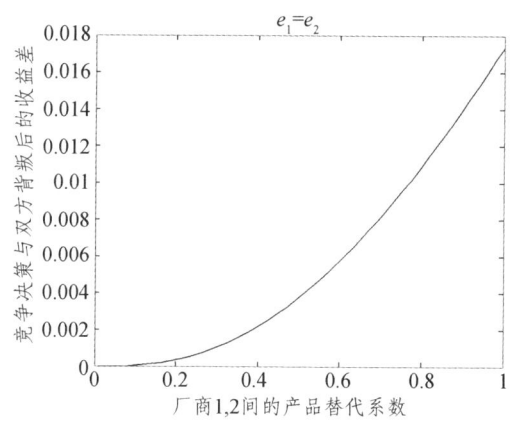

图 5.10　竞争收益与双方背叛后的收益差随产品替代系数 e 的变动示意图

上述三种情形的分析表明，主动背叛者比双方遵守协议时的收益高，尽管双方都主动背叛后比完全竞争时的收益低。随着两产品间替代程度的提高，产品差异性的降低，合谋与主动背叛后双方的收益都提高，消费者收益降低，但背叛后双方的收益都减少。博弈分析的结果是（完全竞争，完全竞争），合作后的决策是（背叛，背叛），尽管此时收益最低。

5.1.3　不完全信息下合作背叛的策略分析

下面进一步考察在不完全市场环境下产品差异性与不完全信息在单次博弈中的演化影响。假设厂商采取竞争策略的概率为 $x \in [0,1]$，则采取合谋的概率为 $1-x$。采取合谋策略后又有两种可能性，即坚持合谋和背叛；坚持合谋的概率为 $y \in [0,1]$，则背叛的概率为 $1-y$。策略矩阵及相关收益如表 5.1 所示。

表 5.1 不完全信息下各策略收益表

厂商 1		厂商 2		
		纳斯竞争(x)	合谋($1-x$)	
			合谋(y)	背叛($1-y$)
纳斯竞争(x)		π_1^c, π_2^c	π_{1nm}^1, π_{1nm}^2	π_{2bn}^1, π_{2bn}^2
合谋 ($1-x$)	遵守合谋(y)	π_{2nm}^1, π_{2nm}^2	π_1^m, π_2^m	π_{2b}^1, π_{2b}^2
	背叛($1-y$)	π_{1bn}^1, π_{1bn}^2	π_{1b}^1, π_{1b}^2	π_{bb}^1, π_{bb}^2

表中：$\pi_1^c = \pi_2^c = \dfrac{(m-c)^2}{b(e+2)^2}$，$\pi_1^m = \pi_2^m = \dfrac{(m-c)^2}{b(e+1)}$，$\pi_{bb}^1 = \pi_{bb}^2 = \dfrac{(m-c)^2(e+2)(e-e^2+2)}{4b(2e+2)^2}$；

$$\pi_{1nm}^1 = \pi_{2nm}^2 = \frac{(m-c)^2(e^2+2e+2)}{2b(e+1)(e+2)^2}, \quad \pi_{1nm}^2 = \pi_{2nm}^1 = \frac{(m-c)^2(3e+2)}{4b(e+1)(e+2)^2};$$

$$\pi_{2bn}^1 = \pi_{1bn}^2 = \frac{(m-c)^2(4-e^3+4e)}{4b(e+1)(e+2)^2}, \quad \pi_{2bn}^2 = \pi_{1bn}^1 = \frac{(m-c)^2(4-e^2+4e)}{16b(e+1)^2};$$

$$\pi_{2b}^1 = \pi_{1b}^2 = \frac{(m-c)^2(4-e^2)}{8b(e+1)^2}, \quad \pi_{2b}^2 = \pi_{1b}^1 = \frac{(m-c)^2(4-e^2)(e+2)}{16b(e+1)^2}。$$

设厂商采取完全竞争策略的概率为 x，则采取合谋可能性的概率为 $1-x$；合谋后采取遵守合谋的概率为 y，则采取背叛的概率 $1-y$，分别对这三种策略做收益分析。

完全竞争策略的平均收益为

$$\pi_1^{pc} = \frac{(m-c)^2(4e+e^3x+2e^2y+e^3y-e^3-2e^2xy-e^3xy+4)}{4b(e+1)(e+2)^2}$$

令 $s_1^{pc} = \dfrac{4e+e^3x+2e^2y+e^3y-e^3-2e^2xy-e^3xy+4}{4(e+1)(e+2)^2}$。

采取合谋策略的平均收益为

$$\pi_1^{pm} = (m-c)^2 \frac{(4e-4x-4y+2ex+2ey+4xy+2e^2x+e^3x+4e^2y)+(e^3y-2e^2-e^3-4e^2xy-e^3xy-2exy+8)}{8b(e+2)(e+1)^2}$$

令

$$s_1^{pm} = \frac{4e-4x-4y+2ex+2ey+4xy+2e^2x+e^3x+4e^2y+e^3y-2e^2-e^3-4e^2xy-e^3xy-2exy+8}{8(e+2)(e+1)^2}$$

采取背叛策略的平均收益为

$$\pi_1^{pb} = \frac{(m-c)^2(4e+4y-4xy+e^3x-e^2y-e^2-e^3+e^2xy+4)}{16b(e+1)^2}$$

令 $s_1^{pb} = \dfrac{4e+4y-4xy+e^3x-e^2y-e^2-e^3+e^2xy+4}{16(e+1)^2}$。

当 $x=0.5, y=0.5$ 时，三策略下各方的平均收益 s_1^{pc}, s_1^{pm}, s_1^{pb} 随产品间替代程度变化的示意图如图 5.11 所示。由图可知，当 $x=0.5, y=0.5$ 时，随着产品同质性的增强，各方在任何对策下的平均收益都在下降，但采取背叛策略时的平均收益较高。

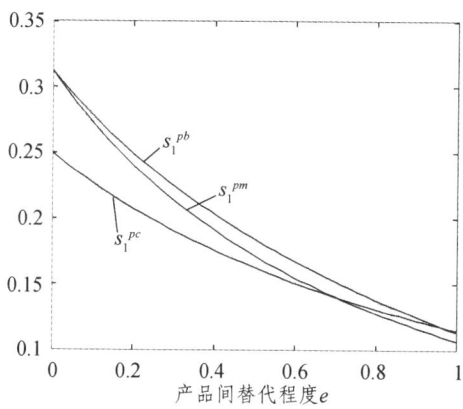

图 5.11　$x=y=0.5$ 时，三策略下相对平均收益随产品替代性 e 的变动示意图

各策略概率不同时，三策略下各方的平均收益随产品间替代程度变化的示意图如图 5.12 所示。

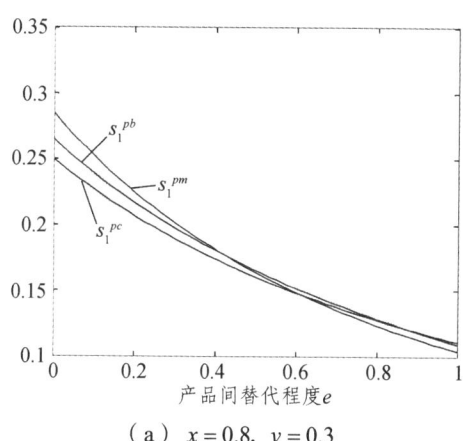

（a）$x=0.8, y=0.3$

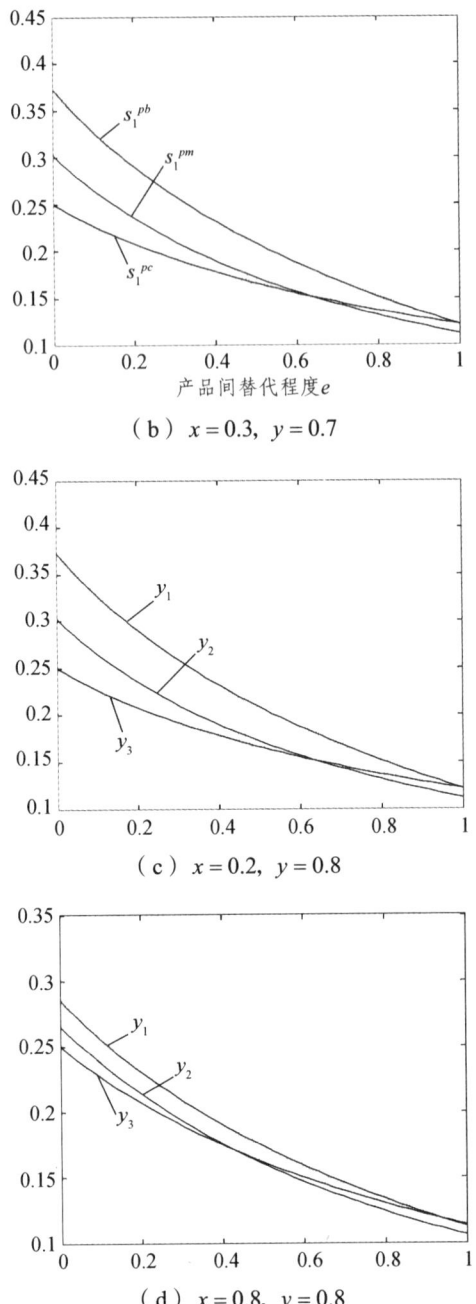

(b) $x=0.3, y=0.7$

(c) $x=0.2, y=0.8$

(d) $x=0.8, y=0.8$

图 5.12 x,y 不同组合下，三策略下相对平均收益随产品替代性 e 的变动比较示意图

由图可知，随着产品同质性的增强，各方在任何对策下的平均收益都在

下降。此时各方策略随着产品差异程度的变动而呈现出的情况较为复杂。开始，在产品替代系数较小时，各方采取合谋策略的平均收益较高；随后，采取背叛策略厂商的平均收益较高；在产品替代系数接近于 1 时，采取完全竞争策略厂商的平均收益较高。综合上述分析可得，不完全信息下，纳斯策略、合谋策略、背叛策略的概率以及产品替代程度将综合影响厂商的平均收益，而厂商将依据平均收益最大化的原则，灵活调整策略选择。

5.2 部分合作、背叛收益及演化稳定性分析

利己和利他是关于行为者行为目标的两个有争议的极端假定。企业间的关系，在完全竞争和完全合作之间还存在自发状态下的部分合作关系，并在合作中关注自身收益比对方收益更多。在上述两种情况下，针对现有文献研究存在的不足，通过建立一个考虑了产品替代性的改进的双寡头企业静态博弈模型，引入企业自发合作意愿度，分析企业合作意愿及其稳定性。

本节将合作意愿描述为一种关心与其他企业合作所得程度的偏好参数。由于是理性经济人，所以合作过程中，这种关心其他企业收益的程度不会超过关心自身收益的程度。在部分合作情况下，企业在追求自身收益最大化的同时考虑对方收益的程度及采取的行动，分析产品替代性对合作意愿度的影响，比较寡头双方在部分合作、部分合作中背叛、单方面部分合作三种情形下的收益；比较产品替代性在非对称竞合这三种情况下总体和个体的利润差别，以揭示决策行为的特点。

5.2.1 部分合作下的均衡产量、收益及比较分析

引入合作意愿度来度量自发合作时考虑对方收益的程度。在部分合作情况下，设合作意愿度分别为 α,β，且设字母 p 表示部分合作时，双方同时决策产量的合作意愿度，则主体 1,2 在部分合作意愿下产量决策模型分别为

$$\begin{cases} \pi_p^1 = (p_1-c_1)q_1 + \alpha(p_2-c_2)q_2 \\ \quad\;\; = (m-q_1-e_2q_2-c)q_1 + \alpha(m-q_2-e_1q_1-c)q_2 \\ \pi_p^2 = (p_2-c_2)q_2 + \beta(p_1-c_1)q_1 \\ \quad\;\; = \beta(m-q_1-e_2q_2-c)q_1 + (m-q_2-e_1q_1-c)q_2 \end{cases} \quad (5.6)$$

由上式最大化一阶条件，得双方的产量分别为

$$\begin{cases} q_p^1(\alpha,\beta) = -\dfrac{(m-c)(2-e_2-\alpha e_1)}{e_2 e_1 + \alpha e_1^2 + \beta e_2^2 + \alpha\beta e_1 e_2 - 4} \\ q_p^2(\alpha,\beta) = -\dfrac{(m-c)(2-e_1-\beta e_2)}{e_2 e_1 + \alpha e_1^2 + \beta e_2^2 + \alpha\beta e_1 e_2 - 4} \end{cases} \quad (5.7)$$

双方在产量决策时，都以自身利润最大化为目标，决定最佳的合作意愿度。因此，部分合作后自身的收益分别为

$$\begin{cases} \pi_p^1(\alpha,\beta) = \dfrac{(m-c)^2(2-e_2-\alpha e_1)(2+\alpha e_1-e_2-\alpha e_1^2-\alpha\beta e_1 e_2)}{(e_2 e_1 + \alpha e_1^2 + \beta e_2^2 + \alpha\beta e_1 e_2 - 4)^2} \\ \pi_p^2(\alpha,\beta) = \dfrac{(m-c)^2(2-e_1-\beta e_2)(2+\beta e_2-e_1-\beta e_2^2-\alpha\beta e_1 e_2)}{(e_2 e_1 + \alpha e_1^2 + \beta e_2^2 + \alpha\beta e_1 e_2 - 4)^2} \end{cases}$$

下面主要分析产品差异性、合作意愿度对收益的影响。为简化算式，设 $e_1 = e_2 = e$。

命题 1 若 $e \neq 0$，则有合作意愿的企业群体中的企业比没有合作意愿的企业群体中的企业收益更高。即

$$\pi_p^1(\alpha,\alpha) > \pi_p^1(0,0), \quad \alpha \in (0,1)$$

证明

$$\pi_p^1(\alpha,\alpha) - \pi_p^1(0,0) = \frac{\alpha e^2(m-c)^2(2+e-\alpha)}{(\alpha e + e + 2)^2} > 0$$

即有合作意愿的企业群体中的企业比没有合作意愿的企业群体中的企业收益更高。

命题 2 若 $e \neq 0$，则在两个企业博弈时，合作意愿度高的企业比合作意愿度低的企业收益更低。即若 $\alpha < \beta$，则

$$\pi_p^1(\alpha,\beta) > \pi_p^2(\alpha,\beta)$$

证明 $\pi_p^1(\alpha,\beta) - \pi_p^2(\alpha,\beta) = \dfrac{e^2(m-c)^2(\alpha-\beta)(e-\alpha-\beta+\alpha e+\alpha\beta e-2)}{(e^2+\alpha e^2+\beta e^2+\alpha\beta e^2-4)^2}$

因为 $e-\alpha-\beta+\alpha e+\alpha\beta e-2 < 0$，由条件 $\alpha < \beta$ 可知，若 $e > 0$，则

$$\pi_p^1(\alpha,\beta)-\pi_p^2(\alpha,\beta)>0$$

由于合作意愿度大的企业获得的收益反而比合作意愿度小的企业少，因此，在演化环境下，不合作或者追求自身收益最大化的企业比合作企业获益更多。但如命题 1 所述，有合作意愿的企业群体中的企业比没有合作意愿的企业群体中的企业收益更多。

特殊地，当两厂商合作意愿度相同，即 $\alpha=\beta$ 时，

$$\frac{\partial \pi_p^1(\alpha,\alpha)}{\partial \alpha}=\frac{e^2(1-\alpha)(m-c)^2}{(e+\alpha e+2)^3}>0 \tag{5.8}$$

所以，当 $\alpha \in [0,1]$，随着合作意愿的加强，双方收益都在逐步提高，且在 $\alpha=1$ 时，双方收益达到最大。

针对厂商 1，部分合作收益与纳什均衡收益差为

$$s_{11}=\pi_p^1(\alpha,\alpha)-\pi_c^1=(m-c)^2\frac{\alpha e^2(e-\alpha+2)}{(e+\alpha e+2)^2}>0$$

部分合作收益高于纳什均衡收益。又

$$\frac{\partial s_{11}}{\partial \alpha}=(m-c)^2\frac{(1-\alpha)e^2(e-\alpha+2)}{(e+\alpha e+2)^3}$$

所以，当 $\alpha \in [0,1)$ 时，$\frac{\partial s_{11}}{\partial \alpha}>0$；当 $\alpha=1$ 时，$\frac{\partial s_{11}}{\partial \alpha}=0$。部分合作收益随着合作意愿度的提高不断提高，在合作意愿度为 1 时，合作收益最大。

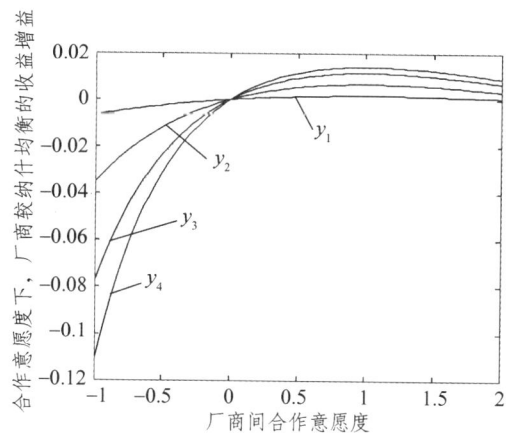

图 5.13 $e=0.2,0.5,0.8,1$ 时，合作增益示意图

图 5.13 中，y_1, y_2, y_3, y_4 分别为 $e=0.2, 0.5, 0.8, 1$ 时的合作增益示意图。由图可见，当两厂商间产品替代性和部分合作意愿相同时，在合作意愿 $[-1, 0]$ 间，产品替代性越强，收益损失越大，并且随着合作意愿的增强，即恶意竞争的减弱，收益损失减小；在合作意愿 $[0,1]$ 间，产品替代性越强，收益增益越大，并且随着合作意愿的增强，收益逐步增大，在双方合作意愿度为 1 时，收益增益达到最大；当合作意愿度超过 1 时，即在合作过程中，对对方收益的关注程度超过对自身收益的关注程度时（这种情形基本不存在），收益增益逐步减少。

$$\pi_p^1(\alpha,\beta) - \pi_p^2(\alpha,\beta) = (m-c)^2 \frac{e^2(\alpha-\beta)(e-\alpha-\beta+\alpha e+\alpha\beta e-2)}{(e^2+\alpha e^2+\beta e^2+\alpha\beta e^2-4)^2}$$

(5.9)

令 $s_{11} = \dfrac{e^2(\alpha-\beta)(e-\alpha-\beta+\alpha e+\alpha\beta e-2)}{(e^2+\alpha e^2+\beta e^2+\alpha\beta e^2-4)^2}$，设 $\beta=0.5$，α 在 0 与 1 之间增长，y_1, y_2, y_3, y_4 分别为 $e=0.2, 0.5, 0.8, 1$ 时 s_{11} 的演变情况（见图 5.14）。由图可见，在 $[0, 0.5]$ 间，厂商 1 的收益大于厂商 2 的收益；随着厂商 1 合作意愿的加强，厂商 1 与厂商 2 的收益差缩小，而且厂商间的产品替代程度越小，厂商间的收益差越小。当 $\alpha=\beta=0.5$ 时，厂商 1，2 的收益相同；在 $[0.5,1]$ 间，厂商 1 的合作意愿度大于厂商 2 的合作意愿度时，厂商 1 的收益小于厂商 2 的收益，并且随着厂商 1 合作意愿的加强，厂商 1 的收益降低，而且两厂商间产品替代程度越大，厂商 1 的收益越低。

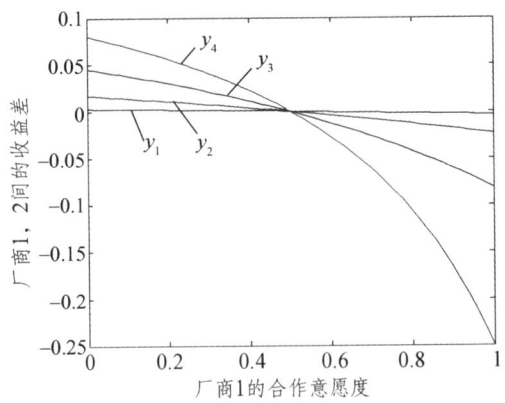

图 5.14 $\beta=0.5$，α 在 0 与 1 之间增长，s_{11} 的演变示意图

5.2.2 合作意愿度的演化稳定

在演化环境下，收益高的企业将淘汰收益低的企业，而企业的收益与合作意愿偏好有关。首先，企业依据自身的合作意愿度（偏好）决定自身的行动，然后依据竞争对手的行动修正自己的意愿度（偏好），这是一个动态调整的过程。在此过程中，企业将选择不同的合作意愿度（偏好）来增加自身的收益。下面运用间接演化的核心思想，即运用对称演化博弈中的基本概念——演化稳定策略 W. Weibull，研究企业合作意愿度的演化稳定性，即参数 α, β 是否演化稳定。

定义 合作意愿度参数 α^* 为演化稳定，若同时满足以下两个条件：

（1） $\pi_p^1(\alpha^*, \alpha^*) \geqslant \pi_p^1(\alpha, \alpha^*)$ 对任意的 $\alpha \in [0,1]$；

（2） $\pi_p^1(\alpha^*, \alpha^*) = \pi_p^1(\alpha, \alpha^*)$ 时，$\pi_p^1(\alpha^*, \alpha) > \pi_p^1(\alpha, \alpha)$，$\alpha \neq \alpha^*$。

上述定义保证了 α^* 参与者群体不能被突变者 α 小群体侵入。条件1说明，演化稳定参数 α^* 是自己的最优反应，任何 α 突变者入侵到 α^* 参与者群体中不可能比群体中成员的收益更多。条件2说明，即使某些突变者 α 与 α^* 参与者群体成员的收益一样，$\alpha \neq \alpha^*$ 也不可能在 α^* 参与者群体中扩散。

命题 当 $e \in (0,1)$ 时，$\alpha^* = 0$ 演化稳定。

证明 由

$$\frac{\partial \pi_p^1(\alpha, \beta)}{\partial \alpha} = \frac{\partial \pi_p^1(\alpha, \beta)}{\partial \beta} = 0$$

解得 $\alpha_1^* = -\dfrac{e}{e+2}$，$\alpha_2^* = \dfrac{2-e}{e}$，但 $\alpha_1^*, \alpha_2^* \notin [0,1]$。$\alpha_1^* = -\dfrac{e}{e+2} < 0$，存在恶意增加产量的过度竞争行为；$\alpha_2^* = \dfrac{2-e}{e} > 1$，企业在合作过程中，基本不存在关心其他企业收益的程度超过关心自身收益的程度。因此，考虑边值 0, 1。

当 $\alpha^* = 0$ 时，

$$\pi_p^1(0,0) - \pi_p^1(\alpha,0) = -\frac{\alpha e^2 (m-c)^2 (2\alpha e^2 - 4e - 4\alpha + \alpha e^3 + e^3)}{(e^2 + \alpha e^2 + \beta e^2 + \alpha \beta e^2 - 4)^2} > 0$$

故 $\alpha^* = 0$ 演化稳定。

当 $\alpha^* = 1$ 时，

$$\pi_p^1(1,1) - \pi_p^1(\alpha,1) = -\frac{e^2(m-c)^2(\alpha-1)(\alpha+e-\alpha e-\alpha e^2-e^2+1)}{4(e+1)(e^2+\alpha e^2-2)^2} < 0$$

收益 $\alpha^* = 1$ 不演化稳定。

结论 若企业间生产的替代参数 $e \in (0,1)$，则企业的演化稳定合作意愿度参数为 $\alpha^* = 0$，即企业群里的演化稳定转为不合作状态，此时企业的演化稳定合作意愿度与生产技术水平无关。

5.3 不同惩罚规制下产品差异度与共谋

若将厂商间竞争用无限时间序列来刻画，厂商将会比较产量竞争所带来的短期收益与长期损失，整个竞争的结果可能会有很大变化。本节重点关注双寡头市场中厂商在没有资金转移和信息沟通下，不同惩罚措施对重复博弈中的共谋行为建立的影响，如纳什回归（Nash Reversion Model，简称 NR）、T 时期惩罚（T-period Model，简称 Tp）下共谋和产品差异度的关系。

5.3.1 NR 下的产品差异度与共谋

双寡头结构中，该惩罚策略最简单的模型可构造如下：假设厂商每时期的共谋利润是 π^M，一次性博弈的纳什均衡利润是 π^N，背离利润是 π^D，折现因子为 δ，从而厂商在条件 $\pi^D + \delta\pi^N + \delta^2\pi^N + \cdots < \pi^M + \delta\pi^M + \delta^2\pi^M \cdots$ 下倾向于达成共谋协议，这意味着

$$\delta > \frac{\pi^D - \pi^M}{\pi^D - \pi^N}$$

如果不等式严格满足，那么共谋行为是能够成立的。把 δ^* 当作折现因子临界值，可解释共谋利润和折现因子之间的关系，进而发现共谋产量和产品差异度之间的关系。

当厂商 1 背离共谋协议，同时厂商 2 坚持合作策略，则

$$\delta_1^{NR} = \frac{\pi_1^D - \pi_1^M}{\pi_1^D - \pi_1^N} = \frac{e_1^2(e_1 e_2 - 4)^2}{e_2(e_1^2 - 2e_2)(e_1^2 e_2 + 4e_1 e_2 - 8e_1 + 2e_2^2 - 16)} \tag{5.10}$$

可见，厂商的共谋行为受双方产品替代程度的影响。下面模拟 e_1 在 0.2, 0.5, 0.8 三种情形下随厂商 2 产品替代程度变化时，δ_1^{NR} 的变动情况，如图 5.15, 5.16 所示。

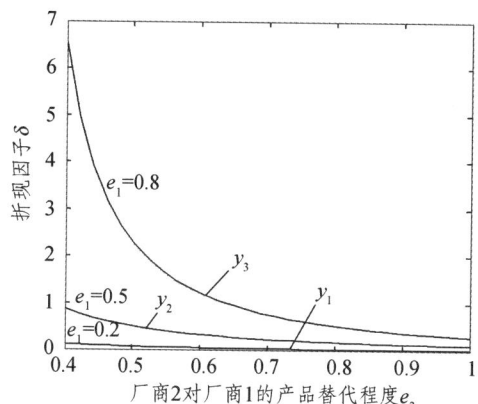

图 5.15　e_1 在 0.2, 0.5, 0.8 三种情况下随厂商 2 产品替代程度变化时，δ_1^{NR} 的变动情况

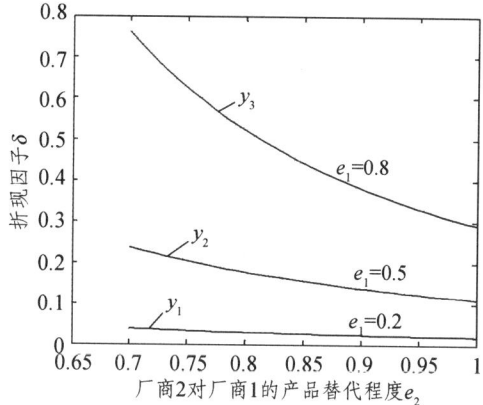

图 5.16　e_1 在 0.2, 0.5, 0.8 三种情况下随厂商 2 产品替代程度变化时，δ_1^{NR} 的变动情况

特殊地，当 $e_1 = e_2 = e$ 时，

$$\delta_1^{NR}(e_1 = e_2 = e) = \frac{\pi_2^D - \pi_2^M}{\pi_2^D - \pi_2^N} = \frac{(e+2)^2}{e^2 + 8e + 8}$$

δ_1^{NR} 随厂商间产品替代程度的变动情况如图 5.17 所示。

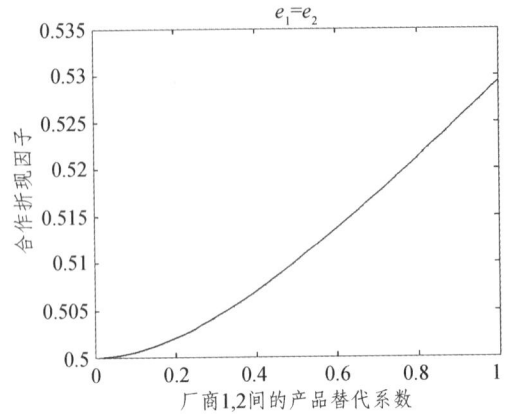

图 5.17 $e_1 = e_2 = e$ 分别为 0.2, 0.5, 0.8 时，δ_1^{NR} 的变动情况

可见，随着厂商间产品替代程度的提高，合作要求的折现因子也提高，表明合作难度加大。当 $e_1 = e_2 = 1$ 时，合作要求的折现因子达到 0.5294。所以，产品竞争性越大，共谋越难形成；产品竞争性越小，差异度越大，共谋越易形成。因为产品替代性增加，一方面会加大厂商间的竞争，另一方面企业为避免激烈竞争而共谋合作的可能性也会增加。所以，产品替代性程度对企业竞争与合谋的作用具有不确定性。

5.3.2 TP 下的产品差异度与共谋

T 时期惩罚，指在没有厂商再次背离共谋的情况下惩罚时间将维持 T 个时期，而后转回共谋价格，如果 T 是无限的，则称为纳什回归。随着惩罚时段的加大，共谋更容易确立。因此，这种模型维持共谋价格的条件可以由纳什回归修正而来。假设厂商每时期的共谋利润是 π^M，一次性博弈的纳什均衡利润是 π^N，背离利润是 π^D，折现因子为 δ，从而厂商在条件 $\pi^D + \delta\pi^N + \delta^2\pi^N + \cdots < \pi^M + \delta^{TP}\pi^M + \delta^{TP^2}\pi^M + \cdots$ 下，有

$$\frac{\pi_1^D - \pi_1^M}{\pi_1^M - \pi_1^N} < \delta^{TP} + \delta^{TP^2} + \cdots + \delta^{TP^T}$$

特殊地，经计算，当 $e_1 = e_2 = e$ 时，

$$\delta^{TP}(T=1) = \frac{(e+2)^2}{e^2+8e+8}$$

$$\delta^{TP}(T=2) + \delta^{TP^2}(T=2) = \frac{(e+2)^2}{e^2+8e+8}$$

$$\delta^{TP}(T=3) + \delta^{TP^2}(T=3) + \delta^{TP^3}(T=3) = \frac{(e+2)^2}{e^2+8e+8}$$

模拟 $\delta^{TP}(T=1)$,$\delta^{TP}(T=2)$,$\delta^{TP}(T=3)$ 随两产品间替代程度的变化而变化的情况,如图 5.18 所示。

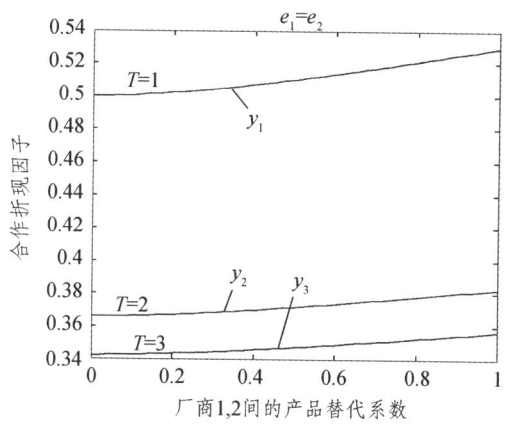

图 5.18 δ^{TP} 随惩罚周期 T,产品替代程度 e 的变动曲线图

可见,随着背叛惩罚期时段的加大,临界折现因子降低,且比 NR 惩罚模式下的共谋折现因子还低。基于上述条件,如果折现因子惩罚时间 T 确定,那么 δ 和 e 的关系就会明确。一般来说,TP 惩罚措施不如纳什回归可信。

5.4 不完全信息下双寡头博弈动态调整合作机制研究

本节主要分析参与人具有不完全信息条件下产量动态系统的两种产量调整:针锋相对(tit-for-tat)策略与具有合作意向的针锋相对策略及其对应动力系统。Axelrod 证明了在重复博弈中允许合作产生的最优行为是针锋相对策略。Cafagna V 和 Coccorese P(2005)通过前期利润和产量研究构建了一种产量调整策略,其稳定状态最终使参与人之间达成了合作均衡。但现实情况下相互竞争的厂商,甚至即使达成一定合作的厂商之间,为了各自的利益也会将生产、利润等有关情况加以保密,其他厂商很难了解其真实情况,所以不完全信息假设更具合理性。

本节在无法获知对方产量及利润这些市场信息的状况下,研究博弈厂商如何调节自身产量来获取更大的利润。模型在不完全信息下通过比较自身利润与合作利润的差值来建立,并考虑对称情形 $c_1 = c_2 = c$,$e_1 = e_2 = e$。

5.4.1 针锋相对策略动态调整策略及其均衡

本节运用针锋相对策略思想,以信息不完全下的产量动态调整方程来讨论 Cournot 模型。每位博弈者在不能获得竞争对手的完全信息情况下,都能完全清楚自身有关产量、利润等的信息。生产者 i 可以将其第 t 时期实现的市场利润 $\pi_{i,t}$ 与具有 Pareto 最优的合作利润 π_i^M 进行比较。当其自身利润高于合作利润($\pi_i^M - \pi_{i,t} < 0$)时,推测对方的产量选择具有合作性,从而在下一期时,出于对对方上一期合作的回报,生产者 i 就会适当减少其产量以求继续合作;反之,如果 $\pi_i^M - \pi_{i,t} > 0$,生产者 i 没有实现合作利润,则会推测对方的产量选择缺乏合作,所以在下一期时,出于对对方上一期不合作的惩罚,生产者 i 就会增加产量。基于该逻辑,产量动态调整方程为

$$\begin{cases} q_{i,t+1} = q_{i,t} + \alpha_i(\pi_i^M - \pi_{i,t}) \\ \pi_{i,t} = (m - bq_{i,t} - beq_{j,t} - c)q_{i,t} \end{cases} \quad (5.11)$$

这是一种简单的调整机制,生产者不需要知道对手的相关信息,所以它是不具有完全信息的调整策略。由

$$\begin{cases} q_{i,t+1} = q_{i,t} + \alpha_1[\pi_i^M - (m - bq_{i,t} - beq_{j,t} - c)q_{i,t}] \\ q_{j,t+1} = q_{j,t} + \alpha_2[\pi_j^M - (m - bq_{j,t} - beq_{i,t} - c)q_{j,t}] \\ q_{j,t+1} = q_{j,t} \\ q_{i,t+1} = q_{i,t} \end{cases} \quad (5.12)$$

因为 $e^2 - 1 \leq 0$,所以只得到唯一均衡解 $E = (q_1^*, q_2^*) = \left(\dfrac{m-c}{2b(1+e)}, \dfrac{m-c}{2b(1+e)} \right)$。容易计算,二维系统(5.12)的 Jacobian 矩阵为

$$J(q_1^*, q_2^*) = J\left(\frac{m-c}{2b(1+e)}, \frac{m-c}{2b(1+e)}\right)$$

$$= \begin{bmatrix} \dfrac{2-\alpha_1 em + 2e + \alpha_1 ec}{2(1+e)} & \dfrac{\alpha_1 e(m-c)}{2(1+e)} \\ \dfrac{\alpha_2 e(m-c)}{2(1+e)} & \dfrac{2-\alpha_2 em + 2e + \alpha_2 ec}{2(1+e)} \end{bmatrix} \quad (5.13)$$

易得特征值 $\lambda_1 = 1$,$\lambda_2 = 1 - \dfrac{e(\alpha_1+\alpha_2)(m-c)}{2(1+e)}$。

虽然当 $0 < \dfrac{e(\alpha_1+\alpha_2)(m-c)}{2(1+e)} < 2$ 时,$|\lambda_2| < 1$,但因为 $\lambda_1 = 1$,系统处于临界情形,此时系统的稳定性对参数非常敏感。设初始值 $m=8$,$c=2$,$b=1$,$e=0.8$,$\alpha_1 = \alpha_2 = 0.08$,此时特征值

$$\lambda_2 = 1 - \frac{e(\alpha_1+\alpha_2)(m-c)}{2(1+e)} \approx 0.78667 < 1$$

对应的产量随博弈周期的变化情况如图 5.19 所示,逐步达到合作均衡产量 1.6575。可是当参数 $e=0.8$ 有微弱变化至 $e=0.81$ 时,特征值

$$\lambda_2 = 1 - \frac{e(\alpha_1+\alpha_2)(m-c)}{2(1+e)} \approx 0.787845 < 1$$

对应的产量变化如图 5.20 所示,此时经历若干期调整后,各方产量均远远大于最佳合作产量 1.6575。

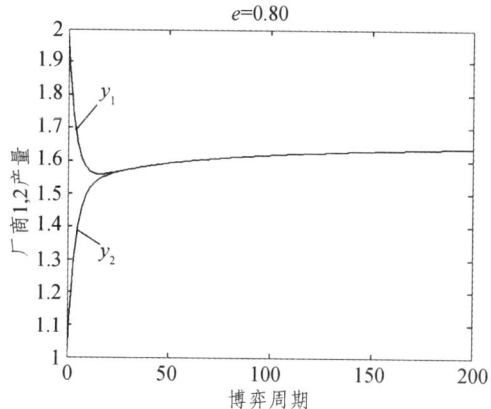

图 5.19 $e=0.8$,$\alpha_1 = \alpha_2 = 0.08$ 时,产量随博弈周期的变化图

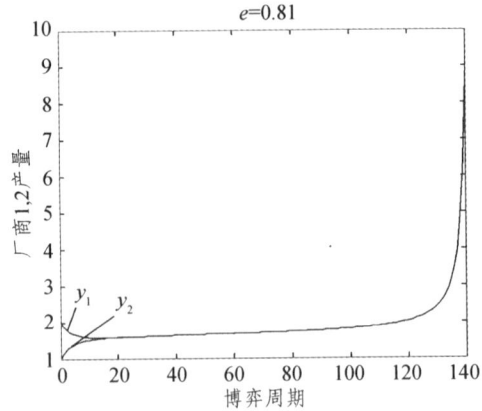

图 5.20 $e=0.81$, $\alpha_1 = \alpha_2 = 0.08$ 时，产量随博弈周期的变化图

设初始值 $m=8$，$c=2$，$b=1$，$e=0.8$，$\alpha_1 = 0.1$，$\alpha_2 = 0.19$。此时特征值

$$\lambda_2 = 1 - \frac{e(\alpha_1 + \alpha_2)(m-c)}{2(1+e)} \approx 0.61333 < 1$$

对应的产量随博弈周期的变化情况如图 5.21 所示，逐步达到合作均衡产量 1.6667。可是当参数 $\alpha_2 = 0.19$ 有微弱变化至 $\alpha_2 = 0.2$ 时，特征值

$$\lambda_2 = 1 - \frac{e(\alpha_1 + \alpha_2)(m-c)}{2(1+e)} = 0.6 < 1$$

对应的产量变化如图 5.22 所示，此时经历若干期调整后，各方产量均远远大于最佳合作产量 1.6667。

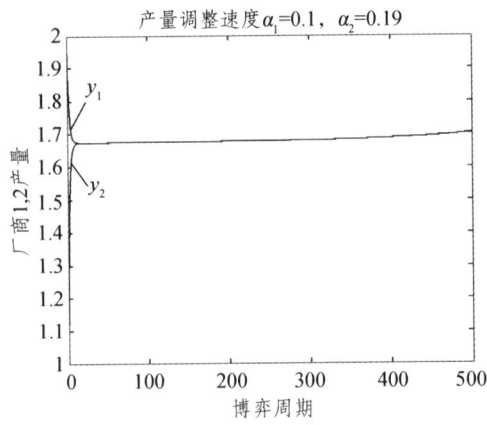

图 5.21 $\alpha_1 = 0.1$, $\alpha_2 = 0.19$ 时，产量随博弈周期的变化图

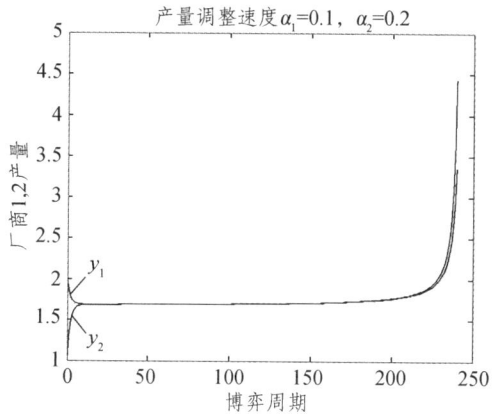

图 5.22　$\alpha_1 = 0.1$, $\alpha_2 = 0.20$ 时，产量随博弈周期的变化图

设初始值 $m=8$，$c=2$，$b=1$，$e=0.8$，$\alpha_1=0.1$，$\alpha_2=0.2$。此时特征值 $\lambda_2 = 0.6 < 1$，对应的产量随博弈周期的变化情况如图 5.22 所示。可是当参数 $b=1$ 有微弱变化至 $b=0.95$ 时，特征值 $\lambda_2=0.6$ 不变，对应的产量变化如图 5.23 所示，此时经历若干期调整后，各方产量均小于最佳合作产量 1.538。

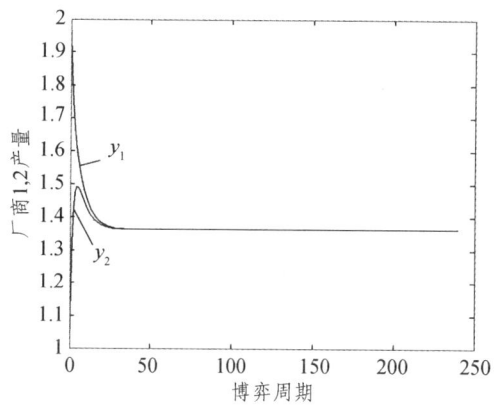

图 5.23　$\alpha_1 = 0.1$, $\alpha_2 = 0.2$, $b = 0.95$ 时，产量随博弈周期的变化图

从以上数值和分析可知，系统参数取值对系统稳定性的影响很大。图 5.19 表明此时系统稳定，但当产品差异性系数取值发生微小变化时（$e=0.8$ 变化到 $e=0.81$ 或 $\alpha_2=0.19$ 变化到 $\alpha_2=0.20$），系统就由稳定态（见图 5.19，图 5.21）变到不稳定状态（见图 5.20，图 5.22）。图 5.20 和图 5.22 则表明，各生产者的产量无限增大，出现了恶性产量竞争的局面。

5.4.2 具有合作意向的针锋相对策略动态调整策略

以上分析表明，系统（5.11）的稳定性不能确定，合作均衡难以实现。为此，对该模型加以改进，即在模型（5.11）基础上加入一个反馈控制：

$$\begin{cases} q_{i,t+1} = q_{i,t} + \alpha_1[\pi_i^M - (m - bq_{i,t} - beq_{j,t} - c)q_{i,t}] - \beta_1(q_{i,t} - q_i^M) \\ q_{j,t+1} = q_{j,t} + \alpha_2[\pi_i^M - (m - bq_{j,t} - beq_{i,t} - c)q_{j,t}] - \beta_2(q_{j,t} - q_j^M) \\ q_{j,t+1} = q_{j,t} \\ q_{i,t+1} = q_{i,t} \end{cases} \quad (5.14)$$

式（5.14）中，α_i 是调整系数，$\alpha_i > 0$，$\beta_i > 0$，$-\beta_i(q_{j,t} - q_i^M)$ 为系统的反馈控制。

产量调整方程（5.14）的逻辑为：第一个调整项对应各生产企业的针锋相对调整策略；第二个反馈控制项表明，当厂商前期产量超出合作产量，即 $q_{i,t} - q_i^M > 0$ 时，则适度减少本期产量；相反，若 $q_{i,t} - q_i^M < 0$，则适度增加本期产量，这表明双方具有一定的合作调整意识。假设调整系数 $\beta_i < \alpha_i$ 的取值很小，即反馈控制的调整仅是微调，那么博弈双方具有合作意向的同时又能体现出双方的市场竞争性。

下面分析其不动点 E 的稳定性。

容易计算，系统（5.14）在不动点 $E = (q_1^*, q_2^*) = \left(\dfrac{m-c}{2b(1+e)}, \dfrac{m-c}{2b(1+e)}\right)$ 处的 Jacobian 矩阵为

$$\boldsymbol{J} = \begin{bmatrix} 1 - \beta_1 - \dfrac{\alpha_1 e(m-c)}{2(1+e)} & \dfrac{\alpha_1 e(m-c)}{2(1+e)} \\ \dfrac{\alpha_2 e(m-c)}{2(1+e)} & 1 - \beta_2 - \dfrac{\alpha_2 e(m-c)}{2(1+e)} \end{bmatrix} \quad (5.15)$$

由于其特征值非常复杂，故可设当 $\beta_1 = \beta_2 = \beta$ 时，特征值为 $\lambda_{1\beta} = 1 - \beta$，$\lambda_{2\beta} = 1 - \beta - \dfrac{e(\alpha_1 + \alpha_2)(m-c)}{2(1+e)}$。

系统稳定的条件是 $\lfloor \lambda_i \rfloor < 1$。由 $\lfloor \lambda_{1\beta} \rfloor < 1$，得 $0 < \beta < 2$；由 $\lfloor \lambda_{2\beta} \rfloor < 1$ 得 $0 < \dfrac{e(\alpha_1 + \alpha_2)(m-c)}{2(1+e)} < 2 - \beta$。因此，当 $0 < \beta < 2$ 且 $0 < \dfrac{e(\alpha_1 + \alpha_2)(m-c)}{2(1+e)} < 2 - \beta$ 时，系统稳定。

对以上各种不稳定情形进行模拟。设参数 $m=8$, $c=2$, $\alpha_1=\alpha_2=0.08$, $b=1$, $e=0.81$, 在 $\beta=0.04$ 时产量调整如图 5.24 所示, 经过较短周期调整, 双方产量调整至最佳合作均衡产量 1.66 附近, 没有出现产量无限增加的恶性竞争情形, 表明系统可以达到稳定状态。

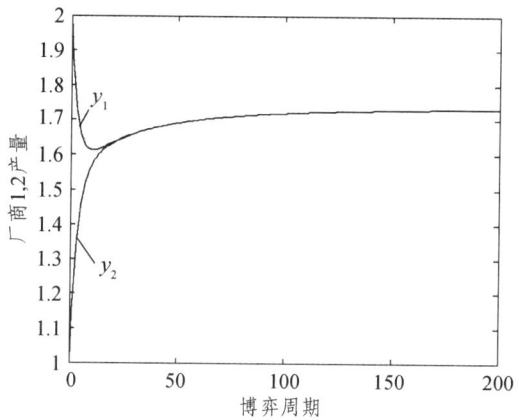

图 5.24　$\alpha_1=\alpha_2=0.08$, $b=1$, $e=0.81$, $\beta=0.04$ 时的产量调整示意图

参数 $m=8$, $c=2$, $\alpha_1=0.1$, $\alpha_2=0.2$, $b=1$, $e=0.8$, 在 $\beta=0.04$ 时产量调整如图 5.25 所示, 经过较短周期调整, 双方产量调整至最佳合作均衡产量 1.66 附近, 没有出现产量无限增加的恶性竞争情形, 表明系统可以达到稳定状态。

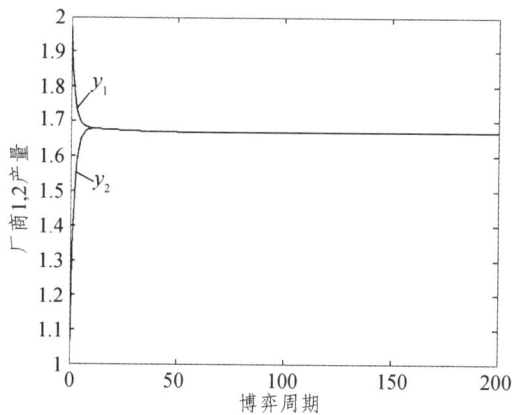

图 5.25　$\alpha_1=0.1$, $\alpha_2=0.2$, $b=1$, $e=0.8$, $\beta=0.04$ 时的产量调整示意图

改进后的模型（5.14）同时包含了针锋相对思想与主动合作意向，即由 5.3 节分析的不稳定系统转为稳定合作系统。可以认为，基于不完全信息的动态调整模型（5.14）能够解释市场竞争达到 Pareto 最优合作状态的一条途径。

5.5 小　结

本章从机理角度对产品横向差异对合谋稳定性的影响进行了分析。

首先，在双寡头完全合作情况下，对收益、产量、价格进行分析，博弈分析的结果是（完全竞争，完全竞争），合作后的决策是（背叛，背叛），尽管此时收益最低。不完全信息下，纳斯策略、合作策略、背叛策略的概率以及产品替代程度将综合影响厂商的平均收益，厂商将依据平均收益最大化原则，灵活调整策略选择。

其次，通过部分合作、背叛收益及演化稳定性分析得出，企业的演化稳定合作意愿度参数为 $\alpha^* = 0$，即企业群里的演化稳定状态转为不合作状态。

再次，讨论了两种惩罚规则（纳什回归、T 时期惩罚）下共谋和产品差异度的关系，即随着厂商间产品替代程度的提高，要求的折现因子也提高，表明合作难度加大。但从经济意义上看，产品替代性程度增加，产品趋于同质，企业间为了避免激烈的市场竞争，企业共谋合作的可能性也会增加。随着背叛惩罚期时段的加大，企业间共谋的可能性降低，而且比 NR 惩罚模式下的共谋折现因子低。

最后，对不完全信息下双寡头博弈动态调整合作机制进行了研究。生产企业在针锋相对策略思想下可能产生合作，但均衡稳定性对参数敏感，该策略下并不能保证达到 Pareto 最优状态。

第6章
基于产品纵向差异化的厂商进入、阻止行为分析

　　本章主要分析产品纵向差异下厂商的进入、阻止行为，研究、比较完全垄断下厂商市场行为、两厂商同时质量定位、高低质量厂商分别在无最低质量规制时和政府不同最低质量规制下序贯质量定位，在位厂商的竞争、进入阻止，跟随厂商的进入策略行为机理。

6.1 引 言

面对进入者,厂商将选择有效措施阻止其进入,如投资兴建扩大规模、优化产品系列组合等。厂商如果能在有限的空间中先行行动,就会在竞争中获得先发优势,致使潜在进入者无利可图(Schmalensee 等,1978)。在位企业的绝对成本优势和产品差别优势、规模经济以及政府规制等都是造成潜在进入者进入壁垒的主要原因。对于进入企业,制约企业进入的一种有效方法就是最低质量标准(MQS)。为什么要设置最低质量标准?能否通过市场竞争自发形成最低质量标准?在自由进入(无最低质量标准)和政府质量规制下(有最低质量标准)进入,企业策略性选择有什么不同?

本章主要研究在自由进入和政府质量规制下,厂商为保持较高收益,在位者将如何应对潜在进入者,同时又对市场产生何种影响。这对于解决现实中企业的无序竞争以及政府最低质量标准的规制,具有重要意义。

6.2 完全垄断下厂商市场行为分析

一般厂商会凭借技术、品牌、成本等方面的优势,向不同支付意愿的消费群体,通过提供多种质量、价格组合供消费者选择,以增加利润。

6.2.1 模型假设

按照 Lancaster(1979)理论,消费者对产品特性具有一致的偏好。对参数、函数的设置如下。

1. 厂商部分

如果完全垄断厂商生产 $n(n \geq 2)$ 种产品,其价格组合为 $p = (p_1, p_2, \cdots, p_n)$,产品质量组合为 $s = (s_1, s_2, \cdots, s_n)$,则其产品边际成本 C 是质量 s 的凸增函数,即 $C = rs^2$。总成本包括固定成本和变动成本,其中固定成本与产量无关,只有变动成本才与产量有关,故设成本是产量的一次函数。质量的提高会增大固定成本的投入,也会增大变动成本的投入,故设总成本是质量的二次函数。

2. 消费者部分

假设市场中有 N 个消费者，每位消费者买且仅买一件产品，除对产品质量（性能）的效用不同外，其他完全同质。消费偏好参数 θ，$\theta \in [\underline{\theta}, \overline{\theta}]$，其累积分布函数为 $F(\theta)$，密度函数为 $f(\theta)$。消费者效用函数 $u(\theta, s)$ 为消费偏好参数为 θ 的消费者消费质量为 s、价格为 p 的产品所获剩余。

$$u(\theta, s) = \begin{cases} \theta s - p, & \text{购买产品所获得的剩余} \\ 0, & \text{不购买产品所获得的剩余} \end{cases}$$

6.2.2 垄断厂商只提供单种产品

假设垄断厂商提供质量为 s，定价为 p 的产品，θ 均匀地分布在 $[\underline{\theta}, \overline{\theta}]$ 之间，且密度为 1，这时产品的需求函数 $D(s, p)$ 为

$$D(s, p) = \begin{cases} \int_{\underline{\theta}}^{\overline{\theta}} f(\theta) \mathrm{d}\theta = 1, & \dfrac{p}{q} \leqslant \underline{\theta} \\ \int_{\frac{p}{q}}^{\overline{\theta}} f(\theta) \mathrm{d}\theta = 1 - F\left(\dfrac{p}{q}\right), & \underline{\theta} \leqslant \dfrac{p}{q} \leqslant \overline{\theta} \\ 0, & \dfrac{p}{q} > \overline{\theta} \end{cases} \quad (6.1)$$

情形 1：市场完全覆盖。

垄断厂商定价的目标是尽可能占据市场份额，假设市场被垄断厂商完全覆盖，此时价格 $p = \underline{\theta} s$，厂商利润为

$$\pi_f = \int_{\underline{\theta}}^{\overline{\theta}} [\underline{\theta} s - c(s)] f(\theta) \mathrm{d}\theta \quad (6.2)$$

将式（6.2）对 s 求导，得到 $s_f^* = \dfrac{\overline{\theta} - 1}{2r}$，进而得到

$$p_f^* = \dfrac{(\overline{\theta} - 1)^2}{2r}, \quad \pi_f^* = \dfrac{(\overline{\theta} - 1)^2}{4r}$$

情形 2：市场部分覆盖。

假定垄断厂商产品部分覆盖市场，这时 $\theta_p = \dfrac{p}{s}$，厂商利润为

$$\pi_p = \int_{\theta_p}^{\overline{\theta}} [p - c(s)] f(\theta) \mathrm{d}\theta \qquad (6.3)$$

将式（6.3）对 p,s 分别求导，得

$$\frac{\partial \pi_p}{\partial s} = -c'(s)\left[1 - F\left(\frac{p}{s}\right)\right] + \frac{p}{s^2}[p - c(s)]f\left(\frac{p}{s}\right) = 0 \qquad (6.4)$$

$$\frac{\partial \pi_p}{\partial p} = \left[1 - F\left(\frac{p}{s}\right)\right] - \frac{1}{s}[p - c(s)]f\left(\frac{p}{q}\right) = 0 \qquad (6.5)$$

假设 $F(\theta)$ 均匀分布，且 $f(\theta) = 1$，得到

$$s_p^* = \frac{\overline{\theta}}{3r},\ p_p^* = \frac{2\overline{\theta}^2}{9r},\ \pi_p^* = \frac{\overline{\theta}^3}{27r}$$

故 $\dfrac{p_p^*}{s_p^*} = \dfrac{2\overline{\theta}}{3}$。

因为 $\dfrac{p_p^*}{s_p^*} = \dfrac{2\overline{\theta}}{3}$，从而得出，在市场部分覆盖情形下，当 $F(\theta)$ 为均匀分布，且 $f(\theta) = 1$ 时，厂商的有效市场区域为 $[\dfrac{2\overline{\theta}}{3}, \overline{\theta}]$，存在社会福利损失，即

$$\pi_f^* - \pi_p^* = \frac{(\overline{\theta} - 1)^2}{4r} - \frac{\overline{\theta}^3}{27r} = \frac{(3 - 4\overline{\theta})(\overline{\theta} - 3)^2}{108r} \qquad (6.6)$$

由式（6.6）可知，对于任何的 $\overline{\theta} \in [1, +\infty)$，$\pi_f^* < \pi_p^*$，故垄断厂商将采取部分市场覆盖的垄断策略。

6.2.3 垄断厂商提供多种产品

情形 1：不考虑消费者消费参数 θ 的厂商自身决策。

如果完全垄断厂商生产 $n(n \geq 2)$ 种产品，其价格组合为 $p = (p_1, p_2, \cdots, p_n)$，产量组合为 $q = (q_1, q_2, \cdots, q_n)$，其中 $q_i = q_i(p) = q_i(p_1, p_2, \cdots, p_n)$，即任何一种产品的需求不但与这种产品自身的价格有关，还可能与其他产品的价格有关：

（1）如果产品需求函数为 $q_i = q_i(p_i)\,(i = 1, 2, \cdots, n)$，则这些产品是独立的；

（2）如果 $\dfrac{\partial q_i}{\partial p_j} > 0\,(i \neq j)$，产品 i, j 为替代产品；

（3）如果 $\dfrac{\partial q_i}{\partial p_j} < 0\,(i \neq j)$，产品 i, j 为互补产品。

同时假设成本函数可加，即 $c(q_1, q_2, \cdots, q_n) = \sum_{i=1}^{n} c_i(q_i)$，则垄断厂商的决策函数为

$$p = (p_1, p_2, \cdots, p_n) \in \arg.\text{Max}\left\{\sum_{i=1}^{n}[p_i q_i(p) - c_i(q_i)]\right\} \quad (6.7)$$

其中 arg. 为 argument 的缩写，$\arg.\text{Max}\{\cdot\}$ 为最大化目标函数的所有元素组合的集合。

将式（6.7）对 p 求一阶偏导可得一阶条件：

$$q_i + \sum_{i=1}^{n} p_i \frac{\partial q_i}{\partial p_j} - \sum_{j=1}^{n} \frac{\partial c_i}{\partial q_j} \frac{\partial q_j}{\partial p_i} = 0, \quad i = (1, 2, \cdots, n) \quad (6.8)$$

进一步有

$$\frac{p_i - c_i}{p_i} = \frac{1}{-\varepsilon_{ii}} - \sum_{j=1}^{n} \frac{(p_i - c_i) q_j \varepsilon_{ij}}{p_i q_i \varepsilon_{ii}} \quad (6.9)$$

其中 $\varepsilon_{ii} = \frac{\partial q_i}{\partial p_i} \frac{p_i}{q_i}$ 为自身价格弹性，$\varepsilon_{ij} = \frac{\partial q_j}{\partial p_i} \frac{p_i}{q_j}$。

若 $\varepsilon_{ij} > 0$，即产品 i, j 是替代品，由于 $\varepsilon_{ii} < 0$，因此

$$\frac{p_i - c_i}{p_i} > \frac{1}{-\varepsilon_{ii}} = \frac{p_i^m - c_i}{p_i^m}, \quad 即\ p_i > p_i^m$$

垄断厂商制定产品 i 的价格大于只生产一种产品 i 的垄断价格，目的是减少产品 i 的销售，刺激其他替代品的销售。

同理，若 $\varepsilon_{ij} < 0$，即产品 i, j 是互补产品，由于 $\varepsilon_{ii} < 0$，所以

$$\frac{p_i - c_i}{p_i} < \frac{1}{-\varepsilon_{ii}} = \frac{p_i^m - c_i}{p_i^m}, \quad 即\ p_i < p_i^m$$

垄断厂商制定产品 i 的价格小于只生产一种产品 i 的垄断价格，目的是增加产品 i 的销售，从而带动其他互补产品的销售。

情形 2：考虑消费者消费参数 θ 下的厂商决策。

s 表示不同的质量，$s = (s_1, s_2, \cdots, s_n)$，且 $\underline{s} \leq s_1 \leq s_2 \leq \cdots \leq s_n \leq \overline{s}$。

定义 θ_i：对质量偏好在 $[\theta_1, \theta_2]$ 区间的消费者将产品表示为消费质量为 s_1

的产品。以此类推，对质量偏好在$[\theta_{n-1}, \theta_n]$区间的消费者将产品表示为消费质量为s_{n-1}的产品；对质量偏好在$[\theta_n, \bar{\theta}]$区间的消费者将产品表示为消费质量为s_n的产品。

因此，产品的需求函数$D_i(i=1,2,\cdots,n)$为

$$D_1(s_1, p_1) = \begin{cases} \int_{\frac{p_1}{s_1}}^{\theta_2} f(\theta)\mathrm{d}\theta = F(\theta_2) - F\left(\frac{p_1}{q_1}\right), & \underline{\theta} < \frac{p_1}{s_1} < \theta_2 \\ \int_{\underline{\theta}}^{\theta_2} f(\theta)\mathrm{d}\theta = F(\theta_2), & \frac{p_1}{q_1} \leq \underline{\theta} \\ 0, & \frac{p_1}{q_1} > \bar{\theta} \end{cases} \quad (6.10)$$

……

$$D_i(s_i, p_i) = \int_{\theta_i}^{\theta_{i+1}} f(\theta)\mathrm{d}\theta = F(\theta_{i+1}) - F(\theta_i), \ \theta_i < \frac{p_i}{s_i} < \theta_{i+1}, \ (i=2,3,\cdots,n-1) \quad (6.11)$$

……

$$D_n(s_i, p_i) = \int_{\theta_n}^{\bar{\theta}} f(\theta)\mathrm{d}\theta = 1 - F(\theta_n), \ \theta_n < \frac{p_i}{q_i} < \bar{\theta}, \ (i=2,3,\cdots,n-1) \quad (6.12)$$

如果$\frac{p_1}{s_1} > \underline{\theta}$，市场未全部覆盖，质量偏好在$[\underline{\theta}, \frac{p_1}{s_1}]$上的消费者将不会消费产品。厂商的利润函数为

$$\pi = (p_1 - c_1)\int_{\theta_1}^{\theta_2} f(\theta)\mathrm{d}\theta + \sum_{i=2}^{n-1}(p_i - c_i)\left[\int_{\theta_i}^{\theta_{i+1}} f(\theta)\mathrm{d}\theta\right] + (p_n - c_n)\int_{\theta_n}^{\theta_2} f(\theta)\mathrm{d}\theta \quad (6.13)$$

如果市场完全覆盖，$\theta_1 = \underline{\theta}$，此时厂商的利润函数为

$$\pi = (p_1 - c_1)\int_{\underline{\theta}}^{\theta_2} f(\theta)\mathrm{d}\theta + \sum_{i=2}^{n-1}(p_i - c_i)\left[\int_{\theta_i}^{\theta_{i+1}} f(\theta)\mathrm{d}\theta\right] + (p_n - c_n)\int_{\theta_n}^{\bar{\theta}} f(\theta)\mathrm{d}\theta \quad (6.14)$$

根据一阶条件和其他约束，得到一个$2 \times N$元的线性方程组，从而得到最优的不同质量价格组合$(s_i^*, p_i^*)(i=1,2,\cdots,n)$。由此可以得出，在考虑消费者情

形下，垄断厂商将考虑消费参数 θ 对于利润的影响，并且重点关注 $\frac{p_i}{s_i}$，以决定产品组合。

6.3 两个垄断厂商序贯质量决策的基本模型

假定市场中存在一个消费者群体，用数字 1 表示。质量消费偏好参数为 θ，$\theta \in [\underline{\theta}, \overline{\theta}]$，其累积分布函数为 $F(\theta)$，密度函数为 $f(\theta)$，且 $\underline{\theta} = \overline{\theta} - 1$；同 Mussa & Rosen（1978）一样，定义消费者的效用函数为

$$U = \theta s_i - p_i$$

其中 p_i 为相应质量商品的价格；消费者的保留效用为零，即在购买产品所获得的效应低于零的情况下，选择不购买。存在两厂商：厂商 1 和厂商 2($i = 1, 2$)，假定厂商 1 是在位者，厂商 2 是潜在进入者。质量改进成本为可变成本 $C_i = rs_i^2 q_i$（q_i 是质量为 s_i 的产品的需求量）。为了避免 Motta（1993）求解过程中遇到的技术性困难，假定市场能够完全覆盖，并且消费者的偏好参数均匀分布在区间 $[\overline{\theta} - 1, \overline{\theta}]$，其中 $\overline{\theta} > 1$；消费者偏好差异为 $\frac{1}{\theta}$，即 $\overline{\theta}$ 越小，表示消费者的偏好差异越大。

现在讨论三阶段博弈。首先厂商 1 选择 s_1，厂商 2 在第二阶段观察到厂商 1 的选择之后做出是否选择进入的决策。如果厂商 2 进入，需多耗费进入成本 f，与选择的质量水平无关。若以同质量水平进入，进行 Betrand 竞争，其利润为零，因此，厂商 2 选择差异化的质量水平为 $s_2 \neq s_1$。第三阶段，若厂商 2 在第二阶段选择进入，厂商 1 和厂商 2 就在此质量水平上进行价格竞争；若厂商 2 在第二阶段没有进入，厂商 1 在第三阶段就是寡头垄断者。在第三阶段进入情况下，本章用的子博弈完美均衡为 Bertrand 竞争下的均衡。

厂商的利润函数为

$$\pi_i = p_i D_i - C_i = (p_i - rs_i^2) D_i$$

用下标 h, l 表示高质量产品、低质量产品的相关参数，则

$$\pi_h = (p_h - rs_h^2)\left(\overline{\theta} - \frac{p_h - p_l}{s_h - s_l}\right), \quad \pi_l = (p_l - rs_l^2)\left(\frac{p_h - p_l}{s_h - s_l} - \overline{\theta} + 1\right)$$

(6.15)

此时，两厂商之间进行的仍然是一个质量-价格的两阶段博弈。采用逆向求解方法，令 $\dfrac{\partial \pi_i}{\partial p_i}=0$，可得两厂商价格竞争时的最优反应价格为

$$p_h = \frac{1}{2}[p_l + rs_h^2 + \overline{\theta}(s_h - s_l)], \quad p_l = \frac{1}{2}[p_h + rs_l^2 - (\overline{\theta}-1)(s_h - s_l)]$$

联立求解可得两厂商的价格分别为

$$p_h^* = \frac{1}{3}[r(s_l^2 + 2s_h^2) + (1+\overline{\theta})(s_h - s_l)], \quad p_l^* = \frac{1}{3}[r(2s_l^2 + s_h^2) + (2-\overline{\theta})(s_h - s_l)]$$

将 p_h^*, p_l^* 代入，可以得到两厂商的需求分别为

$$D_h = \frac{1}{3}[\overline{\theta} + 1 - r(s_h + s_l)], \quad D_l = \frac{1}{3}[2 - \overline{\theta} + r(s_h + s_l)]$$

再将 p_h^*, p_l^* 代入，可以得到两厂商的利润分别为

$$\pi_h = \frac{1}{9}(s_h - s_l)[\overline{\theta} + 1 - r(s_h + s_l)]^2, \quad \pi_l = \frac{1}{9}(s_h - s_l)[2 - \overline{\theta} + r(s_h + s_l)]^2$$

由 $\dfrac{\partial \pi_h}{\partial s_h}=0$，可得高质量企业对低质量企业质量的反应函数为

$$s_h = \frac{rs_l + \overline{\theta} + 1}{3r}$$

由 $\dfrac{\partial \pi_l}{\partial s_l}=0$，可得低质量企业对高质量企业质量的反应函数为

$$s_l = \frac{rs_h + \overline{\theta} - 2}{3r}$$

6.4 市场完全覆盖时同时质量定位均衡

本节讨论不同进入顺序假设下的均衡情况、进入阻止策略及相关收益。

在同时进入市场假设下，两厂商同时进行质量竞争，双方都不知道对方的质量定位。此时，根据利润函数的一阶导数等于 0，可以得到厂商的质量反应函数分别为

$$s_h = \frac{rs_l + \overline{\theta} + 1}{3r}, \quad s_l = \frac{rs_h + \overline{\theta} - 2}{3r} \tag{6.16}$$

联立求解可得厂商的最优质量为

$$s_h^* = \frac{4\bar{\theta}+1}{8r}, \quad s_l^* = \frac{4\bar{\theta}-5}{8r}$$

可见，质量随着消费者偏好的提高而提高。

产品相应的价格分别为

$$p_h^* = \frac{16\bar{\theta}^2+8\bar{\theta}+25}{64r}, \quad p_l^* = \frac{16\bar{\theta}^2-40\bar{\theta}+49}{64r}$$

进而可以得到两厂商的利润均为

$$\pi_h^* = \pi_l^* = \frac{3}{16r}$$

两厂商的产品需求量均为

$$D_h^* = D_l^* = \frac{1}{2}$$

为保证市场完全覆盖应满足：

$$\frac{p_l^*}{s_l^*} \leqslant \bar{\theta}-1, \quad 且 \quad \frac{p_h}{s_h} \leqslant \bar{\theta}, \frac{p_h-p_l}{s_h-s_l} \leqslant \bar{\theta}$$

所以要求 $\bar{\theta} \geqslant \frac{9}{4} = 2.25$。

结论：（1）两厂商之间的质量差异为

$$s_h^* - s_l^* = \frac{3}{4r}$$

即随着单位质量成本的增加，厂商之间的质量定位越来越倾向于最小差异化。高低质量的差异与消费者的质量偏好无关。若质量改善，成本无限大，两产品将趋向于同质化，即最小差异化原则；若质量改善，成本无限小，趋近于零，则两产品差异趋于最大化，即最大差异化原则。

（2）在同时选择质量的情况下，两厂商的市场份额与利润大小相同。

$$D_h^* = D_l^* = \frac{1}{2}, \quad \pi_h^* = \pi_l^* = \frac{3}{16r}$$

可见，在这种情况下并不存在"高质量优势"。因此，对低质量厂商来说，这是个相对比较好的均衡状态。

（3）高质量厂商的单位产品收益为

$$p_h^* - rs_h^{*2} = \frac{3}{8r}$$

低质量厂商的单位产品收益为

$$p_l^* - rs_l^{*2} = \frac{3}{8r}$$

高质量产品与低质量产品的单位盈利相同。

（4）消费者剩余收益为

$$\pi_s = \int_{\underline{\theta}}^{\frac{p_h - p_l}{s_h - s_l}} (\theta s_l - p_l) \mathrm{d}\theta + \int_{\frac{p_h - p_l}{s_h - s_l}}^{\overline{\theta}} (\theta s_h - p_h) \mathrm{d}\theta \qquad (6.17)$$

其中 $\frac{p_h - p_l}{s_h - s_l} = \overline{\theta} - \frac{1}{2}$。

解方程（6.17）得

$$\pi_s = \frac{16\overline{\theta}^2 - 16\overline{\theta} - 23}{64r}$$

所以，只有当 $\overline{\theta} > \frac{3\sqrt{3}}{4} + \frac{1}{2} \approx 1.799$ 时，$\pi_s > 0$。因为全覆盖，要求 $\overline{\theta} \geq \frac{9}{4}$，故 $\pi_s > 0$。同时，$\frac{\partial \pi_s}{\partial \overline{\theta}} > 0$，所以消费者剩余收益随着消费者质量偏好的提高而增加。

（5）社会总福利为

$$w = \pi_s + \pi_h^* + \pi_l^* = \frac{16\overline{\theta}^2 - 16\overline{\theta} + 1}{64r}, \quad 且 \quad \frac{\partial w}{\partial \overline{\theta}} > 0$$

所以，社会总福利随着消费者质量偏好的提高而增加。

6.5 在位者是高质量企业的质量决策、进入阻止策略及收益分析

本节讨论序贯顺序进入模型下厂商质量-价格竞争均衡。

6.5.1 在位者是高质量企业的质量决策及均衡分析

1. 模型计算

在序贯进入模型中，高质量厂商 H 一般会通过自己的优势地位向市场上

传递自己产品的质量信息；低质量厂商 L 作为跟随者会在高质量厂商 H 给定的质量水平下，根据利润最大化得到对 s_{1h} 的最优反应是

$$s_{2l} = \frac{rs_{1h} + \bar{\theta} - 2}{3r}$$

因此，高质量在位者 H 的利润函数为

$$\pi_{1h} = \frac{1}{9}(s_h - s_l)[\bar{\theta} + 1 - r(s_h + s_l)]^2 \qquad (6.18)$$

求解利润最大化的一阶条件，可以得到高质量在位厂商 H 的最优质量决策 $s_{1h}^* = \frac{2\bar{\theta} - 1}{4r}$，从而低质量跟随厂商 L 的最优质量决策为 $s_{2l}^* = \frac{2\bar{\theta} - 3}{4r}$。

为保证市场完全覆盖，要求

$$\frac{p_l^*}{s_l^*} \leq \bar{\theta} - 1, \quad 且 \quad \bar{\theta} - 1 < \frac{p_h - p_l}{s_h - s_l} \leq \bar{\theta}$$

求得 $\bar{\theta} > \frac{\sqrt{33}}{6} + 1 \approx 1.9574$。

因此，可得到博弈均衡下两厂商的产量、价格和利润分别为

$$D_{1h}^* = \frac{2}{3}, \quad D_{2l}^* = \frac{1}{3}$$

$$p_{1h}^* = \frac{12\bar{\theta}^2 - 12\bar{\theta} + 19}{48r}, \quad p_{2l}^* = \frac{12\bar{\theta}^2 - 36\bar{\theta} + 35}{48r}$$

$$\pi_{1h}^* = \frac{2}{9r}, \quad \pi_{2l}^* = \frac{1}{18r} - f$$

2. 分析比较

（1） $s_{1h}^* - s_h^* = \frac{-3}{8r} < 0$，$s_{2l}^* - s_l^* = \frac{-3}{8r} < 0$。

所以，在位者是高质量企业，跟随者是低质量企业的序贯竞争均衡中，高质量产品和低质量产品的质量水平都有所降低，降低量均为 $\frac{3}{8r}$。

$$s_{1h}^* - s_{2l}^* = \frac{2}{4r} < s_h^* - s_l^* = \frac{3}{4r}$$

此时高质量产品与低质量产品间的质量差异较同时决策时缩小。

（2）$\pi_{2l}^* - \pi_l^* = \dfrac{1}{18r} - \dfrac{3}{16r} = -\dfrac{19}{144r}$。

可见，后进入市场的低质量厂商收益较同时决策时的收益降低 $\dfrac{19}{144r}$，收益降低量与消费者质量偏好无关。

（3）$\pi_{1h}^* - \pi_h^* = \dfrac{2}{9r} - \dfrac{3}{16r} = \dfrac{5}{144r} > 0$，$D_{1h}^* = \dfrac{2}{3} > D_h^* = \dfrac{1}{2}$。

可见，在序贯质量定位模型中，高质量厂商的均衡利润和市场份额要高于其同时在质量定位模型中的利润和市场份额，表明高质量厂商存在抢先进入市场，透露自己质量定位信息的激励。

（4）高质量在位厂商的单位产品收益为

$$p_{1h}^* - rs_{1h}^{*2} = \dfrac{1}{3r}$$

低质量进入者的单位产品收益为

$$p_{2l}^* - rs_{2l}^{*2} = \dfrac{1}{6r}$$

先进入高质量厂商的单位收益大于后进入厂商的单位收益的一倍，体现了先入优势，但都小于同时质量决策时的单位收益 $\dfrac{3}{8r}$。

（5）此决策下的消费者剩余收益为

$$\pi_{s1h} = \int_{\underline{\theta}}^{\frac{p_h - p_l}{s_h - s_l}} (\theta s_l - p_l) \mathrm{d}\theta + \int_{\frac{p_h - p_l}{s_h - s_l}}^{\bar{\theta}} (\theta s_h - p_h) \mathrm{d}\theta \qquad (6.19)$$

其中 $\dfrac{p_h^* - p_l^*}{s_h^* - s_l^*} = \bar{\theta} - \dfrac{2}{3}$。

解方程（6.19）得

$$\pi_{s1h} = \dfrac{36\bar{\theta}^2 - 36\bar{\theta} - 35}{144r}$$

当 $\bar{\theta} = \dfrac{\sqrt{11}}{3} + \dfrac{1}{2} \approx 1.60554$ 时，$\pi_s = 0$。因为全覆盖，要求 $\bar{\theta} \geq 1.60554$，所以消

费者剩余收益为正,且 $\dfrac{\partial \pi_{s1h}}{\partial \bar{\theta}} > 0$,随着消费者偏好的提高而增大。

$$\pi_{s1h} - \pi_s = \frac{36\bar{\theta}^2 - 36\bar{\theta} - 35}{144r} - \frac{16\bar{\theta}^2 - 16\bar{\theta} - 23}{64r} = \frac{67}{576r}$$

消费者收益较同时决策时提高 $\dfrac{67}{576r}$,提高量与消费者质量偏好无关。

(6) 社会总福利为

$$w_{1h} = \pi_{s1h} + \pi_{1h}^* + \pi_{2l}^* = \frac{36\bar{\theta}^2 - 36\bar{\theta} + 5}{144r}$$

由于 $\dfrac{\partial w_{1h}}{\partial \bar{\theta}} > 0$,所以在位者是高质量厂商的社会总福利较同时决策时的社会总福利提高 $\dfrac{11}{576r}$,降低量与消费者质量偏好无关。

(7) $\pi_{1h}^* + \pi_{2l}^* - (\pi_h^* + \pi_l^*) = \dfrac{2}{9r} + \dfrac{1}{18r} - \left(\dfrac{3}{16r} + \dfrac{3}{16r}\right) = -\dfrac{7}{72r}$。

该行业的收益较同时决策时降低 $\dfrac{7}{72r}$,降低量与消费者质量偏好无关。

6.5.2 高质量在位者进入阻止策略分析

高质量在位者的进入、阻止策略分析。

(1) $f < \dfrac{1}{18r}$ 时的容纳进入策略。

厂商 2 作为进入者,需要考虑支付进入所发生的固定成本 f,因此只有在 $\pi_{2l}^* = \dfrac{1}{18r} - f > 0$ 的情况下,厂商 2 才有可能考虑进入,即 $f < \dfrac{1}{18r}$。这时存在容纳进入的情形,此时在位企业 1 的收益为 $\dfrac{2}{9r}$。

(2) $f < \dfrac{1}{18r}$ 时的进入阻止成功策略及收益。

进入厂商 2 是低质量企业,其利润函数为(遵循同时价格决策的模式)

$$\pi_{2l} = \frac{1}{9}(s_{1h} - s_{2l})[2 - \bar{\theta} + r(s_{1h} + s_{2l})]^2 - f \qquad (6.20)$$

将 $s_{2l} = \frac{rs_{1h} + \bar{\theta} - 2}{3r}$ 代入 π_{2l}，得

$$\pi_{2l} = \frac{4(2rs_{1h} - \bar{\theta} + 2)^3}{243r} - f$$

可以求出，当 $\pi_{2l} = 0$ 时的 s_{1h}，即先进入高质量企业阻止低质量企业进入的质量决策，设为 s_{1h}^d，解得 $s_{1h}^d = \frac{3\sqrt[3]{\frac{9rf}{4}} + \bar{\theta} - 2}{2r}$。

特殊地，当 $r = 1$ 时，厂商 1 的质量为

$$s_{1h}^d(r=1) = \frac{\bar{\theta}}{2} - 1 + \frac{3}{2}\left(\frac{9}{4}f\right)^{\frac{1}{3}}$$

其中 s_{1h}^d 表示高质量在位企业 1 阻止低质量企业 2 进入的最高临界质量水平，下标 $1h$ 表示在位企业 1 为高质量情况。因为 $\frac{\partial \pi_{2l}}{\partial s_{1h}} > 0$，所以只要 $s_{1h} < s_{1h}^d$，企业 2 就不会进入。

$$s_{1h}^d - s_{1h}^* = \frac{6\sqrt[3]{\frac{9rf}{4}} - 3}{4r}$$

当 $f = \frac{1}{18r}$ 时，$s_{1h}^d - s_{1h}^* = 0$；当 $f < \frac{1}{18r}$ 时，$s_{1h}^d - s_{1h}^* < 0$；特别地，当进入成本 $f = 0$ 时，$s_{1h}^d = \frac{\bar{\theta} - 2}{2r}$，故 $s_{1h}^d < s_{1h}^*$。

综上所述，有

$$s_{1h}^* = \frac{2\bar{\theta} - 1}{4r} > s_{1h}^d > s_{1h}^d(f=0) = \frac{\bar{\theta} - 2}{2r}$$

可见，对于高质量在位者，进入阻止策略的质量水平低于收益最大化的质量水平，且进入成本越低，厂商 1 的进入阻止质量水平越低。

此时高质量厂商的价格策略为

$$p_{1h}^d = \frac{\frac{19\sqrt[3]{12(fr)^2}}{16} - \bar{\theta} + \frac{3\bar{\theta}\sqrt[3]{18fr}}{4} - \sqrt[3]{18fr} + \frac{\bar{\theta}^2}{4} + 1}{r}$$

则

$$\frac{p_{1h}^d}{s_{1h}^d} = \frac{171\sqrt[3]{12(fr)^2} - 144\bar{\theta} + 108\bar{\theta}\sqrt[3]{18fr} - 144\sqrt[3]{18fr} + 36\bar{\theta}^2 + 144}{72\bar{\theta} + 108\sqrt[3]{18fr} - 144} < \bar{\theta} - 1$$

故市场全覆盖。此时高质量在位厂商的收益为

$$\pi_{1h}^{d1} = p_{1h}^d - rs_{1h}^{d2} = \frac{\sqrt[3]{fr}(\sqrt[3]{18} - \sqrt[3]{12fr})}{2r}$$

当 $0 < f < \frac{0.008874}{r}$ 时，$\pi_{1h}^{d1} < \pi_{1h}^*$，采取进入阻止策略时收益降低；当 $\frac{0.008874}{r} < f < \frac{1}{18r}$ 时，$\pi_{1h}^{d1} > \pi_{1h}^*$，采取进入阻止策略时收益增加。

（3）进入阻止策略下，低质量厂商强行进入的策略分析。

一般地，先进入高质量厂商 1 采取进入阻止策略时，

$$s_{1h}^d = \frac{3\sqrt[3]{\frac{9rf}{4}} + \bar{\theta} - 2}{2r}$$

若厂商 2 进入，采取的质量策略为

$$s_{2l} = \frac{rs_{1h} + \bar{\theta} - 2}{3r} = \frac{\sqrt[3]{18fr} + 2\bar{\theta} - 4}{4r}$$

则在位厂商 1 的收益为

$$\pi_{1h}^{ld} = \frac{\sqrt[3]{\frac{9rf}{4}}\left(2\sqrt[3]{\frac{9rf}{4}} - 3\right)^2}{9r}$$

将 π_{1h}^{ld} 对 f 求偏导得 $\frac{\partial \pi_{1h}^{ld}}{\partial f} > 0$，所以 f 越小，采取进入阻止策略获得的收益越小；f 越大，采取进入阻止策略获得的收益越大。由于 $\pi_{1h}^{ld} - \pi_{1h}^* < 0$，采

取进入阻止策略时，若厂商 2 进入，那么高质量先进入厂商的收益将降低。特别地，当 $f=0$ 时，$\pi_{1h}^{ld}(f=0)=0$，可以达到市场全覆盖。

6.5.3 高质量在位者进入阻止、垄断策略下的消费者剩余分析

（1）高质量在位厂商 1 采取进入阻止策略（阻止成功）。

此时，因为市场全覆盖，故消费者剩余为

$$\pi_{s1h}^d = \int_{\bar{\theta}-1}^{\bar{\theta}} (\theta s_{1h}^d - p_{1h}^d) \mathrm{d}\theta \qquad (6.21)$$

其中 $s_{1h}^d = \dfrac{3\sqrt[3]{\dfrac{9rf}{4}} + \bar{\theta} - 2}{2r}$。

解得 $\pi_{s1h}^{d1} < \pi_{s1h}$。特殊地，当进入成本分别为 $f=0, \dfrac{1}{18r}$ 时，

$$\pi_{s1h}^{d1}(f=0) = \dfrac{\bar{\theta}^2 - \bar{\theta} - 2}{4r}$$

$$\pi_{s1h}^{d1}\left(f=\dfrac{1}{18r}\right) = \dfrac{24\bar{\theta}^2 - 16\bar{\theta} - 30}{144r}$$

则

$$\pi_{s1h}^{d1}(f=0) - \pi_{s1h} = -\dfrac{37}{144r} < 0$$

$$\pi_{s1h}^{d1}\left(f=\dfrac{1}{18r}\right) - \pi_{s1h} = \dfrac{-12\bar{\theta}^2 + 20\bar{\theta} + 5}{144r} < 0$$

可见，高质量在位厂商 1 采取进入阻止策略成功时，消费者的收益降低了。

（2）高质量在位厂商 1 采取进入阻止策略（阻止未成功）。

此时，消费者剩余为

$$\pi_s = \int_{\underline{\theta}}^{\frac{p_h - p_l}{s_h - s_l}} (\theta s_l - p_l) \mathrm{d}\theta + \int_{\frac{p_h - p_l}{s_h - s_l}}^{\bar{\theta}} (\theta s_h - p_h) \mathrm{d}\theta \qquad (6.22)$$

解得 $\pi_{s1h}^{d2} > \pi_{s1h}$，因此，消费者收益提高。

6.6 在位者是低质量企业的质量决策、进入阻止策略及收益分析

6.6.1 在位者是低质量企业的质量决策

1. 模型计算

当在位厂商 1 是低质量企业，进入厂商 2 选择以高质量进入。厂商 1 第一阶段的选择决策是

$$\max_{s_{1l}} \pi_{1l} = \frac{1}{9}(s_{2h} - s_{1l})[(2-\bar{\theta}) + r(s_{2h} + s_{1l})]^2 \quad (6.23)$$

其中 $s_{2h} = \dfrac{rs_{1l} + \bar{\theta} + 1}{3r}$。

此时，解得两厂商的质量分别为

$$s_{1l}^* = \frac{2\bar{\theta}-1}{4r}, \quad s_{2h}^* = \frac{2\bar{\theta}+1}{4r}$$

两厂商的市场占有率分别为

$$D_{2h} = \frac{1}{3}, \quad D_{1l} = \frac{2}{3}$$

两厂商的产品售价分别为

$$p_{1l} = \frac{12\bar{\theta}^2 - 12\bar{\theta} + 19}{48r}, \quad p_{2h} = \frac{12\bar{\theta}^2 + 12\bar{\theta} + 11}{48r}$$

两厂商的收益分别为

$$\pi_{1l}^* = \frac{2}{9r}, \quad \pi_{2h}^* = \frac{1}{18r} - f$$

此时，为保证市场全覆盖，要求

$$\frac{p_{1l}^*}{s_{1l}^*} \leqslant \bar{\theta} - 1, \quad \frac{p_{2h}^* - p_{1l}^*}{s_{2h}^* - s_{1l}^*} \leqslant \bar{\theta}$$

解得 $\bar{\theta} \geqslant \dfrac{\sqrt{57}}{6} + 1 \approx 2.2583$。

2. 分析比较

（1）$s_{1l}^* - s_{2l}^* = \dfrac{2}{4r} > 0$, $s_{2h}^* - s_{1h}^* = \dfrac{2}{4r} > 0$。

所以，在位者是低质量厂商，进入者是高质量厂商的竞争均衡中，低质量产品和高质量产品的质量水平都提高 $\dfrac{2}{4r}$。

（2）$s_{1l}^* - s_{2h}^* = s_{2l}^* - s_{1h}^* = \dfrac{-2}{4r}$。

不管在位者是高质量厂商还是低质量厂商，序贯竞争均衡中，高质量产品与低质量产品的差距都是 $\dfrac{2}{4r}$。

（3）$s_{1l}^* = s_{1h}^* = \dfrac{2\bar{\theta}-1}{4r}$, $p_{1l}^* = p_{1h}^* = \dfrac{12\bar{\theta}^2 - 12\bar{\theta} + 19}{48r}$, $D_{1l} = D_{1h} = \dfrac{2}{3}$, $\pi_{1l}^* = \pi_{1h}^* = \dfrac{2}{9r}$。

在位者不管采取高质量竞争策略还是低质量竞争策略，其质量水平都保持 $\dfrac{2\bar{\theta}-1}{4r}$ 不变，市场占有率保持 $\dfrac{2}{3}$ 不变，产品价格也保持不变。

（4）$p_{2h} - p_{1l} = p_{1h} - p_{2l} = \dfrac{3\bar{\theta}-1}{6r}$。

高质量产品与低质量产品的价格差都是 $\dfrac{3\bar{\theta}-1}{6r}$。

（5）$\pi_{1l}^* = \pi_{1h}^*$, $\pi_{2l}^* = \pi_{2h}^*$。

对于在位者而言，低质量策略和高质量策略的收益是相同的；对于后进入的企业，收益也是相同的。

（6）此时低质量在位者产品的单位收益为

$$p_{1l}^* - rs_{1l}^{*2} = \dfrac{1}{3r} = p_{1h}^* - rs_{1h}^{*2} < \dfrac{3}{8r}$$

后进入厂商 2 的单位收益为

$$p_{2h}^* - rs_{2h}^{*2} = \dfrac{1}{6r} = p_{2l}^* - rs_{2l}^{*2} < \dfrac{3}{8r}$$

在位者的单位单品收益大于后进入者，但小于同时决策时的单位收益。

因此，对于先进入厂商 1 而言，不管采取高质量策略还是低质量策略，产品质量水平、售价、市场份额都相同。后进入厂商依据自身技术水平和产业发展趋势决定采取高质量策略还是低质量策略。后进入厂商不管采取高质量策略还是低质量策略，市场份额和单位产品利润都相同。

（7）消费者剩余收益为

$$\pi_{sll} = \int_{\underline{\theta}}^{\frac{p_h - p_l}{s_h - s_l}} (\theta s_l - p_l) d\theta + \int_{\frac{p_h - p_l}{s_h - s_l}}^{\overline{\theta}} (\theta s_h - p_h) d\theta \qquad (6.24)$$

其中 $\dfrac{p_{2h}^* - p_{1l}^*}{s_{2h}^* - s_{1l}^*} = \overline{\theta} - \dfrac{1}{3}$。

解方程（6.24）得

$$\pi_{sll} = \frac{36\overline{\theta}^2 - 36\overline{\theta} - 35}{144r}$$

当 $\overline{\theta} = \dfrac{\sqrt{11}}{3} + \dfrac{1}{2} \approx 1.606$ 时，$\pi_{sll} = 0$。因为全覆盖，要求 $\overline{\theta} \geq 2.2583$，所以消费者剩余收益为正，而且随着消费者偏好的提高而增大。

$$\pi_{s1h} - \pi_{sll} = \frac{36\overline{\theta}^2 - 36\overline{\theta} - 35}{144r} - \frac{36\overline{\theta}^2 - 36\overline{\theta} - 35}{144r} = 0$$

不管在位者是高质量厂商，还是低质量企业，消费者收益不变。

（8）社会总福利为

$$w_{1l} = \pi_{sll} + \pi_{2h}^* + \pi_{1l}^* = \frac{12\overline{\theta}^2 - 12\overline{\theta} + 1}{48r} = w_{1h}$$

不管在位者是高质量厂商，还是低质量厂商，社会总福利不变。

（9）$\pi_{1l}^* + \pi_{2h}^* - (\pi_{1h}^* + \pi_{2l}^*) = 0$。

序贯决策下行业的总体收益相同。

6.6.2 低质量在位者进入阻止策略分析

低质量在位者的进入、阻止策略分析。

(1) $f < \dfrac{1}{18r}$ 时的容纳进入策略。

由上分析可知,当 $\pi_{2h} = \dfrac{1}{18r} - f > 0$ 时,厂商 2 在第二阶段就会进入,即存在低固定进入成本 $f < \dfrac{1}{18r}$,也即存在容纳进入的情形。此时在位厂商 1 的收益为 $\dfrac{2}{9r}$。

(2) $f < \dfrac{1}{18r}$ 时的进入阻止策略(阻止成功)。

当厂商 2 进入市场时,厂商 2 的利润函数为

$$\pi_{2h} = \frac{1}{9}(s_{2h} - s_{1l})[(1+\overline{\theta}) - r(s_{2h} + s_{1l})]^2 - f$$

将 $s_{2h} = \dfrac{rs_{1l} + \overline{\theta} + 1}{3r}$ 代入,可得

$$\pi_{2h} = \frac{4(\overline{\theta} + 1 - 2rs_{1l})^3}{243r} - f$$

将该式对 s_{1l} 求导有

$$\frac{\partial \pi_{2h}}{\partial s_{1l}} = -\frac{8(\overline{\theta} + 1 - 2rs_{1l})^2}{81} < 0$$

可以求出,当 $\pi_{2h} = 0$ 时的 s_{1l},就是先进入低质量企业阻止高质量企业进入时的质量决策,设为 s_{1l}^d。设当 $s_{1l} = s_{1l}^d$ 时,

$$\pi_{2h} = \frac{4(\overline{\theta} + 1 - 2rs_{1l})^3}{243r} - f = 0$$

解得

$$s_{1l}^d = \frac{\overline{\theta} + 1 - 3\sqrt[3]{\dfrac{9}{4}fr}}{2r} \geqslant s_{1l}^* = \frac{2\overline{\theta} - 1}{4r}$$

特殊地,当 $r = 1$ 时,企业 1 的质量为

$$s_{1l}^d(r=1) = \frac{\overline{\theta} + 1 - 3\sqrt[3]{\dfrac{9}{4}f}}{2}$$

其中 s_{1l}^d 表示低质量在位企业 1 阻止高质量企业 2 进入的最低临界质量水平，下标 $1l$ 表示在位企业 1 为低质量情况。因为 $\dfrac{\partial \pi_{2h}}{\partial s_{1l}} < 0$，所以只要 $s_{1l} > s_{1l}^d$，企业 2 就不会进入。可见，进入阻止策略的质量水平高于收益最大化的质量水平，且进入成本越低，厂商 1 的进入阻止质量水平越高。

低质量厂商 1 的价格策略为

$$p_{1l}^d = \frac{2\bar{\theta} - 3\bar{\theta}\sqrt[3]{fr} - \sqrt[3]{18fr} + \bar{\theta}^2 + 1}{4r} + \frac{19\sqrt[3]{(18fr)^2}}{48r}$$

则

$$\frac{p_{1l}^d}{s_{1l}^d} = \frac{72\bar{\theta} + 171\sqrt[3]{12(fr)^2} - 108\bar{\theta}\sqrt[3]{18fr} - 36\sqrt[3]{18fr} + 36\bar{\theta}^2 + 36}{72\bar{\theta} - 108\sqrt[3]{18fr} + 72} < \bar{\theta} - 1$$

故市场全覆盖。此时低质量在位者采取进入阻止策略的收益为

$$\pi_{1l}^{d1} = \frac{\sqrt[3]{18fr} - \sqrt[3]{12(fr)^2}}{2r}$$

当 $\dfrac{0.008874}{r} < f < \dfrac{1}{18r}$ 时，$\pi_{1l}^{d1} > \pi_{1l}^*$，低质量在位厂商采取进入阻止策略收益增加；当 $0 \leq f < \dfrac{0.008874}{r}$ 时，$\pi_{1l}^{d1} < \pi_{1l}^*$，低质量在位厂商采取进入阻止策略收益降低。

（3）进入阻止策略下，高质量厂商强行进入的策略分析。

一般地，先进入低质量厂商 1 采取进入阻止策略时，

$$s_{1l}^d = \frac{\bar{\theta} + 1 - 3\sqrt[3]{\dfrac{9}{4}fr}}{2r}$$

若厂商 2 仍强行进入该市场，采取质量策略

$$s_{2h} = \frac{rs_{1l} + \bar{\theta} + 1}{3r} = \frac{2\bar{\theta} + 2 - \sqrt[3]{18fr}}{4r}$$

则在位厂商 1 的收益为

$$\pi_{1l}^{d2} = \frac{\sqrt[3]{\dfrac{9}{4}fr}\left(2\sqrt[3]{\dfrac{9}{4}fr} - 3\right)^2}{9r}$$

将 π_{1l}^{d2} 对 f 求偏导得

$$\frac{\partial \pi_{1l}^{d2}}{\partial f} = \frac{\sqrt[3]{18}}{6\sqrt[3]{(fr)^2}} - \frac{2\sqrt[3]{12}}{3\sqrt[3]{fr}} + 1$$

当 $0 \leqslant f < \frac{1}{18r}$ 时，$\frac{\partial \pi_{1l}^{d2}}{\partial f} > 0$，$\pi_{1l}^{d2} < \pi_{1l}^*$；当 $f = \frac{1}{18r}$ 时，$\frac{\partial \pi_{1l}^{d2}}{\partial f} = 0$，$\pi_{1l}^{d2} = \pi_{1l}^*$。

因此，低质量在位者采取进入阻止策略，而高质量厂商仍强行进入时，低质量在位者的收益降低，但随着进入成本 f 的增加而提高。

6.6.3 低质量在位者进入阻止策略下的消费者剩余分析

（1）低质量在位厂商 1 采取进入阻止策略（阻止成功）。

此时，消费者剩余为

$$\pi_{s1l}^{d1} = \int_{\bar{\theta}-1}^{\bar{\theta}} (\theta s_{1l}^d - p_{1l}^d) \mathrm{d}\theta \tag{6.25}$$

解得 $\pi_{s1l}^{d1} < \pi_{s1l}$。所以低质量在位者采取进入阻止策略时，消费者收益降低，且进入成本 f 越低，消费者收益越低。

（2）低质量在位厂商 1 采取进入阻止策略（阻止未成功）。

此时，消费者剩余为

$$\pi_{s1l}^{d2} = \int_{\underline{\theta}}^{\frac{p_h - p_l}{s_h - s_l}} (\theta s_l - p_l) \mathrm{d}\theta + \int_{\frac{p_h - p_l}{s_h - s_l}}^{\bar{\theta}} (\theta s_h - p_h) \mathrm{d}\theta \tag{6.26}$$

解得 $\pi_{s1l}^{d2} > \pi_{s1l}$，消费者收益提高。

6.7 政府以消费者收益最大化规制最低质量

质量规制不仅是关系国民经济持续、快速、健康发展的重要问题，同时也是我国建设和谐社会必须面对的现实问题。在现实中，产品质量的形成过程既是消费者、生产者和规制者三个利益集团博弈的过程，也是一个经济过程、政治过程。在消费者、生产者和规制者对产品质量、质量规制政策产生直接影响的同时，规制政策也在影响着各个利益集团的行为和效应。

最低质量标准概念在愈来愈多的行业中使用。在这些行业中，消费者愿意为获得更高的服务或质量而付出更高的价格。这一标准的实行主要是为了能让消费者获得更高的安全和服务，通过降低价格与质量之间的比率来提高社会公共福利，也有助于敦促生产厂商保障和提高产品的质量。社会发展的不同阶段，政府会采取各项措施，保护某些群体的利益。本节假设政府通过制定能够实现消费者收益最大化的最低质量标准规制下，探讨高质量在位者、低质量在位者的质量决策和进入阻止策略。

6.7.1 高质量在位者质量决策和收益分析

1. 模型计算

假设政府选择为了最大化消费者的最低质量标准，在位者是高质量产品企业时，受政府选择最低质量标准的约束，后进的低质量企业的产品质量水平须等于或高于该质量约束，即在政府设立最低质量标准时，需考虑在位者的最优反应。若最低质量标准规定得高，则低质量企业按照规定质量生产；若最低质量标准规定得低，则低质量企业按照自身最优质量生产。

将 $s_{1h} = \dfrac{rs_{2l} + \bar{\theta} + 1}{3r}$ 代入 6.3 节中得出的 D_h, D_l, p_h^*, p_l^*，得

$$p_{1h} = \frac{11r^2 s_{2l}^2 - 2rs_{2l}\bar{\theta} - 2rs_{2l} + 5\bar{\theta}^2 + 10\bar{\theta} + 5}{27r}$$

$$p_{2l} = \frac{19r^2 s_{2l}^2 + 8rs_{2l}\bar{\theta} - 10rs_{2l} - 2\bar{\theta}^2 + 5\bar{\theta} + 7}{27r}$$

$$\frac{p_{1h} - p_{2l}}{s_{1h} - s_{2l}} = \frac{7\bar{\theta} + 4rs_{2l} - 2}{9}$$

政府选择为了最大化消费者的最低质量标准，决策为

$$\max_{s_{2l}} \pi_{s1h} = \int_{\underline{\theta}}^{\frac{p_h - p_l}{s_h - s_l}} (\theta s_{2l} - p_{2l}) \mathrm{d}\theta + \int_{\frac{p_h - p_l}{s_h - s_l}}^{\bar{\theta}} (\theta s_{1h} - p_{1h}) \mathrm{d}\theta \quad (6.27)$$

解得

$$\pi_{s1h}^{slg} = \frac{32r^3 s_{2l}^3 - 48r^2 s_{2l}^2 \bar{\theta} + 294r^2 s_{2l}^2 + 24rs_{2l}\bar{\theta}^2 - 2948rs_{2l}\bar{\theta} + 87rs_{2l} - 4\bar{\theta}^3 - 48\bar{\theta}^2 + 78\bar{\theta} + 122}{486r}$$

$$(6.28)$$

将上式最大化，有 $\dfrac{\partial \pi_{s1h}^{slg}}{\partial s_{2l}} = 0$。解得政府选择为了最大化消费者的最低质量标准：

$$s_{2ls}^{slg*} = \dfrac{8\overline{\theta} + 3\sqrt{241} - 49}{16r}$$

因此，高质量在位厂商的质量决策为

$$s_{1hs}^{slg*} = \dfrac{8\overline{\theta} + \sqrt{241} - 11}{16r}$$

相应地，高、低质量水平的价格分别为

$$p_{1hs}^{slg*} = \dfrac{96\overline{\theta}^2 + 24\sqrt{241}\,\overline{\theta} - 264\overline{\theta} - 185\sqrt{241} + 2951}{384r}$$

$$p_{2ls}^{slg*} = \dfrac{96\overline{\theta}^2 + 72\sqrt{241}\,\overline{\theta} - 1176\overline{\theta} - 337\sqrt{241} + 5359}{384r}$$

高、低质量水平的厂商收益分别为

$$\pi_{1hs}^{slg*} = -\dfrac{331\sqrt{241} - 5149}{288r}, \quad \pi_{2ls}^{slg*} = \dfrac{2221 - 139\sqrt{241}}{288r} - f$$

消费者收益为

$$\pi_{s1h}^{slg} = \dfrac{\overline{\theta}^2 - \overline{\theta}}{4r} + \dfrac{241\sqrt{241} - 4015}{288 \cdot 4r}$$

此时，市场全覆盖的条件为

$$\dfrac{p_{2l}^{lg*}}{s_{2l}^{lg*}} \leqslant \overline{\theta} - 1, \quad \dfrac{p_{1h}^{g*} - p_{2l}^{lg*}}{s_{1h}^{g*} - s_{2l}^{lg*}} \leqslant \overline{\theta}$$

解得 $\overline{\theta} \geqslant 1 + \dfrac{\sqrt{6 \times (4276 - 265\sqrt{241})}}{24} \approx 2.2994$。

2. 分析比较

（1）当政府以消费者收益最大化制定最低质量标准时，最低质量

$$s_{2ls}^{slg*} = \frac{8\bar{\theta} + 3\sqrt{241} - 49}{16r} \approx \frac{8\bar{\theta} - 2.427476}{16r} > s_{2l}^* = \frac{2\bar{\theta} - 3}{4r}$$

此时高质量在位厂商 1 相应的高质量策略为

$$s_{1hs}^{slg*} = \frac{8\bar{\theta} + \sqrt{241} - 11}{16r} \approx \frac{8\bar{\theta} + 4.524175}{16r} > s_{1h}^* = \frac{2\bar{\theta} - 1}{4r}$$

低质量进入者的质量策略为

$$s_{2ls}^{slg*} = \frac{8\bar{\theta} + 3\sqrt{241} - 49}{16r}$$

可见，政府规制的最低质量标准影响了企业质量的选择，提高了低质量和高质量企业的质量水平，有利于提高整体质量水平。规制后，竞争市场产品的均衡质量水平大于规制前的平均质量水平，并且与消费者质量偏好上限正相关。

（2）$s_{1hs}^{slg*} - s_{2ls}^{slg*} = \frac{19 - \sqrt{241}}{8r} \approx \frac{3.47583}{8r} < s_{1h}^* - s_{2l}^*$。

高低质量产品间的差异缩小了，最低质量标准规制将使产品纵向差异化的市场转变为同质产品市场，从而增加了两产品间的价格竞争。

（3）高质量在位厂商的市场份额为

$$D_{1hs}^{slg*} = \bar{\theta} - \frac{p_{1hs}^{slg*} - p_{2ls}^{slg*}}{s_{1hs}^{slg*} - s_{2ls}^{slg*}} = \frac{\sqrt{241} - 19}{12} \approx 0.2897 < \frac{1}{2}$$

高质量厂商的市场份额降低了；而低质量进入者的市场份额为

$$D_{2ls}^{slg*} \approx 0.7103$$

低质量厂商的市场份额提高了。

（4）消费者收益为

$$\pi_{s1h}^{slg} = \frac{\bar{\theta}^2 - \bar{\theta}}{4r} + \frac{241\sqrt{241} - 4015}{288 \times 4r}$$

故 $\pi_{s1h}^{slg} - \pi_{s1h} \approx \frac{0.0055}{r}$，消费者收益提高了约 $\frac{0.0055}{r}$。

（5）高质量在位厂商 1 的收益为

$$\pi_{1hs}^{slg*} = -\frac{331\sqrt{241}-5149}{288r} \approx \frac{0.036452}{r} \leq \pi_{1h}^* = \frac{2}{9r}$$

高质量在位厂商 1 的收益降低了。

（6）低质量跟随者的收益为

$$\pi_{2ls}^{slg*} = \frac{2221-139\sqrt{241}}{288r} - f \approx \frac{63.13972}{288r} - f > s_{2l}^* = \frac{1}{18r} - f$$

低质量跟随者的收益提高了。

（7）社会总体福利为

$$w_{1h}^{slg} = \pi_{2ls}^{slg*} + \pi_{1hs}^{slg*} + \pi_{1hs}^{slg*} = \frac{\overline{\theta}^2 - \overline{\theta}}{4r} + \frac{25465-1639\sqrt{241}}{288 \times 4r}$$

故 $w_{1hs}^{slg} - w_{1h} \approx -\frac{0.0166}{r}$。这时，虽然提高了消费者 $\frac{0.0055}{r}$ 的收益，但社会整体福利却降低了 $\frac{0.0166}{r}$。

6.7.2 高质量在位者的进入阻止策略分析

（1） $f < \frac{63.13972}{288r}$ 时的容纳进入策略。

由上分析，当低质量跟随者的收益为 $\pi_{2ls}^{slg*} = \frac{63.13972}{288r} - f > 0$ 时，低质量跟随者在第二阶段就会进入，即存在固定进入成本 $f < \frac{63.13972}{288r}$，也即存在容纳进入的情形。此时高质量在位厂商 1 的收益为 $\frac{0.036452}{r}$。

（2） $0 \leq f \leq \frac{63.13972}{288r}$ 时的进入阻止策略。

先进入高质量厂商阻止低质量厂商进入的质量决策，设为 s_{1hs}^{slgd}。低质量跟随者的质量决策为最低质量，为 $s_{2ls}^{slg*} = \frac{8\overline{\theta}+3\sqrt{241}-49}{16r}$，则其利润函数为（遵循同时价格决策的模式）

$$\pi_{2l} = \frac{1}{9}(s_{1hs}^{slgd} - s_{2ls}^{slg*})[2 - \overline{\theta} + r(s_{1hs}^{slgd} + s_{2ls}^{slg*})]^2 - f$$

可以求出，当 $\pi_{2l} = 0$ 时的 s_{1hs}^{slgd*}，就是先进入高质量厂商阻止低质量厂商进入的最大临界质量。由于解得的算式特别复杂，特殊地，

$$s_{1hs}^{slgd}(f=0) = s_{2ls}^{slg*}, \quad s_{1hs}^{slgd}(f = \frac{63.13972}{288r}) = \frac{8\overline{\theta} + \sqrt{241} - 11}{16r}$$

可见，对于高质量在位者，进入阻止策略的质量水平低于收益最大化时的质量水平，且进入成本越低，厂商 1 的进入阻止质量水平越低。

6.7.3 低质量在位者质量决策和收益分析

1. 模型计算

如果在位者是低质量产品厂商，这相当于规制者在质量选择阶段是领导者，若在位者以低质量水平进入，则无先发优势了。若在位者为低质量厂商，政府以消费者收益最大化为目标，规制最低质量 π_{1ls}^{slg*}；若 $\pi_{1ls}^{slg*} \geq s_{1l}^{*}$，则低质量在位厂商需按 π_{1ls}^{slg*} 质量要求生产；若 $\pi_{1ls}^{slg*} < s_{1l}^{*}$，则低质量在位厂商将按 s_{1l}^{*} 质量要求生产。

政府选择为了最大化消费者的最低质量标准，决策为

$$\max_{s_{1l}} \pi_{s1l} = \int_{\underline{\theta}}^{\frac{p_{2h} - p_{1l}}{s_{2h} - s_{1l}}} (\theta s_{1l} - p_{1l}) d\theta + \int_{\frac{p_{2h} - p_{1l}}{s_{2h} - s_{1l}}}^{\overline{\theta}} (\theta s_{2h} - p_{2h}) d\theta \quad (6.29)$$

由 6.7.1 节可知

$$p_h = \frac{1}{3}[r(2s_h^2 + s_l^2) + (\overline{\theta} + 1)(s_h - s_l)], \quad p_l = \frac{1}{3}[r(s_h^2 + 2s_l^2) + (2 - \overline{\theta})(s_h - s_l)]$$

$$s_{2h} = \frac{rs_{1l} + \overline{\theta} + 1}{3r}$$

则由 $\frac{\partial \pi_{s1l}^{slg}}{\partial s_{1l}} = 0$ 可得，当政府以消费者收益最大化，制定最低质量标准时，最低质量

$$s_{s1l}^{slg*} = \frac{8\overline{\theta} + 3\sqrt{241} - 49}{16r} = s_{2ls}^{slg*} > s_{1l}^{*} = \frac{2\overline{\theta} - 1}{4r}$$

继而可得后进入高质量者的质量水平

$$s_{s2h}^{slg*} = \frac{8\overline{\theta} + \sqrt{241} - 11}{16r} = s_{1hs}^{slg*} > s_{2h}^{*} = \frac{2\overline{\theta} + 1}{4r}$$

2. 分析比较

（1）$s_{s2h}^{slg*} - s_{s1l}^{slg*} = \frac{19 - \sqrt{241}}{8r} = s_{1hs}^{slg*} - s_{2ls}^{slg*} < s_{1h}^{*} - s_{2l}^{*}$。

不管在位者是高质量厂商，还是低质量厂商，当政府以消费者收益最大化制定最低质量标准时，高质量企业选择的高质量水平一致，低质量厂商选择的低质量水平一致，这些与进入的先后顺序无关。

（2）低质量在位者的价格为

$$p_{s1l}^{slg*} = \frac{72\sqrt{241}\overline{\theta} - 1176\overline{\theta} - 337\sqrt{241} + 96\overline{\theta}^2 + 5359}{384r} = p_{2ls}^{slg*}$$

高质量后进入者的价格为

$$p_{s2h}^{slg*} = \frac{24\sqrt{241}\overline{\theta} - 264\overline{\theta} - 185\sqrt{241} + 96\overline{\theta}^2 + 2951}{384r} = p_{1hs}^{slg*}$$

低质量在位者的市场份额为

$$\frac{p_{s2h}^{slg*} - p_{s1l}^{slg*}}{s_{s2h}^{slg*} - s_{s1l}^{slg*}} - \overline{\theta} + 1 = \frac{\sqrt{241} - 7}{12} \approx 0.7103 = D_{2ls}^{slg*}$$

不管在位者是高质量企业，还是低质量企业，当政府以消费者收益最大化制定最低质量标准时，高质量企业选择的价格水平、市场份额一致，低质量企业选择的价格水平、市场份额一致，这些与进入的先后顺序无关。

（3）先进入低质量厂商的收益为

$$\pi_{s1l}^{slg*} = \frac{2221 - 139\sqrt{241}}{288r} = \frac{63.13972}{288r} \approx \frac{0.21875}{r}$$

后进入高质量厂商的收益为

$$\pi_{s2h}^{slg*} = -\frac{331\sqrt{241} - 5149}{288r} - f \approx \frac{0.036452}{r} - f$$

（4）消费者收益为

$$\pi_{s1l}^{slg} = \frac{\overline{\theta}^2 - \overline{\theta}}{4r} + \frac{241\sqrt{241} - 4015}{288 \times 4r} = \pi_{s1h}^{slg*}$$

社会总体福利为

$$w_{1l}^{slg} = \frac{25465 - 1639\sqrt{241}}{288 \times 4r} = w_{1hs}^{slg}$$

当政府规制最低质量时，不管在位者是高质量企业还是低质量企业，消费者收益、社会总体福利都不变。

6.7.4 低质量在位者的进入阻止策略分析

（1）$f < \frac{0.036452}{r}$ 时的容纳进入策略。

由上分析，当高质量跟随者的收益为 $\pi_{2ls}^{slg*} = \frac{0.036452}{r} - f > 0$ 时，高质量跟随者在第二阶段就会进入，即存在固定进入成本 $f < \frac{0.036452}{r}$，也即存在容纳进入的情形。高质量跟随者获得的收益为 $\frac{0.036452}{r} - f$，此时低质量在位企业 1 的收益为 $\frac{63.13972}{288r}$。

（2）$f < \frac{0.036452}{r}$ 时的进入阻止策略（阻止成功）。

由 6.6.2 节可得 $s_{1l}^d = \frac{\overline{\theta} + 1 - 3\sqrt[3]{\frac{9}{4}fr}}{2r}$。因为有最低质量规制，则有

$$s_{1l}^d = \frac{\overline{\theta} + 1 - 3\sqrt[3]{\frac{9}{4}fr}}{2r} \geq s_{s1l}^{slg*} = \frac{8\overline{\theta} + 3\sqrt{241} - 49}{16r}$$

解得 $f < \frac{0.036452}{r}$。

因为 $\frac{\partial \pi_{2h}}{\partial s_{1l}} < 0$，所以只要 $s_{1l} > s_{1l}^d$，企业 2 就不会进入。可见，进入阻止策

略的质量水平高于收益最大化时的质量水平，且进入成本越低，厂商 1 的进入阻止质量水平越高。

低质量厂商 1 的价格策略为

$$p_{1l}^d = \frac{2\bar{\theta} - 3\bar{\theta}\sqrt[3]{fr} - \sqrt[3]{18fr} + \bar{\theta}^2 + 1}{4r} + \frac{19\sqrt[3]{(18fr)^2}}{48r}$$

则

$$\frac{p_{1l}^d}{s_{1l}^d} = \frac{72\bar{\theta} + 171\sqrt[3]{12(fr)^2} - 108\bar{\theta}\sqrt[3]{18fr} - 36\sqrt[3]{18fr} + 36\bar{\theta}^2 + 36}{72\bar{\theta} - 108\sqrt[3]{18fr} + 72} < \bar{\theta} - 1$$

故市场全覆盖。此时低质量在位者采取进入阻止策略的收益为

$$\pi_{1l}^{d1} = \frac{\sqrt[3]{18fr} - \sqrt[3]{12(fr)^2}}{2r}$$

当 $\frac{0.00835334}{r} < f < \frac{0.036452}{r}$ 时，$\pi_{1l}^{d1} > \pi_{s1l}^{slg*}$，低质量在位厂商采取进入阻止策略收益增加；

当 $0 \leqslant f < \frac{0.00835334}{r}$ 时，$\pi_{1l}^{d1} < \pi_{s1l}^{slg*}$，低质量在位厂商采取进入阻止策略收益降低。

（3）进入阻止策略下，高质量厂商强行进入策略分析。

由 6.6.2 节分析可得，低质量在位者采取进入阻止策略，而高质量厂商仍强行进入时，低质量在位者的收益降低，但随着进入成本 f 的增加而提高。

6.8 政府以社会福利最大化规制最低质量

本节假设政府通过制定能够实现社会福利最大化目标规制最低质量标准。

假设政府以最大化社会福利选择最低质量标准，在位者是高质量产品企业时，受政府选择最低质量标准的约束，后进入的低质量企业的质量水平须等于或高于该质量约束，即在政府设立最低质量标准时，考虑了在位者的最优反应。若最低质量标准规定得高，则低质量企业按照规定质量生产；若最

低质量标准规定得低，则低质量企业按照自身最优质量生产。

6.8.1 高质量在位者质量决策、收益、进入阻止分析

1. 模型计算

政府选择为了最大化社会福利的最低质量标准，决策为

$$\max_{s_{2l}} \pi_{w1h} = \int_{\underline{\theta}}^{\frac{p_h-p_l}{s_h-s_l}} (\theta s_{2l} - p_{2l})\mathrm{d}\theta + \int_{\frac{p_h-p_l}{s_h-s_l}}^{\overline{\theta}} (\theta s_{1h} - p_{1h})\mathrm{d}\theta + \pi_{1h} + \pi_{2l} \quad (6.30)$$

由 6.7.1 节可知，序贯质量决策下，

$$p_h = \frac{1}{3}[r(s_l^2 + 2s_h^2) + (1+\overline{\theta})(s_h - s_l)], \quad p_l = \frac{1}{3}[r(2s_l^2 + s_h^2) + (2-\overline{\theta})(s_h - s_l)]$$

则两厂商的产品需求分别为

$$D_h = \frac{1}{3}[\overline{\theta} + 1 - r(s_h + s_l)], \quad D_l = \frac{1}{3}[2 - \overline{\theta} + r(s_h + s_l)]$$

质量反应函数为

$$s_{1h} = \frac{rs_{2l} + \overline{\theta} + 1}{3r}$$

高质量在位者的收益为

$$\pi_{1h} = \frac{1}{9}(s_{1h} - s_{2l})[(1+\overline{\theta}) - r(s_{1h} + s_{2l})]^2$$

低质量跟随者的收益为

$$\pi_{2l} = \frac{1}{9}(s_h - s_l)[2 - \overline{\theta} + r(s_h + s_l)]^2$$

由 $\frac{\partial \pi_{w1h}}{\partial s_{1l}} = 0$ 可得，当政府以社会福利最大化制定最低质量标准时，最低质量

$$s_{w2l}^{wlg*} = \frac{40\overline{\theta} + 3\sqrt{145} - 65}{80r} < s_{s21}^{slg*}, \quad \text{但} \quad s_{w2l}^{wlg*} > s_{2l}^{*}$$

继而可得，先进入高质量者的质量水平为

$$s_{w1h}^{wlg*} = \frac{40\bar{\theta} + \sqrt{145} + 5}{80r} < s_{1hs}^{slg*}, \quad \text{但} \quad s_{w1h}^{wlg*} > s_{1h}^{*}$$

可见，以不同目的规制的最低质量标准也不同，从而影响了企业的质量选择水平。

为保证市场全覆盖，要求

$$\frac{p_{2l}^{lg*}}{s_{2lw}^{lg*}} \leq \bar{\theta} - 1, \quad \frac{p_{1h}^{g*} - p_{2l}^{lg*}}{s_{1hw}^{lg*} - s_{2lw}^{lg*}} \leq \bar{\theta}$$

解得 $\bar{\theta} > 2.22258$。

2. 分析比较

先进入的高质量厂商的收益为

$$\pi_{w1h}^{wlg*} = \frac{-191\sqrt{145} + 2905}{7200r} \approx \frac{0.084035}{r}$$

后进入的低质量厂商的收益为

$$\pi_{w2l}^{wlg*} = \frac{49\sqrt{145} + 985}{7200r} - f \approx \frac{0.21876}{r} - f$$

消费者的收益为

$$\pi_{s1h}^{wlg*} = \frac{\bar{\theta}^2 - \bar{\theta} + \dfrac{713\sqrt{145}}{7200} - \dfrac{3227}{1440}}{4r} < \pi_{s1h}^{slg}$$

社会总福利为

$$\pi_{w1h}^{wlg*} = \frac{\bar{\theta}^2 - \bar{\theta} + \dfrac{29\sqrt{145}}{1440} - \dfrac{23}{288}}{4r} \approx \frac{\bar{\theta}^2 - \bar{\theta} + 0.1626}{4r} > w_{1h} > w_{1h}^{slg}$$

社会整体福利得到提高。

低质量产品的市场份额

$$D_{2lw}^{wlg*} = \frac{\sqrt{145}}{60} + \frac{5}{12} \approx 0.6174 < D_{2ls}^{slg*}$$

良好的竞争和优化的市场结构可以提高产业服务质量，服务质量规制有利于服务质量的逐步提高和实现社会利益的最大化。随着产业市场化改革，行业逐渐由完全垄断性的行业转变为垄断竞争的市场结构。为了增加市场份额和实现企业利润目标，厂商不断提高其服务质量来扩大市场竞争力。

3. 进入阻止策略选择

（1）$f < \dfrac{0.21876}{r}$ 时的容纳进入策略。

由上分析，当低质量跟随者的收益为 $\pi_{w2l}^{wlg*} \approx \dfrac{0.21876}{r} - f > 0$ 时，低质量跟随者在第二阶段就会进入，即存在固定进入成本 $f < \dfrac{0.21876}{r}$，也即存在容纳进入的情形。此时高质量在位企业 1 的收益为 $\dfrac{0.084035}{r}$。

（2）$0 \leqslant f \leqslant \dfrac{0.21876}{r}$ 的进入阻止策略。

先进入高质量企业阻止低质量企业进入的质量决策，设为 s_{1hw}^{slgd}。低质量跟随者的质量决策为最低质量：$s_{w2l}^{wlg*} = \dfrac{40\overline{\theta} + 3\sqrt{145} - 65}{80r}$，则其利润函数为（遵循同时价格决策的模式）

$$\pi_{2l} = \dfrac{1}{9}(s_{1hs}^{slgd} - s_{w2l}^{wlg*})[2 - \overline{\theta} + r(s_{1hs}^{slgd} + s_{w2l}^{wlg*})]^2 - f$$

可以求出，当 $\pi_{2l} = 0$ 时的 s_{1hw}^{slgd*}，就是先进入高质量企业阻止低质量企业进入的最大临界质量。由于解得的算式特别复杂，特殊地，

$$s_{1hw}^{slgd}(f = 0) = s_{w2l}^{wlg*}, \quad s_{1hw}^{slgd}(f = \dfrac{0.21876}{r}) = s_{w1h}^{wlg*} = \dfrac{40\overline{\theta} + \sqrt{145} + 5}{80r}$$

可见，对于高质量在位者，进入阻止策略的质量水平低于收益最大化时的质量水平，且进入成本越低，厂商 1 的进入阻止质量水平越低。

6.8.2 低质量在位者质量决策、收益、进入阻止分析

若在位者是低质量产品企业，这相当于规制者在质量选择阶段是领导者。

政府以消费者收益最大化为目标，规制最低质量 π_{1lw}^{wlg*}；若 $\pi_{1lw}^{wlg*} \geqslant s_{1l}^{*}$，则低质量在位厂商需按 π_{1lw}^{wlg*} 质量要求生产；若 $\pi_{1lw}^{wlg*} < s_{1l}^{*}$，则低质量在位厂商将按 s_{1l}^{*} 质量要求生产。

政府选择为了最大化消费者的最低质量标准，决策为

$$\max_{s_{1l}} \pi_{w1l} = \int_{\underline{\theta}}^{\frac{p_h - p_l}{s_h - s_l}} (\theta s_{1l} - p_{1l}) d\theta + \int_{\frac{p_h - p_l}{s_h - s_l}}^{\overline{\theta}} (\theta s_{2h} - p_{2h}) d\theta + \pi_{1l} + \pi_{2h} \quad (6.31)$$

由 6.7 节可知，

$$p_h = \frac{1}{3}[r(2s_h^2 + s_l^2) + (\overline{\theta} + 1)(s_h - s_l)], \quad p_l = \frac{1}{3}[r(s_h^2 + 2s_l^2) + (2 - \overline{\theta})(s_h - s_l)]$$

$$s_{2h} = \frac{rs_{1l} + \overline{\theta} + 1}{3r}$$

则两厂商的产品需求分别为

$$D_h = \frac{1}{3}[\overline{\theta} + 1 - r(s_h + s_l)], \quad D_l = \frac{1}{3}[2 - \overline{\theta} + r(s_h + s_l)]$$

低质量在位者的收益为

$$\pi_{1l} = \frac{1}{9}(s_{2h} - s_{1l})[(2 - \overline{\theta}) + r(s_{2h} + s_{1l})]^2$$

高质量跟随者的收益为

$$\pi_{2h} = \frac{1}{9}(s_{2h} - s_{1l})[(1 + \overline{\theta}) - r(s_{2h} + s_{1l})]^2 - f$$

由 $\frac{\partial \pi_{w1l}^{wlg}}{\partial s_{1l}} = 0$ 得，当政府以社会福利最大化制定最低质量标准时，最低质量

$$s_{1lw}^{wlg*} = \frac{40\overline{\theta} + 3\sqrt{145} - 65}{80r} = s_{w2l}^{wlg*} < s_{1l}^{*} = \frac{2\overline{\theta} - 1}{4r}$$

所以，在位者是低质量厂商时，以社会福利最大化制定最低质量标准，设立的最低质量小于低质量企业以个体利益最大化时选择的质量，最低质量标准的设定是无效的，并不影响在位者和进入者的质量选择、各主体的收益，但影响后期低质量在位者的进入阻止策略。

6.9 小　结

由以上分析可得：

（1）通过两厂商同时质量决策、高质量在位者先质量决策、低质量在位者先质量决策的对比分析可得：同时质量决策下，高、低质量两厂商的市场份额、收益相同；序贯决策下，在位者收益高于同时质量决策时的收益，具有先进入优势，进入者收益低于同时质量决策时的收益；不管在位者是高质量企业还是低质量企业，在位者收益、后进入者收益、消费者收益和社会总福利均保持不变。

（2）由质量序贯决策下的厂商进入阻止策略分析比较可得，高质量在位者可采取降低质量水平，低质量在位者可采取提高质量水平的策略阻止进入者进入。若阻止成功，则当 $\frac{0.008874}{r} < f < \frac{1}{18r}$ 时，阻止策略的收益大于容纳进入策略，当 $0 < f < \frac{0.008874}{r}$ 时，阻止策略的收益小于容纳进入策略；若阻止未成功，进入阻止策略小于容纳进入策略，所以，进入成本的高低对厂商进入阻止策略的选择非常重要。

（3）以消费者收益最大化所制定的最低质量标准，不管高、低质量厂商的进入先后次序，最低质量标准都是一致的，高质量厂商的质量水平为 $\frac{8\bar{\theta} + \sqrt{241} - 11}{16r}$，低质量厂商的质量水平为 $\frac{8\bar{\theta} + 3\sqrt{241} - 49}{16r}$；低质量和高质量企业的质量水平都提高了，有利于提高整体质量水平，提高消费者的效用，提高低质量厂商的收益，但降低了在位高质量厂商和社会整体福利；高、低质量产品间的差异缩小了，从而增加了两产品间的价格竞争，低质量产品的份额提高了，高质量产品的份额降低了。最低质量标准的设置，影响了在位者的进入阻止策略的选择。

（4）以社会福利最大化目标制定最低质量标准时，在位者质量水平的不同，产生的市场效果也不同。当在位者是高质量产品企业时，该质量标准提高了后进入低质量厂商的收益，也提高了整体质量水平，增加了社会整体福利，但降低了在位高质量厂商的收益。当在位者是低质量产品企业时，该质量标准并没有改变在位者和进入者的质量选择，在位者和进入者的进入阻止行为和进入行为与无质量标准时一样,不影响市场行为。

(5)经比较可发现,在无最低质量标准限制下,进入成本较小时,无论是高质量进入还是以低质量进入,进入者所获得的收益都一样。而以社会福利为目标的最低质量标准缩小了在位者和进入者之间的质量选择差异,高质量在位厂商利润小于在位低质量厂商利润,而低质量进入厂商所获得的利润大于高质量进入者。因此,进入成本较小时,若在位者能自由选择,其将选择提供低质量产品。

第7章
基于产品纵向差异的厂商合谋稳定性分析

组织合谋行为会受到组织所处社会环境等诸多因素的影响,而这些条件的变化也在较大程度上影响合谋的发生和稳定性。本章主要分析产品纵向差异化下,产品替代性、质量水平高低、价格战、需求波动、退出可能性对厂商间合谋与背叛行为的影响。

7.1 提供高低不同质量水平厂商合谋稳定性分析

本节主要分析垂直产品差异化和质量高低水平对厂商间的合谋行为的影响。

设有编号为 1, 2 两个厂商，分别提供高、低两种质量为 s_h, s_l 的产品。当存在产品质量差别时，厂商 1, 2 之间的博弈属于一个两阶段博弈，第一阶段决定产品质量，第二阶段决定产品的价格。

7.1.1 合谋下两厂商的决策及相关收益

1. 模型计算

若厂商 1, 2 合谋，那么他们将共同决定质量和价格，从而使联合利润达到最大（下标 c 表示合谋情形时的参数）。联合利润为

$$\max_{s_{hc}, s_{lc}, p_{hc}, p_{lc}} \pi_c = (p_{hc} - rs_{hc}^2)\left(\overline{\theta} - \frac{p_{hc} - p_{lc}}{s_{hc} - s_{lc}}\right) + (p_{lc} - rs_{lc}^2)\left(\frac{p_{hc} - p_{lc}}{s_{hc} - s_{lc}} - \overline{\theta} + 1\right)$$

(7.1)

为使联合收益最大化，有

$$\frac{\partial \pi_c}{\partial p_{hc}} = 0, \quad \frac{\partial \pi_c}{\partial p_{lc}} = 0$$

解得 $p_{lc} = s_{lc}(\overline{\theta} - 1)$，$p_{hc} = \dfrac{s_{hc}\overline{\theta} - 2s_{lc} + s_{lc}\overline{\theta} + rs_{hc}^2 - rs_{lc}^2}{2}$。代入式（7.1），由

$$\frac{\partial \pi_c}{\partial s_{hc}} = 0, \quad \frac{\partial \pi_c}{\partial s_{lc}} = 0$$

解得 $s_{h(c)}^* = \dfrac{2\overline{\theta} - 1}{4r}$，$s_{l(c)}^* = \dfrac{2\overline{\theta} - 3}{4r}$。当 $\overline{\theta} > \dfrac{3}{2}$ 时，市场全覆盖。

此时产品的价格分别为

$$p_{h(c)}^* = \frac{2\overline{\theta}^2 - 3\overline{\theta} + 2}{4r}, \quad p_{l(c)}^* = \frac{2\overline{\theta}^2 - 5\overline{\theta} + 3}{4r}$$

双方的收益分别为

$$\pi^*_{h(c)} = \frac{4\overline{\theta}^2 - 8\overline{\theta} + 7}{32r}, \quad \pi^*_{l(c)} = \frac{4\overline{\theta}^2 - 8\overline{\theta} + 3}{32r}$$

则

$$\pi^*_{h(c)} + \pi^*_{l(c)} = \frac{4\overline{\theta}^2 - 8\overline{\theta} + 5}{16r}, \quad \pi^*_{h(c)} - \pi^*_{l(c)} = \frac{1}{8r}$$

高质量产品的市场份额

$$D_{h(c)} = \overline{\theta} - \frac{p^*_{h(c)} - p^*_{l(c)}}{s^*_{h(c)} - s^*_{l(c)}} = \frac{1}{2}$$

低质量产品的市场份额

$$D_{l(c)} = \frac{1}{2}$$

此时消费者的收益

$$\pi_{s(c)} = \frac{4\overline{\theta} - 5}{16r}$$

社会总福利

$$w_{(c)} = \frac{\overline{\theta}(\overline{\theta} - 1)}{4r}$$

2. 分析比较

合谋前后各项参数对比,得出如下结论:

(1) 高产品间的质量差异为

$$s^*_{h(c)} - s^*_{h(n)} = -\frac{3}{8r}$$

低产品间的质量差异为

$$s^*_{l(c)} - s^*_{l(n)} = -\frac{1}{8r}$$

合谋后高、低质量产品差异为产品的绝对差异

$$s^*_{h(c)} - s^*_{l(c)} = \frac{2}{4r} < s^*_{h(n)} - s^*_{l(n)} = \frac{6}{8r}$$

产品的相对差异

$$k = \frac{s^*_{h(c)} - s^*_{l(c)}}{s^*_{l(c)}} = \frac{2}{2\overline{\theta} - 3} < \frac{s^*_{h(n)} - s^*_{l(n)}}{s^*_{l(n)}} = \frac{6}{4\overline{\theta} - 5}$$

合谋后两厂商都降低了产品质量水平,并且高、低质量产品差异缩小。

(2) 由

$$\pi_{h(c)}^* - \pi_{l(c)}^* = \frac{1}{8r} > \pi_{h(n)}^* - \pi_{l(n)}^* = 0$$

以及当 $\bar{\theta} > 1 + \frac{\sqrt{3}}{2}$ 时,

$$\pi_{h(c)}^* - \pi_{h(n)}^* = \frac{4\bar{\theta}^2 - 8\bar{\theta} + 1}{32r} > 0 , \quad \pi_{l(c)}^* - \pi_{l(n)}^* = \frac{4\bar{\theta}^2 - 8\bar{\theta} - 3}{32r} > 0$$

当 $\bar{\theta} > \frac{\sqrt{249}}{12} + 1 \approx 2.315$ 时,

$$\pi_{s(c)} - \pi_{s(n)} = \frac{-48\bar{\theta}^2 + 96\bar{\theta} + 35}{192r} < 0 , \quad w_{(c)} - w_n = \frac{23}{192r}$$

可得,对于提供高质量产品厂商 1,当 $\bar{\theta} \in [\frac{3}{2}, 1+\frac{\sqrt{3}}{2}]$ 时,$\pi_{h(c)}^* \leq \pi_{h(n)}^*$,即合谋下的利润小于等于伯川德条件下的收益;当 $\bar{\theta} > 1 + \frac{\sqrt{3}}{2}$ 时,$\pi_{h(c)}^* > \pi_h^*$,合谋收益大于伯川德条件下的收益,并且 $\bar{\theta}$ 越大,收益增益也越大。对于提供低质量产品的厂商 2,当 $\bar{\theta} \in [\frac{3}{2}, 1+\frac{\sqrt{7}}{2}]$ 时,$\pi_{l(c)}^* \leq \pi_l^*$;当 $\bar{\theta} > 1 + \frac{\sqrt{7}}{2}$ 时,$\pi_{l(c)}^* > \pi_{l(n)}^*$,并且 $\bar{\theta}$ 越大,收益增益也越大。

所以,提供纵向差异化产品的两厂商要想进行合谋,须有 $\bar{\theta} > 1 + \frac{\sqrt{7}}{2}$,但此时 $\pi_{s(c)} < \pi_{s(n)}$,消费者的收益降低,并且质量偏好越高,收益减少越多;$w_{(c)} > w_n$,整个社会福利提高 $\frac{23}{192r}$,与消费者质量偏好无关。只有在这种情况下,两厂商的收益才较独立决策时都有所提高,但高质量厂商的收益高于低质量厂商的收益,存在"高质量优势";消费者收益受到损害,降低了收益。

(3) 产品差异程度影响合谋收益。由以上分析表明,厂商 1,2 的产品的相对质量差异程度为 $\frac{2}{2\bar{\theta}-3}$,当在一定范围之内 ($\bar{\theta} > 1 + \frac{\sqrt{7}}{2} \approx 2.323$),两个厂商进行合谋的收益大于各自独立决策时的收益,且相对差异越小,收益增益越大。但若两厂商之间的产品质量差异比较大（$\bar{\theta} < 1 + \frac{\sqrt{7}}{2}$），则合谋的利润反而小于各自独立决策时的利润，失去合谋的必要性。这说明，两厂商若要实现较大的合谋收益，$\bar{\theta}$ 值应该较大，即厂商 1, 2 的产品替代程度较大，纵向差别程度减小。

7.1.2 提供低质量产品的厂商 2 价格背叛

1. 模型计算

合谋过程中，会出现博弈一方坚持合谋价格与合谋质量，而博弈另一方背叛合谋，采取自身利益最大化时的产品价格，以获得更高的市场份额和更大利润。

本节首先进行当提供高质量产品的厂商 1 坚持合谋价格而提供低质量产品的厂商 2 背叛合谋价格时各厂商利润分析。此时，即给定 $s^*_{h(c)} = \frac{2\bar{\theta}-1}{4r}$，$s^*_{l(c)} = \frac{2\bar{\theta}-3}{4r}$，高质量厂商 1 的产品价格依旧为 $p^*_{h(c)} = \frac{2\bar{\theta}^2 - 3\bar{\theta} + 2}{4r}$。此时低质量厂商 2 最大化自身收益

$$\max_{p_{lcb}} \pi_{lcb} = (p_{lcb} - r s^{*2}_{l(c)}) \left(\frac{p^*_{h(c)} - p_{lcb}}{s^*_{h(c)} - s^*_{l(c)}} - \bar{\theta} + 1 \right) \quad (7.2)$$

由 $\frac{\partial \pi_{lcb}}{\partial p_{lcb}} = 0$，得 $p^*_{l(clb)} = \frac{12\bar{\theta}^2 - 32\bar{\theta} + 25}{32r}$。因此，低质量产品提供商 2 价格背叛后的双方收益分别为

$$\pi_{h(clb)} = -\frac{(4\bar{\theta}^2 - 8\bar{\theta} - 9)(4\bar{\theta}^2 - 8\bar{\theta} + 7)}{256r}, \quad \pi^*_{l(clb)} = \frac{(4\bar{\theta}^2 - 8\bar{\theta} + 7)^2}{512r}$$

2. 分析比较

（1）当 $\theta > \frac{3}{2}$ 时，

$$p^*_{l(clb)} - p^*_{l(c)} = -\frac{4\bar{\theta}^2 - 8\bar{\theta} - 3}{32r} < 0$$

所以 $p^*_{l(clb)} < p^*_{l(c)}$，即低质量产品提供商 2 降价，以获取更多的市场份额，并

且 $\bar{\theta}$ 越大，产品相对差异性越小；降价幅度越大，获取的市场份额越多。

（2）当 $\bar{\theta} > 1 + \frac{\sqrt{7}}{2}$ 时，背叛收益为

$$\pi_{l(clb)}^* - \pi_{l(c)}^* = \frac{4\bar{\theta}^2 - 8\bar{\theta} - 1}{512r} > 0$$

因为合作须有 $\bar{\theta} > 1 + \frac{\sqrt{7}}{2}$，所以，背叛收益高于合作收益，且产品差异性越小，背叛收益越高。当 $\bar{\theta} > 1 + \frac{\sqrt{5}}{2}$ 时，

$$\pi_{h(clb)} - \pi_{h(c)}^* = -\frac{(4\bar{\theta}^2 - 8\bar{\theta} - 1)(4\bar{\theta}^2 - 8\bar{\theta} + 7)}{256r} < 0$$

即 $\pi_{h(clb)} - \pi_{h(c)}^* < 0$，所以坚持合作的高质量产品提供商收益降低，而且 $\bar{\theta}$ 越大，收益损失越多。

（3）当 $\bar{\theta} > 1 + \frac{\sqrt{5}}{2}$ 时，

$$\pi_{h(clb)} + \pi_{l(clb)}^* - (\pi_{h(c)}^* + \pi_{l(c)}^*) = -\frac{(4\bar{\theta}^2 - 8\bar{\theta} + 15)(4\bar{\theta}^2 - 8\bar{\theta} - 1)}{512r} < 0$$

即一方背叛后，两厂商的收益和降低。此时，消费者的收益为

$$\pi_{s(clb)} = \frac{16\bar{\theta}^4 - 64\bar{\theta}^3 + 120\bar{\theta}^2 + 144\bar{\theta} - 335}{1024r}$$

当 $\bar{\theta} > 1 + \frac{\sqrt{5}}{2}$ 时，

$$\pi_{s(clb)} - \pi_{s(c)} = \frac{48\bar{\theta}^4 - 192\bar{\theta}^3 + 1128\bar{\theta}^2 + 1104\bar{\theta} - 1565}{3072r} > 0$$

所以背叛后消费者的收益提高。

7.1.3 提供高质量产品的厂商 1 价格背叛

1. 模型计算

本节首先进行当提供低质量产品的厂商 2 坚持合谋价格而提供高质量产

品的厂商 1 背叛合谋价格时各厂商利润分析。此时，即给定 $s_{h(c)}^* = \dfrac{2\bar{\theta}-1}{4r}$，$s_{l(c)}^* = \dfrac{2\bar{\theta}-3}{4r}$，$p_{l(c)}^* = \dfrac{2\bar{\theta}^2-5\bar{\theta}+3}{4r}$。此时，高质量厂商 1 最大化自身收益

$$\max_{p_{hcb}} \pi_{hcb} = (p_{hcb} - rs_{h(c)}^{*2})\left(\bar{\theta} - \dfrac{p_{h(c)}^* - p_{lcb}}{s_{h(c)}^* - s_{l(c)}^*}\right) \tag{7.3}$$

由 $\dfrac{\partial \pi_{hcb}}{\partial p_{hcb}} = 0$，得高质量厂商 1 的背叛价格为

$$p_{h(chb)}^* = \dfrac{12\bar{\theta}^2 - 16\bar{\theta} + 13}{32r}$$

背叛收益为

$$\pi_{h(chb)}^* = \dfrac{(4\bar{\theta}^2 - 8\bar{\theta} + 11)^2}{512r}$$

低质量厂商 2 的收益为

$$\pi_{l(chb)} = -\dfrac{16\bar{\theta}^4 - 64\bar{\theta}^3 + 56\bar{\theta}^2 + 16\bar{\theta} - 15}{256r}$$

2. 分析比较

（1）比较背叛前后各参数。当 $\bar{\theta} > 1 + \dfrac{\sqrt{7}}{2}$ 时，

$$p_{h(chb)}^* - p_{h(c)}^* = \dfrac{-(4\bar{\theta}^2 - 8\bar{\theta} + 3)}{32r} < 0$$

高质量产品提供商 1 降价，以获取更多的市场份额，并且产品相对差异性越小，降价幅度越大，获取的市场份额越多。

（2）$\pi_{h(chb)}^* - \pi_{h(c)}^* = \dfrac{(4\bar{\theta}^2 - 8\bar{\theta} + 3)^2}{512r} > 0$。

所以背叛收益高于合作收益，且 $\bar{\theta}$ 越大，产品差异性越小，背叛收益越高。

（3）当 $\bar{\theta} > 1 + \dfrac{\sqrt{5}}{2}$ 时，

$$\pi_{l(chb)} - \pi_{l(c)}^* = -\dfrac{(4\bar{\theta}^2 - 8\bar{\theta} + 3)^2}{256r} < 0$$

所以坚持合作的高质量产品提供商收益降低，而且 $\bar{\theta}$ 越大，收益损失越多；

当 $\bar{\theta} > 1 + \frac{\sqrt{5}}{2}$ 时，

$$\pi^*_{h(chb)} + \pi^*_{l(chb)} - (\pi^*_{h(c)} + \pi^*_{l(c)}) < 0$$

即一方背叛后，两厂商的收益和降低。

当 $\bar{\theta} > 1 + \frac{\sqrt{7}}{2}$ 时，

$$\pi_{s(chb)} - \pi_{s(c)} > 0$$

所以背叛后消费者的收益提高；

当 $\bar{\theta} > 1 + \frac{\sqrt{7}}{2}$ 时，

$$\pi^*_{h(chb)} + \pi_{l(chb)} - (\pi^*_{l(clb)} + \pi_{h(clb)}) = \frac{4\bar{\theta}^2 - 8\bar{\theta} - 3}{64r} > 0$$

故高质量厂商背叛后的收益和高于低质量厂商背叛后的收益和。

由上述分析可知，提供高、低质量产品的厂商都有背叛的动机。

7.1.4 两个厂商各期都维持合谋的激励条件

由于博弈不止一次，所以长期合谋收益与短期背叛成本之间的比较对厂商间的合谋稳定性有重要影响。若某方选择了背叛，另一方将采取"以牙还牙"式的价格战，以此作为对背叛方的惩罚。下面以扳机策略均衡为例，合谋稳定的条件厂商贴现因子

$$\delta > \delta^* = \frac{\pi_b - \pi_c}{\pi_b - \pi_n}$$

其中 π_c 是每一期的合谋收益，π_b 是在当期获得的背叛收益；π_n 是厂商互相惩罚情况下获得的收益。上式表明：只有厂商的贴现因子大于完全合谋所需要的临界贴现因子 δ^*，厂商之间的合谋才稳定；否则，厂商就会背叛合谋，从而引发价格战。同时合谋所需的 δ^* 值越小，合谋稳定性越强。由此可得提供高质量快递服务的厂商1维持合谋所需的临界贴现因子为

$$\delta^*_h = \frac{\pi^*_{h(chb)} - \pi^*_{h(c)}}{\pi^*_{h(chb)} - \pi^*_{h(n)}} = \frac{(4\bar{\theta}^2 - 8\bar{\theta} + 3)^2}{16\bar{\theta}^4 - 64\bar{\theta}^3 + 152\bar{\theta}^2 - 176\bar{\theta} + 25}$$

当 $\bar{\theta} > 1 + \frac{\sqrt{7}}{2}$ 时，

$$\frac{\partial \delta_h^*}{\partial \bar{\theta}} = \frac{128(16\bar{\theta}^5 - 80\bar{\theta}^4 + 136\bar{\theta}^3 - 88\bar{\theta}^2 + 13\bar{\theta} + 3)}{(16\bar{\theta}^4 - 64\bar{\theta}^3 + 152\bar{\theta}^2 - 176\bar{\theta} + 25)^2} > 0$$

因此，随着 $\bar{\theta}$ 的增加，产品间相对差异性降低，临界贴现因子增加，合作维持难度加大。

同理，可得提供低质量快递服务产品的厂商 2 维持合谋所需的临界贴现因子

$$\delta_l^* = \frac{\pi_{l(clb)}^* - \pi_{l(c)}^*}{\pi_{l(clb)}^* - \pi_{l(n)}^*} = \frac{16\bar{\theta}^4 - 64\bar{\theta}^3 + 56\bar{\theta}^2 + 16\bar{\theta} + 1}{16\bar{\theta}^4 - 64\bar{\theta}^3 + 128\bar{\theta}^2 - 112\bar{\theta} - 47}$$

当 $\bar{\theta} > 1 + \frac{\sqrt{7}}{2}$ 时，$\frac{\partial \delta_l^*}{\partial \bar{\theta}} > 0$，因此，随着 $\bar{\theta}$ 的增加，产品间相对差异性降低，临界贴现因子增加，合作维持难度加大。

本章列举了一些消费者偏好 $\bar{\theta}$ 在不同取值下，产品相对差异、高质量厂商、低质量厂商维持合谋时的临界贴现对比表（见表 7.1）。

表 7.1 消费者不同偏好下，产品相对差异与厂商临界贴现因子对比表

$\bar{\theta}$ 取值	产品相对差异 $k = \frac{s_{h(c)}^* - s_{l(c)}^*}{s_{l(c)}^*} = \frac{2}{2\bar{\theta}-3}$	高质量厂商合谋临界贴现因子 δ_h^*	低质量厂商合谋临界贴现因子 δ_l^*
2.4	1.111 111 111 1	0.376 6	0.119 3
3	0.666 666 666	0.519 6	0.359 1
4	0.4	0.698 8	0.618 8
5	0.285 714 285 7	0.802 6	0.757 9
6	0.222 222 222 2	0.863 3	0.835 6
7	0.181 818 181 8	0.900 6	0.882 0
8	0.153 846 153 8	0.924 9	0.911 6
9	0.133 333 333 3	0.941 4	0.931 5
10	0.117 647 058 82	0.953 1	0.945 4

由以上分析可得如下结论：

(1)随着 $\bar{\theta}$ 值的增加,两厂商间产品的替代程度加强,纵向差异程度减少,厂商维持合谋所需要的临界贴现因子值不断增大,即实现价格合谋愈加困难,即价格战更易发生。为了避免或减轻恶性价格战,厂商间应加大产品之间的纵向差异程度。

(2)产品纵向差异化下的合谋仍然具有不稳定性。因为厂商都有单次博弈背叛合谋冲动,因此合谋具有不稳定性。另外,"冷酷策略"所得到的结论是现实中很难实现的理想状态;而实际情况是厂商间既有竞争的本质,又有出于自身利益考虑有合谋意愿。因此,现实现象是价格竞争与合谋交织出现:一段时期,厂商展开激烈的价格竞争;然后出于利益考虑,又积极寻求合作与合谋;经过一段相对稳定的市场运行期后,价格竞争又会再次出现。

(3)提供高质量产品厂商维持合谋所需要的临界贴现因子值高于低质量产品厂商。提供高质量产品的厂商背叛合谋时所获得的压抑程度更高,因而更易背叛合谋,发动价格战;而提供低质量产品的厂商更易维持合谋。

7.2 价格战在产品链上的扩散

即使寡头厂商有形成稳定价格合谋的可能,但一些其他冲击也有可能使合谋破裂而爆发价格战。如,某一产品链中,某个厂商推出一款新产品,造成局部产品差异化程度降低并引发局部价格战。因为对背叛的惩罚会引发新的背叛,如果这种局部价格战进一步扩大,将会引发该产品链上一连串的背叛行为。局部价格战的扩散意味着整个合谋体系是比较脆弱的,价格战就像"多米诺骨牌"一样扩散到整个市场。

本节为分析以上行为,假定每种产品只和其相邻的产品存在替代关系。产品体系之间通过两两相邻的产品之间互相影响,形成链式结构。如果一种产品的厂商背叛合谋,只由其相邻产品的厂商进行惩罚。如图 7.1 所示,如果厂商 i 背叛合谋,厂商 $i-1$ 与厂商 $i+1$ 实施惩罚策略。但厂商 $i-1$ 在惩罚厂商 i 时,也伤及了它的另一个相邻厂商 $i-2$;厂商 $i+1$ 在惩罚背叛厂商 i 时,也伤及了它的另一个相邻厂商 $i+2$,这就是所谓的"误伤效应"。在"误伤效应"下,被涉及的厂商($i-2$ 和 $i+2$)保持合谋意愿的稳定性是否会发生改变?如果保持合谋意愿的稳定性不变,称局部价格战是不可扩散的;如果保持合谋意愿的稳定性改变,称局部价格战是可扩散的。

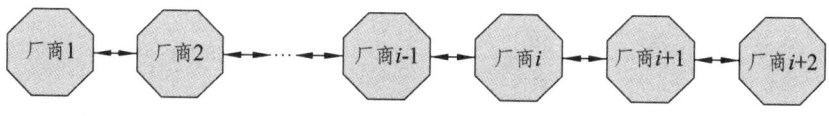

图 7.1　产品链条示意图

7.2.1　模型设计

模型合谋示意图如图 7.2 所示,假设厂商 1 与厂商 2 的产品质量水平较低,结成合谋,产品质量和价格分别为 $s_{1(h)}^*, s_{2(h)}^*, p_{1(h)}^*, p_{2(h)}^*$。厂商 3 与厂商 4 的产品质量水平较高,结成合谋,相应产品质量和价格分别为 $s_{3(h)}^*, s_{4(h)}^*, p_{3(h)}^*, p_{4(h)}^*$。由于厂商 1 背叛合谋,降低价格,厂商 2 为惩罚厂商 1 的背叛行为,也相应地将本产品价格降低到 $p_{2(s)}$。厂商 3,4 感知到这些信息后,共同调整合谋价格。为更好地与上节形成对比,本节使用前节的相关质量数据,设

$$s_{2(h)}^* = s_{1(c)}^* = \frac{2\overline{\theta}-3}{4r}, \quad s_{3(h)}^* = \frac{2\overline{\theta}-1}{4r}, \quad s_{4(h)}^* = \frac{6\overline{\theta}-1}{12r}。$$

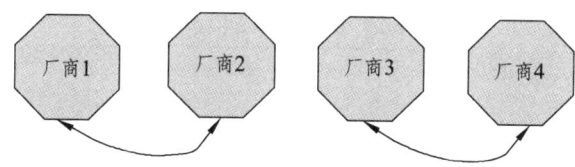

图 7.2　模型合谋示意图

7.2.2　模型计算

（1）厂商 3,4 合谋的决策为

$$\max_{p_{3(h)}, p_{4(h)}} \pi_h = (p_{3(h)} - s_{3(h)}^2)\left(\frac{p_{4(h)}-p_{3(h)}}{s_{4(h)}-s_{3(h)}} - \frac{p_{3(h)}-p_{2(s)}}{s_{3(h)}-s_{2(h)}}\right) + (p_{4(h)} - s_{4(h)}^2)\left(\overline{\theta} - \frac{p_{4(h)}-p_{3(h)}}{s_{4(h)}-s_{3(h)}}\right)$$

由最大化一阶条件,得合谋价格分别为

$$p_{3(h)}^* = \frac{2p_{2(s)} + \overline{\theta} + 2\left(\frac{\overline{\theta}}{2} - \frac{1}{4}\right)^2}{4}, \quad p_{4(h)}^* = \frac{3p_{2(s)} + 2\overline{\theta} + 3\left(\frac{\overline{\theta}}{2} - \frac{1}{12}\right)^2}{6}$$

相应的合谋收益分别为

$$\pi_{3(h)}^* = \left(-\frac{\bar{\theta}^2}{8} + \frac{3\bar{\theta}}{8} + \frac{p_{2(s)}}{2} - \frac{1}{32}\right)\left(-\frac{\bar{\theta}^2}{4} + \frac{3\bar{\theta}}{4} + p_{2(s)} - \frac{11}{48}\right)$$

$$\pi_{4(h)}^* = \frac{p_{2(s)}}{12} + \frac{\bar{\theta}}{18} - \frac{(6\bar{\theta}-1)^2}{1728}$$

（2）厂商 3 合谋背叛的决策为

$$\max_{p_{3(b)}} \pi_{3(b)} = (p_{3(b)} - s_{3(h)}^2)\left(\frac{p_{4(h)}^* - p_{3(b)}}{s_{4(h)} - s_{3(h)}} - \frac{p_{3(b)} - p_{2(s)}}{s_{3(h)} - s_{2(h)}}\right) \quad (7.4)$$

由 $\dfrac{\partial \pi_{3(b)}}{\partial p_{3(b)}} = 0$ 得

$$p_{3(b)}^* = \frac{11\bar{\theta}^2 - \bar{\theta} + 20p_{2(s)}}{64} + \frac{25}{768}$$

相应的背叛收益为

$$\pi_{3(b)}^* = \frac{(-60\bar{\theta}^2 + 180\bar{\theta} + 240p_{2(s)} - 23)^2}{73\,728}$$

又

$$\Delta p_{3(bh)} = p_{3(b)}^* - p_{3(h)}^* = \frac{36\bar{\theta}^2 - 108\bar{\theta} - 144p_{2(s)} + 1}{768}$$

因为 $\dfrac{\partial \Delta p_{3(bh)}}{\partial p_{2(s)}} < 0$，$p_{2(s)} > s_{2(h)}^2$，$p_{3(b)}^* - p_{3(h)}^*(p_{2(s)} = s_{2(h)}^2) < 0$，所以 $p_{3(b)}^* < p_{3(h)}^*$，即合谋时，厂商有降价背叛合谋的动机。

（3）若厂商 3，4 采取竞争策略，决策为

$$\begin{cases} \max_{p_{3(n)}} \pi_{3n} = (p_{3(n)} - s_{3(h)}^2)\left(\dfrac{p_{4(n)} - p_{3(n)}}{s_{4(h)} - s_{3(h)}} - \dfrac{p_{3(n)} - p_{2(s)}}{s_{3(h)} - s_{2(h)}}\right) \\ \max_{p_{4(n)}} \pi_{4n} = (p_{4(n)} - s_{4(h)}^2)\left(\bar{\theta} - \dfrac{p_{4(n)} - p_{3(n)}}{s_{4(h)} - s_{3(h)}}\right) \end{cases} \quad (7.5)$$

由 $\dfrac{\partial \pi_{3(n)}}{\partial p_{3(n)}} = 0$，$\dfrac{\partial \pi_{4(n)}}{\partial p_{4(n)}} = 0$，得

$$p_{3(n)}^* = \frac{3p_{2(s)} + 4\overline{\theta} + 3\left(\overline{\theta} - \frac{1}{2}\right)^2 + 24\left(\frac{\overline{\theta}}{2} - \frac{1}{12}\right)^2}{39}$$

$$p_{4(n)}^* = \frac{4p_{2(s)} + \overline{\theta} + (2\overline{\theta} - 1)^2 + 6\left(\frac{\overline{\theta}}{2} - \frac{1}{12}\right)^2}{26}$$

相应的收益分别为

$$\pi_{3(n)}^* = \frac{(-36\overline{\theta}^2 + 420\overline{\theta} + 144p_{2(s)} - 73)(-540\overline{\theta}^2 - 564\overline{\theta} + 2160p_{2(s)} + 49)}{1752192}$$

$$\pi_{4(n)}^* = \frac{(-36\overline{\theta}^2 - 48\overline{\theta} + 144p_{2(s)} + 31)(-36\overline{\theta}^2 - 516\overline{\theta} + 144p_{2(s)} + 31)}{292032}$$

（4）关于厂商 3 的分析。

合作的贴现：

$$\delta_3^* = \frac{p_{3(b)}^* - \pi_{3(h)}^*}{p_{3(b)}^* - p_{3(n)}^*}$$

$$= \frac{1521(-36\overline{\theta}^2 + 108\overline{\theta} + 144p_{2(s)} - 1)^2}{67703040p_{2(s)}^2 - 33851520p_{2(s)}\overline{\theta}^2 + 78551424p_{2(s)}\overline{\theta} + 108\overline{\theta} + 144p_{2(s)}}$$

$$+ \frac{1521(-36\overline{\theta}^2 + 108\overline{\theta} + 144p_{2(s)} - 1)^2}{4231440\overline{\theta}^4 - 19637856\overline{\theta}^3 + 66228696\overline{\theta}^2 - 16546008\overline{\theta} + 1033537}$$

7.2.3 分析比较

现假设 $\overline{\theta} = 7, 8, 10$ 时，$p_{2(s)}$ 从 50 逐步提高到 100，临界贴现 δ_3^* 的变动如图 7.3 所示。从模拟图中可以看出，对于链条右边端点上的厂商 3，更低的替代品价格将使其维持合谋的临界贴现因子更高，同时随着产品消费者质量偏好 $\overline{\theta}$ 的增强，产品的相对差异性减少，合谋所需的境界贴现因子不断增大。这些均意味着合谋稳定性将受到挑战。

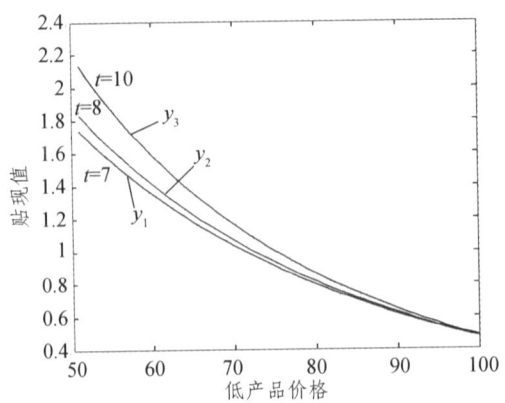

图 7.3 $\bar{\theta}$ 不同时，厂商 3 的合作临界贴现值随厂商 2 价格的变动情况图

以上这种产品链条上的"误伤效应"，使产品链条上的局部价格战有向整个产品链条蔓延的危险。若厂商的长期贴现因子较高，则合谋较为稳定，价格战的连锁反应可以避免；但若贴现因子不够高，价格战就会在整个产品链上产生连锁反应。

7.3 需求波动下的合谋与价格竞争

7.3.1 研究背景

传统供需理论认为，当需求增加时，厂商会提高价格，实现市场供需平衡。但实际有时却是另外一种现象，随着需求增加，市场的价格没有升高，可能会保持不变，甚至下降。

Rotenberg 和 Saloner 于 1986 年写了一篇关于繁荣时期价格战的文章，该文章首次提出需求变动对合谋的影响。该文章在对产能是否受到限制，当前与未来需求的相关性做出假定之后，得出结论：一定贴现因子下，需求水平越高，厂商制定的价格越低的这种合谋定价反周期。

本节将主要分析产品的垂直差别化条件下需求波动对合谋的影响，采用合谋价格的反周期性运动理论解释这一现象。

本节中，假设产品差异性在短期内不能改变，研究需求周期性变动情况下的厂商合谋行为，比较符合周期发生频繁但产品差异较难改变的产业。需求变动为已知，独立同分布。博弈初始，厂商选择产品质量，并在以后各期中保持不变，然后在已确定的需求周期内在价格上进行竞争。

7.3.2 模型构建

某一产业内的两厂商,每期采取伯川德价格博弈,以不变成本 c 提供产品,且生产能力没有限制。消费者质量偏好连续均匀地分布在 $[\bar{\theta}-1,\bar{\theta}]$ 上。用 i 表示任意一个厂商,$i \in \{1,2\}$,用 j 表示另一个厂商。假定需求周期波动,每 τ 期循环一次,τ 为一个周期中的时期数,且为有限数。为分析需求周期变动对合谋定价的影响,对市场需求的跨时期变动设置一个框架,则市场需求时间函数为

$$D_\tau = \begin{cases} D_1, & if\ t \in (1,\tau+1,2\tau+1,\cdots) \\ D_2, & if\ t \in (k,\tau+k,2\tau+k,\cdots) \\ \cdots\cdots\cdots \\ D_\tau, & if\ t \in (\tau,2\tau,3\tau,\cdots) \end{cases} \quad (7.6)$$

一个周期只有一个最高点,从周期的第一时期出发,需求被假定为递增,直到 D_k,在这点后,需求开始下降直到 $\tau+1$ 时期重新恢复到第一时期的最低点。

基于以上假设,博弈过程如下:

第 0 期,两个厂商独立并同时选择产品质量,随后质量保持不变;

第 1 期,两厂商观察到相互产品质量后,独立且同时选择双方的本期价格;

第 t 期,两个厂商在观察到双方在 $t-1$ 期的价格后,独立且同时选择他们在本期的价格;

在无限期内,厂商 i 的策略是一个无限行为函数序列 $\{P_i^t\}_{t=1}^{\infty}$,时期 t 的行为函数是一个从博弈的历史集合到厂商 i 可以选择的价格集合的映射,厂商 i 的利润函数是贴现利润的和,贴现因子为 $\delta \in (0,1)$。

为了得到一个具有预测性的合谋定价理论,本节采用被广泛接受的规定:两厂商选择对称性的价格模式以最大化联合利润,并且这个价格模式受到子博弈完美均衡的限制。已知合谋价格模式为 $\{p(t)\}_{t=1}^{\infty} \in \prod_{t=1}^{\infty}(c,p^m(t))$,触发策略为每个厂商在开始的第 1 期时以合谋价格 $P_i^m(1)$ 定价,并且继续遵循 $\{p_c(t)\}_{t=1}^{\infty}$ 每期的合谋定价,只要没有厂商背离这个路径;如果一个厂商背离,那么所有的厂商都会回到单期纳什均衡定价上。

$$\begin{cases} P_i^1 = P_i^m(1) \\ P_i(t) = \begin{cases} P_i^m(t), \text{如果} P_j(t) = P_j^m(t) \\ P_i^n(t), \text{其他情况} \end{cases} t \in \{2,3,\cdots\}, i,j \in \{1,2\} \end{cases} \quad (7.7)$$

维持合谋的充要条件为

$$[p_d(t)-c]D(p_d(t)) + \sum_{t=k+1}^{\infty} \delta^{t-k}[p_n(t)-c]D(p_n(t))$$
$$< [p_c(t)-c]D(p_c(t)) + \sum_{t=k+1}^{\infty} \delta^{t-k}[p_c(t)-c]D(p_c(t)) \quad (7.8)$$

式中 $[p_d(t)-c]D(p_d(t))$ 表示背离时的当前利润，$\sum_{t=k+1}^{\infty} \delta^{t-k}[p_n(t)-c]D(p_n(t))$ 表示在时期 k 背离合谋价格路径时的未来收益的贴现。只要贴现因子足够高，联合利润最大化价格路径就是可以保持的；当贴现因子足够低时，厂商将以竞争水平的价格作为合谋价格。

7.3.3 需求波动对合谋影响的算例分析

设高、低需求围绕平均稳定需求交错波动，如图7.4所示。

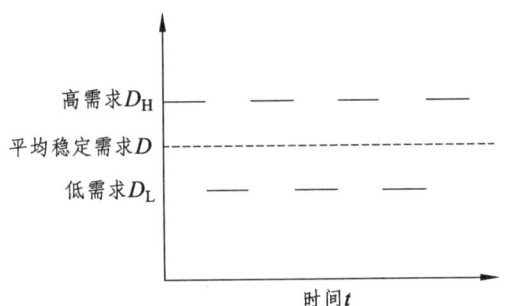

图7.4 需求高、低波动示意图

Π_H 为需求高时的当期收益，Π_L 为需求低时的当期收益。处于高需求阶段的企业，现期及未来各期收益分别为：

$$\Pi_H, \ \delta\Pi_L, \ \delta^2\Pi_H, \ \delta^3\Pi_L, \ \delta^4\Pi_H, \ \delta^5\Pi_L, \ \delta^6\Pi_H, \cdots$$

则每个企业在均衡路径上的期望贴现利润为

$$V_H = \Pi_H + \sum_{t=1}^{\infty} \delta^{2t-1}\Pi_L + \sum_{t=1}^{\infty} \delta^{2t}\Pi_H = \Pi_H + \frac{\delta}{1-\delta^2}\Pi_L + \frac{\delta^2}{1-\delta^2}\Pi_H \quad (7.9)$$

处于低需求阶段的企业，现期及未来各期收益分别为

$$\Pi_L, \delta\Pi_H, \delta^2\Pi_L, \delta^3\Pi_H, \delta^4\Pi_L, \delta^5\Pi_H, \delta^6\Pi_L, \cdots$$

则每个企业在均衡路径上的期望贴现利润为

$$V_L = \Pi_L + \sum_{t=1}^{\infty}\delta^{2t-1}\Pi_H + \sum_{t=1}^{\infty}\delta^{2t}\Pi_L = \Pi_L + \frac{\delta}{1-\delta^2}\Pi_H + \frac{\delta^2}{1-\delta^2}\Pi_L$$

（7.10）

设平均稳定需求为 D，高需求 $D_h = k_h D$，低需求 $D_l = k_l D$。如果企业进行完全合谋，追求垄断利润最大化，平均稳定需求及需求高、低时，获得的垄断利润分别为

$$\pi^*_{(c)}, \quad \pi^*_{h(c)} = k_h \pi^*_{(c)}, \quad \pi^*_{l(c)} = k_l \pi^*_{(c)}$$

背叛收益分别为

$$\pi^*_{(cb)}, \quad \pi^*_{h(chb)} = k_h \pi^*_{(cb)}, \quad \pi^*_{l(chb)} = k_l \pi^*_{(cb)}$$

采取竞争性策略的收益分别为

$$\pi^*_{(n)}, \quad \pi^*_{(hn)} = k_h \pi^*_{(n)}, \quad \pi^*_{(ln)} = k_l \pi^*_{(n)}$$

令 $k = \frac{k_h}{k_l} \geq 1$，合作的临界贴现要求分别为 $\delta^*, \delta^*_h, \delta^*_l$。

因此，要使合谋在高需求时得以维持，须有

$$k_h \pi^*_{(cb)} + \frac{\delta_h}{1-\delta_h^2} K_L \pi^*_{(n)} + \frac{\delta_h^2}{1-\delta_h^2} K_H \pi^*_{(n)} \leq k_h \pi^*_{(c)} + \frac{\delta_h}{1-\delta_h^2} K_L \pi^*_{(c)} + \frac{\delta_h^2}{1-\delta_h^2} K_H \pi^*_{(c)}$$

（7.11）

求得

$$\delta_h \geq \delta^*_h = \frac{\pi^*_{(n)} - \pi^*_{h(c)} + \sqrt{4k^2(\pi^*_{(cb)} - \pi^*_{(c)})(\pi^*_{(cb)} - \pi^*_{(n)}) + (\pi^*_{(n)} - \pi^*_{(c)})^2}}{2k(\pi^*_{(cb)} - \pi^*_{(n)})}$$

$$> \frac{\pi^*_{(cb)} - \pi^*_{(c)}}{\pi^*_{(cb)} - \pi^*_{(n)}} = \delta^*_h \ (k=1)$$

（7.12）

则

$$\frac{\partial \delta_h^*}{\partial k} = \frac{(\pi_{(n)}^* - \pi_{(c)}^*)\left(\pi_{(n)}^* - \pi_{(c)}^* + \sqrt{4k^2(\pi_{(cb)}^* - \pi_{(c)}^*)(\pi_{(cb)}^* - \pi_{(n)}^*) + (\pi_{(n)}^* - \pi_{(c)}^*)^2}\right)}{2k^2(\pi_{(n)}^* - \pi_{(cb)}^*)\sqrt{4k^2(\pi_{(cb)}^* - \pi_{(c)}^*)(\pi_{(cb)}^* - \pi_{(n)}^*) + (\pi_{(n)}^* - \pi_{(c)}^*)^2}} > 0$$

（7.13）

式（7.12），（7.13）表明，需求波动对合谋稳定性有极大的影响。随着需求波动幅度的增加，在高需求阶段时，合谋需要有更大的贴现因子，从而背离合谋的动机也更大，更容易爆发价格战。

对于处于低需求阶段的企业，要使合谋在低需求时得以维持，须有

$$k_l \pi_{(cb)}^* + \frac{\delta_l}{1-\delta_l^2} K_H \pi_{(n)}^* + \frac{\delta_l^2}{1-\delta_l^2} K_L \pi_{(n)}^* \leq k_l \pi_{(c)}^* + \frac{\delta_l}{1-\delta_l^2} K_H \pi_{(c)}^* + \frac{\delta_l^2}{1-\delta_l^2} K_L \pi_{(c)}^*$$

（7.14）

解得

$$\delta_l \geq \delta_l^* = \frac{-k(\pi_{h(c)}^* - \pi_h^*) + \sqrt{4(\pi_{(cb)}^* - \pi_{(c)}^*)(\pi_{(cb)}^* - \pi_{(n)}^*) + k^2(\pi_{(c)}^* - \pi_{(n)}^*)^2}}{2(\pi_{(cb)}^* - \pi_{(n)}^*)}$$

$$\leq \frac{\pi_{(cb)}^* - \pi_{(c)}^*}{\pi_{(cb)}^* - \pi_{(n)}^*} = \delta_l^* \ (k=1)$$

（7.15）

从而有 $\delta_h^* > \delta_l^*$。该模型中，垄断利润在需求变动的每一期都不同，进而使现期利润和未来利润现值也发生变化。在高需求阶段时背离合谋，背叛收益大幅增加，而背离的机会成本却在减小，从而默契合谋的垄断价格较难维持，价格变动表现出反周期性特点。

7.3.4 企业存在退出可能时的模型分析

本节在上节分析基础上，增加一个因素——企业退出可能性，以此来分析需求波动时价格竞争策略。泰勒尔（1997）认为，当企业在每个时期有 $\rho \in (0,1)$ 的概率"存活下去"，即企业继续在市场上竞争，则企业的折现因子等于 $\rho\delta$。本节假设不同需求状况下，企业的退出概率不同。为方便分析，假设在高需求时期，厂商以 $\rho=1$ 的概率在市场中存续，当需求不旺盛时，厂商以

ρ ($0 \leq \rho \leq 1$)的概率存续,并进入下一期博弈。

设Π_H为需求高时的当期收益,Π_L为需求低时的当期收益。处于高需求阶段的企业,现期及未来各期收益分别为:

$$\Pi_H, \delta\Pi_L, \rho\delta^2\Pi_H, \rho\delta^3\Pi_L, \rho^2\delta^4\Pi_H, \rho^2\delta^5\Pi_L, \rho^3\delta^6\Pi_H, \cdots$$

则每个企业在均衡路径上的期望贴现利润为

$$V_H = \Pi_H + \sum_{t=1}^{\infty}\delta^{2t-1}\rho^{t-1}\Pi_L + \sum_{t=1}^{\infty}\delta^{2t}\rho^t\Pi_H = \Pi_H + \frac{\delta}{1-\rho\delta^2}\Pi_L + \frac{\rho\delta^2}{1-\rho\delta^2}\Pi_H$$

(7.16)

处于低需求阶段的企业,现期及未来各期收益分别为

$$\Pi_L, \rho\delta\Pi_H, \rho\delta^2\Pi_L, \rho^2\delta^3\Pi_H, \rho^2\delta^4\Pi_L, \rho^3\delta^5\Pi_H, \rho^3\delta^6\Pi_L, \cdots$$

则每个企业在均衡路径上的期望贴现利润为

$$V_L = \Pi_L + \sum_{t=1}^{\infty}\delta^{2t-1}\rho^t\Pi_H + \sum_{t=1}^{\infty}\delta^{2t}\rho^t\Pi_L = \Pi_L + \frac{\rho\delta}{1-\rho\delta^2}\Pi_H + \frac{\rho\delta^2}{1-\rho\delta^2}\Pi_L$$

(7.17)

合作的贴现要求分别为$\delta_{h\rho}, \delta_{l\rho}$。因此,要使合谋在高需求时得以维持,须有:

$$k_h\pi^*_{h(chb)} + \frac{\delta_{h\rho}}{1-\rho\delta_{h\rho}^2}K_L\pi^*_h + \frac{\rho\delta_{h\rho}^2}{1-\rho\delta_{h\rho}^2}K_H\pi^*_h$$

$$\leq k_h\pi^*_{h(c)} + \frac{\delta_{h\rho}}{1-\rho\delta_{h\rho}^2}K_L\pi^*_{h(c)} + \frac{\rho\delta_{h\rho}^2}{1-\rho\delta_{h\rho}^2}K_H\pi^*_{h(c)} \quad (7.18)$$

令$k = \frac{k_h}{k_l}$,求得

$$\delta_{h\rho} \geq \delta^*_{h\rho} = \frac{\pi^*_{(n)} - \pi^*_{(c)} + \sqrt{4\rho k^2(\pi^*_{(cb)} - \pi^*_{h(c)})(\pi^*_{h(cb)} - \pi^*_{(n)}) + (\pi^*_{(n)} - \pi^*_{(c)})^2}}{2\rho k(\pi^*_{(cb)} - \pi^*_n)}$$

$$> \delta^*_h \ (\rho = 1) \quad (7.19)$$

则

$$\frac{\partial \delta_{h\rho}^*}{\partial \rho} = \frac{\pi_h^* - \pi_{h(c)}^* + \sqrt{4\rho k^2 (\pi_{h(chb)}^* - \pi_{h(c)}^*)(\pi_{h(chb)}^* - \pi_h^*) + (\pi_h^* - \pi_{h(c)}^*)^2}}{2\rho k^2 (\pi_h^* - \pi_{h(chb)}^*)}$$
$$+ \frac{k(\pi_{h(chb)}^* - \pi_{h(c)}^*)}{\sqrt{4\rho k^2 (\pi_{h(chb)}^* - \pi_{h(c)}^*)(\pi_{h(chb)}^* - \pi_h^*) + (\pi_h^* - \pi_{h(c)}^*)^2}} < 0 \quad (7.20)$$

式（7.19）表明，随着低需求阶段企业退出概率的增加，高需求阶段时，背离合谋的动机更大，需要更大的合谋临界贴现因子值。

式（7.20）表明，随着企业退出市场的概率增大，合谋所需临界贴现因子值变大，合谋变得愈发困难。因为厂商有可能在某个低需求时期退出市场，从而背叛策略对厂商的未来损失减小。由于小企业存续可能 ρ 比大企业小，故小企业在高需求阶段的降价动机要比大企业更强烈。

7.4　小　结

本章主要分析了产品纵向差异化下，质量水平高低、价格战、需求波动、退出可能性对厂商间合谋与背叛行为的影响。

企业通过对提供高、低不同质量产品厂商合谋临界贴现值的分析得出，随着 $\bar{\theta}$ 值的增加，两厂商产品的相对差异降低，厂商维持合谋所需要临界贴现因子值不断增加；提供高质量产品的厂商维持合谋所需要的临界贴现因子值要高于提供低质量产品的厂商。

通过价格战在产品链上的扩散分析得出，由于产品链条上存在"误伤效应"，局部价格战存在向整个产品链条蔓延的危险。只要贴现因子不够高，价格战连锁反应就易发生。

通过对需求波动下的合谋与价格竞争分析得出，需求波动下，高需求时，削价的诱惑很大，惩罚会带来相当于高利润和低利润平均数的损失，这时需要有一个更大的折现因子，才能够保证触发战略成为一个均衡战略，而默契合谋的垄断价格难以维持，导致价格表现出反周期的运动。若考虑增加企业存在退出可能，即当企业存在退出市场的可能时，在高需求阶段维持合谋所需求的贴现因子将更大。因此，小企业在高需求阶段降价的动机要比大企业更强烈。

第 8 章
政策建议与中国国内异地快递业的实证分析

　　本章基于前述理论分析的结果,提出有序竞争的相关对策;并以中国国内异地快递业为实证分析对象,对其从现实表象的角度证明快递服务商间竞争、合谋行为的存在及不稳定性,提出国内异地快递业有序竞争的相关建议。

8.1 产业政策建议

本节基于前述理论分析的结果,提出有序竞争的相关对策。

8.1.1 厂商应实施产品差异化战略

本书 3.2 节古诺假设下双寡头竞争均衡研究分析表明:(1)随着两厂商间差异化的不断增大,两家企业的产量会不断提高,利润水平也会不断增加,消费者收益的增益也越大;(2)从行业跟随者角度来看,产品差异化能在一定程度上抵消领先者的"先动优势",特别是差异化达到一定程度,跟随者的产量和收益将会超过领先者。

本书 4.1,4.2 节双寡头、三寡头产量重复博弈均衡研究表明,随着产品间差异性的增大,厂商产量调整波动受竞争厂商产量调整浮动的影响逐步减弱;当产品差异性很大时,其影响甚至可以忽略,且能够保持较好的市场稳定性。同时,具有较强差异和特色的市场竞争力较强的产品,具有摆脱普通产品产量波动影响的能力,因此,具有相对较高的市场价格并且需求量能保持稳定。

本书 5.1 节的分析表明,产品替代性越大,合谋后被动背叛的收益损失越大;不完全信息下,任何对策的平均收益都在下降。

本书第 5 章和第 7 章的分析表明,厂商的合谋行为受双方产品替代程度的影响,随着厂商间产品替代程度的提高,要求的折现因子也提高,合谋难度加大。

综上所述,产品差异化战略是企业核心竞争优势之一。

(1)差异化产品可以更好地满足消费者需求,同时也成就了厂商的高销售量或高价格。美国学者 Olav, Sorenson 曾对一些企业进行较为详证的调查,厂商产品的市场份额与产品差异性之间存在着某种程度的正相关关系。

(2)产品差异化无形中为潜在进入者或后进入者设置了相对较高的进入壁垒。现有产品的特色、种类以及所建立的商品信誉会提高该类产品市场的进入点,加大潜在进入者的进入难度。

(3)差异化战略能有效缓解厂商面临的激烈竞争压力。

8.1.2 灵活应对市场环境，行业间适度合谋，并采取一定措施，增强合谋稳定性

本书第 5、第 7 章的分析表明，厂商间若进行产量合谋或质量合谋，能够获得比竞争时更高的收益；同时也表明，主动背叛者比遵守协议者的收益高，但若双方都主动背叛，收益比完全竞争时还低。但若采取一定措施，如惩罚措施、增加合谋意愿度等，可以提高合谋的稳定性。

大量理论分析证明，若交易长期进行，在完全信息条件下，为获得长远收益，各交易主体有选择不降价，而占有市场的"默契合谋"行为的可能，特别是在竞争过度的产业间。此时，可建立行业自我保护机制，发挥行业协会的监督、协调和引导作用。介于政府与企业之间的行业协会，具有为国家（政府）与企业（成员）之间进行联结和沟通的作用；协会最清楚本产业的竞争特点，应帮助其建立同行业的协议制度；协会应定期发布各种消息，促进企业间的沟通与合作，使企业实现合作沟通，并在法律允许的范围内实现收益最优化。

8.1.3 厂商可适度实施进入阻止策略

（1）对在位厂商而言，新厂商进入市场，将存在巨大威胁。在位厂商为了保持自身的较高收益，会利用种种策略性行为，在自己与潜在者之间制造一些不对称现象，以影响潜在竞争者进入市场的进入阻止。本书 3.5 节三个垄断厂商进入阻止博弈分析表明，当两位或多位在位垄断厂商同时采取进入阻止策略，防止新的市场进入者时，在充分信息条件下，每个厂商为追求自身收益，将考虑双方的潜在影响利润，依据双方实力和资源共同承担阻止成本，而不会产生某部分厂商承担全部费用，其他厂商搭便车现象。

（2）本书第 6 章的分析表明，当后进入者的进入壁垒较高时，采取有效的进入阻止策略，可提高在位者的收益。

因此，从厂商防御角度分析，厂商应时刻关注产业动向，识别潜在进入者，适时选择并对入侵厂商采取防御战略措施。若当在位厂商有足够能力时，可采取正面迎击的阻击策略，以瓦解进攻者或者降低进攻者的强度；当在位厂商无力阻止进攻者或阻止成本过高时，可采取一定容忍策略，将损失降到最低。

8.1.4 政府实施合理的规制措施

本书 3.5 节和第 6 章分析表明,政府规则的不同进入成本和最低质量水平,极大影响着在位厂商和后进入厂商的质量决策,以及进入阻止策略,进而影响市场结构和消费者福利。

政府规制是政府(看得见的手)为实现某种政策目标,对规制对象所采取的对进入、退出、价格、投资等各方面的监督与管理行为,是政府对微观经济主体经济行为的规范和制约,是对自由放任的市场经济所固有的弱点和缺陷的补救。市场自由竞争下的社会资源的自由流动和优化配置只有在政府规制这只强有力的手的规范和制约之下才能实现。

最低质量标准设置可以提高产品质量,规范产业竞争,通过加强市场竞争,改善消费者福利,从而提高社会的整体福利。

8.1.5 建设公开、透明、开放、竞争有序的市场体系

(1)本书 3.1 节分析表明,垄断厂商在增加厂商利润的同时,减少了消费者剩余,而且消费者剩余的减少大于垄断厂商利润的增加,从而出现厂商个体利益和社会整体利益发生冲突的现象。与社会总福利最大化的竞争性选择相比,垄断导致了社会福利的损失,降低了资源配置效率。

(2)本书 3.5 节分析表明,若后进入厂商的进入壁垒过高,在位垄断厂商为了使利润最大化,会对潜在进入者采取进入阻止措施。

(3)本书 3.4,3.5 节的分析表明,在信息不完全条件下,信息优势厂商与信息劣势厂商的贝叶斯均衡产量和利润大小关系将依赖信息优势厂商的高成本或高产品替代的概率值以及相应识别因子的取值范围,不能实现社会整体福利的最大化。

(4)本书第 6 章分析表明,若在完全垄断情况下,垄断厂商将采取部分市场覆盖的垄断策略,使社会福利受到损失;若进入者进入成本 f 过高,在位厂商将采取策略阻止潜在进入者进入,以获取较高收益,降低消费者收益。

(5)本书第 6 章通过对比分析消费者收益最大化、社会福利最大化的政府最低质量规则,发现不同水平的最低质量规制对在位者和后进入者的质量

选择将产生很大影响，进而也影响在位者的进入阻止策略。

因此，为建设统一开放竞争有序的市场体系，信息应公开透明，企业应摒弃过去利用信息不对称钻营取巧的陋习。也只有这样，市场才会公平公正，资源才会有效利用。

8.2 中国国内异地快递业的实证分析

8.2.1 研究案例——中国国内异地快递业发展现状

快递业是现代物流的重要组成部分，虽然快递行业在国内只有 30 年的发展成长时间，但却有着巨大的发展潜力，并且保持着高速发展。2010 年至 2020 年间，中国快递行业整体业务量从 23 亿件增长至 833.6 亿件，年均复合增速 43.2%。近五年来，我国快递业发展情况如图 8.1、表 8.1 所示。受益于我国电商市场的快速发展和巨大红利，随着直播电商等网购消费模式不断向二三线及农村等下沉市场渗透，预计快递行业还有进一步的增长空间。2020 年，全国快递业务量完成 833.6 亿件，同比增长 31.2%，全年业务增量（近 200 亿件）已接近 2015 年全年业务量（205.6 亿件），其增速和增量均创历史新高。快递业务量连续七年稳居世界首位，占全球六成以上。随着国家对快递行业的不断重视，快递行业并购整合趋势将会加速，企业革新求变的动力不断提升，跨界融合也将成为我国快递行业未来发展的主旋律。预计 2021 年我国快递行业市场规模将超过 9690 亿元。

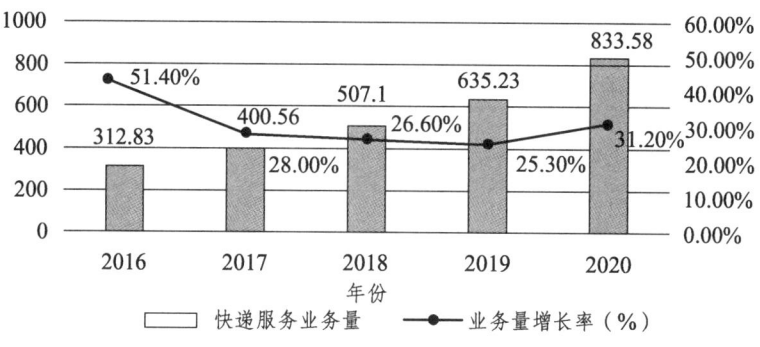

图 8.1　2016—2020 年中国快递业务总量及增长情况

表 8.1 2016—2020 年中国国内快递业务分类发展情况

年份	类型、数据					
	同城快递		异地快递		国际及我国港澳台快递	
	业务量及占比	业务收入及占比	业务量及占比	业务收入及占比	业务量及占比	业务收入及占比
2016	74.1 亿件，23.7%	563.1 亿元，18.22%	232.5 亿件，74.3%	2099.3 亿元，67.91%	6.2 亿件，2%	429 亿元，13.88%
2017	92.7 亿件，23.1%	732.3 亿元，19.40%	299.6 亿件，74.8%	2512.8 亿元，66.58%	8.3 亿件，2.1%	528.9 亿元，14.01%
2018	114.1 亿件，22.5%	904.7 亿元，19.70%	381.9 亿件，75.3%	3101.9 亿元，67.55%	11.1 亿件，2.2%	585.7 亿元，12.75%
2019	110.4 亿件，17.4%	751.8 亿元，13.82%	510.5 亿件，80.4%	3941.2 亿元，72.44%	14.4 亿件，2.2%	747.3 亿元，13.74%
2020	121.7 亿件，14.6%	766.4 亿元，12.03%	693.6 亿件，83.2%	4531.3 亿元，71.12%	18.4 亿件，2.2%	1073.4 亿元，16.85%

数据来源：中华人民共和国国家邮政局网站 2016，2017，2018，2019，2020 年邮政行业发展统计公报整理。

为加快快递业发展，我国出台了一系列规划，例如，《邮政业发展"十三五"规划》《快递业发展"十三五"规划》《"十四五"邮政业发展规划》，等等。各地区也相继出台了一系列规划，例如，《杭州市邮政快递业"十四五"发展规划》《青海省邮政业发展"十四五"规划》《湖北省邮政业发展"十四五"规划》，等等。良好的宏观政策环境、实体经济快速发展带动的快递需求，加上各地区发展规划的出台，进一步促进了快递业的蓬勃发展。但在快递业快速发展的同时，其内部也暴露出一些问题。

（1）"规模战""价格战"作为竞争手段依然处于主导地位，内资快递"微利化"和"无利化"趋势形成。这主要是由于没有形成差异化和专业化的快递市场竞争格局，且集中于低端服务水平的快递产品单一、同质化竞争所致。据快递物流咨询网统计，由于持续多年的"价格战"依旧，快递企业利润持续快速下滑。对于不可控因素较多的快递业来说，这个利润水平基本处于亏损的边缘。图 8.2 也反映出，业务收入增长率低于业务量增长率，快递服务商收益增长幅度放缓。另外，国内快递单价从 2016 年的 8.68 元/件下降至 2020 年的 6.5 元/件，下降幅度达 33.5%。

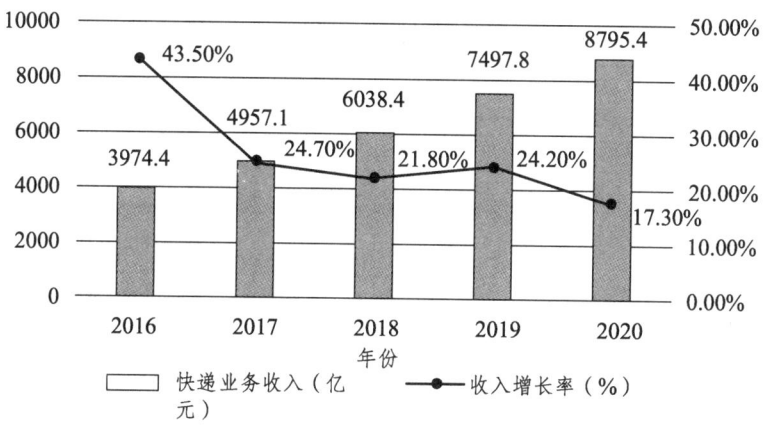

图 8.2 2016—2020 年中国快递业收入及增长情况

数据来源：中华人民共和国国家邮政局.2020 年邮政行业发展统计公报[EB/01]。
http://www.spb.gov.cn/xw/dtxx_15079/202101/t20210114_3760170.html

（2）申诉量大幅增长。2020 年 12 月，国家邮政局和各省（区、市）邮政管理局通过"12305"邮政行业消费者申诉电话和申诉网站共受理消费者申诉 23152 件。其中，涉及邮政服务问题的有 853 件，占总申诉量的 3.7%；涉及快递服务问题的有 22299 件，占总申诉量的 96.3%。在对快递行业的投诉中，服务态度差、快件延误、货物丢失、物件损坏等成为投诉重点，消费者对快递服务满意度不够高。如表 8.2 所示。

表 8.2　2020 年 12 月主要快递企业申诉率表

单位：件有效申诉/百万件快件

企业名称	申诉率	主要问题申诉率分布				有效申诉率
		丢失短少	投递服务	延误	损毁	
百世快递	2.68	1.04	0.55	0.61	0.28	0.01
DHL	9.3	0.18	0.53	4.21	0.7	0.18
德邦快递	6.47	1.32	0.51	0.55	3.72	0.87
递四方	2.44	0.66	0.28	1.23	0.07	0.24
EMS	4.9	1.96	0.63	1.6	0.56	1.42
FedEx	7.15	0.72	1.25	2.5	0.54	0.89
极兔速递	0.62	0.17	0.21	0.11	0.07	0.06
京东快递	0.92	0.29	0.14	0.13	0.29	0.002

续表

企业名称	申诉率	主要问题申诉率分布				有效申诉率
		丢失短少	投递服务	延误	损毁	
跨越速运	2.27	0.12	0.04	0.73	0.89	0.41
民航快递	5.22	1.04	/	4.18	/	/
申通快递	1.3	0.41	0.28	0.17	0.17	0.002
顺丰速运	3.36	0.94	0.25	0.31	1.7	0.02
苏宁易购	0.24	0.03	0.14	0.07	/	/
速尔	4.4	1.18	1.41	0.71	0.86	1.88
天天快递	6.94	3.05	1.03	1.62	0.68	3.16
UPS	22.12	4.05	1.08	13.22	0.27	0.54
优速	5.56	1.68	1.31	1.25	1.08	0.57
圆通速递	2.66	0.99	0.65	0.48	0.3	0.02
韵达快递	1.27	0.36	0.32	0.26	0.1	0.004
宅急送	16.57	2.38	6.5	4.76	1.92	1.1
中通快递	0.75	0.18	0.24	0.08	0.1	0.01
中外运-空运	0.12	0.03	0.03	0.03	0.03	/

数据来源：中华人民共和国国家邮政局网站.2020年12月邮政业用户申诉情况的通告。

快递产业是一个典型的寡头垄断竞争产业，服务商之间易出现合谋行为，而合谋行为的存在对快递服务商之间的产量决策、价格决策以及其他竞争决策等都会产生重要的影响作用，进而影响消费者福利，也会对快递产业的市场结构产生影响。

8.2.2 国内快递业领头企业概况

全国快递企业已达11000余家，其中主要的快递品牌已达20余家。一家专业大型行业研究网站研究，中国品牌力指数（China Brand Power Index，简称：C-BPI）给出了2020年中国快递十大品牌排行榜，如表8.3所示。

表 8.3　2020 年中国快递十大品牌排行榜

品牌名称	发展简述
顺丰 SF	顺丰速运（集团）有限公司，成立于 1993 年，广东省著名商标，中国速递行业中民族品牌的佼佼者之一，速递物流十大品牌之一
申通 STO	申通快递有限公司，成立于 1993 年，拥有 247 个独立城市营业所，179 个营业厅，1220 个操作点。2019 年中国服务业企业 500 强榜单在济南发布，申通快递有限公司排名第 263 位。财富中文网发布最新《财富》中国 500 强排行榜，申通快递有限公司以 170.13 亿元的营收排名首次入围上榜
圆通	上海圆通速递（物流）有限公司，总部上海，成立于 2000 年，国内大型民营企业。公司拥有 10 个管理区、58 个转运中心、5 100 余个配送网点、5 万余名员工，服务范围覆盖国内 1 200 余个城市
中国邮政 EMS	中国邮政速递物流股份有限公司，中国邮政集团公司直属全资公司，1984 年开办国内特快专递业务，中国速递服务最早、最大的供应商之一
中通 ZTO	中通快递股份有限公司，成立于 2002 年，国内物流快递行业领先型企业，大型民营快递企业集团。该快递公司成立至今已经有 3 万个服务网点，也有超过 6 600 辆长途车辆数量。2018 年全年业务量高达 85.2 亿件
韵达速递	上海韵达货运有限公司，成立于 1999 年，是集快递、物流、电子商务配送和仓储服务为一体的全国网络型品牌快递企业，服务范围覆盖国内 31 个省（区、市）及港澳台地区。2013 年以来，韵达快递相继与日本、韩国、美国、德国、澳大利亚等国家和地区开展国际快件业务合作，为海外消费者提供快递服务
京东物流	京东物流隶属于京东集团，2012 年正式注册物流公司，通过布局全国的自建仓配物流网络，为商家提供一体化的物流解决方案，实现库存共享及订单集成处理，可提供仓配一体、快递、冷链、大件、物流云等多种服务
天天快递 TTK	天天快递有限公司，成立于 1994，天天物流客户 30 万余家，其中世界 500 强客户 100 多家，客户群体遍及电子商务、纺织服装、医药化工、高科技 IT 产业、货代企业、进出口贸易、制造业等多个领域
德邦快递	德邦快递创建于 1996 年，总部位于上海市。以大件快递为核心业务，业务涉及快运、整车、仓储与供应链等多元业务的综合性快递、物流供应商，为跨行业的客户提供综合性的快递、物流选择，公司先后获得"守合同重信用企业""十佳电子商务服务商""中国物流杰出企业"等荣誉。德邦快递入选"2019 福布斯中国最具创新力企业榜"

续表

品牌名称	发展简述
百世快递	2010年，杭州百世网络技术有限公司成功收购"汇通快运"，随后更名为"百世汇通"，成为百世网络旗下的知名快递品牌。2019年前三季度快递包裹量超过51.4亿件，同比增长42.7%，高于26.4%的全国平均增幅

备注：C-BPI数据整理，排名不分先后，该统计不参与任何认证评比，也不进行任何竞价排名，仅供消费者了解快递行业产品品牌并作参考。

8.2.3 中国国内异地快递业市场结构分析

8.2.3.1 中国国内异地快递产业的市场集中度分析

鉴于各个快递服务企业异地快递量资料获取难度，及统计公报均以绝对集中度分析，本书也以绝对集中度分析为主。

1. 重点品牌快递企业发展情况

持续不断的价格战不断抬升行业的规模壁垒及标准化服务的水平线，二线企业由于与头部企业的规模差距越拉越大，规模效应明显弱于头部企业，导致其成本线难以跟上行业价格线的降低速度，业绩出现亏损，同时其服务时效也无法与头部企业相抗衡，许多企业陆续退出行业竞争。具体表现为三方面：（1）一线快递企业群雄逐鹿。如顺丰发力特惠专配扩流量，京东大力发展第三方物流。（2）国通、全峰、快捷、如风达等二、三线快递企业受到冲击，在激烈的市场竞争中陆续被淘汰出局，速尔受母公司友和道通影响处于生死边缘，优速在资本推动下被壹米滴答并购，唯品会旗下品骏快递终止业务。二、三线快递快速退场已成定局，前列市场竞争更加激烈。（3）平台型企业加强对快递物流领域的渗透介入。如京东在国内市场实现第三方寄递服务；阿里在国际物流线路开展总包业务，建立菜鸟实现仓配模式的核心布局，同时推出以"新配盟"为代表的城市配送新平台；美团推出新品牌"美团配送"，开放配送平台；饿了么旗下蜂鸟品牌独立，并升级蜂鸟即配；"新达达"更名为"达达集团"，旗下本地即时递送平台"达达"更名为"达达快送"，实施"零售+配送"双核驱动战略。

2. 快递品牌集中度

目前,中国快递服务已由原来的 EMS 占据主要地位的单极结构向多家快递企业参与竞争的多极结构转变。从 2015 年至 2020 年,快递行业整体竞争程度不断提高,集中程度呈上升趋势。排名前八位企业的快递与包裹服务品牌集中度指数(CR_8)从 76.7%上升至 82.5%,如图 8.3 所示。

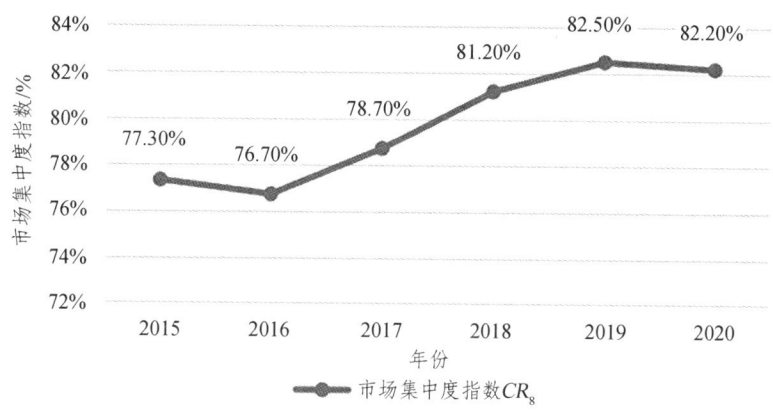

图 8.3 2015—2020 快递与包裹服务品牌集中度指数

由于快递服务地域辐射范围广,运输线路、接送快递服务点等,以及快件的收集、运送、中转、分拣、跟踪、送达都需要有庞大的网络支撑,不能仅凭借单条或互不相关的若干条线路进行递送,而是要求通过集散中心实现物件的整理和分拨,而且需要依托网络节点的扩充来展开快递辐射范围。因此,在地域性、网络性、规模性方面的特点决定了快递业应具有较高的市场集中度。

通过上面对 CR_n 指数的计算可以得出结论:CR_8 从 2016 年的 76.7%上升到 2019 年的 82.5%,上升了 5.8 个百分点,说明快递服务业前八家快递企业业务量、规模等的差距不断集中。市场结构特征处于高集中寡占和中上集中寡占型,市场集中度水平较高。

8.2.3.2 产品差异化分析

快递服务,主要提供物品速递服务,其产品差异性主要体现在服务水平(速递的时间、速递的安全性、速递的准确性、客户关系维护等)和服务领域（普通商品、特殊商品、速递范围等）方面。我国快递业由于发展时间短，企业间提供的服务水平和服务领域都没有较大差别，呈现出同质化恶性竞争态势。从快递服务使用价值的本质角度看，无论是国资的 EMS、中铁，还是民营快递如韵达、申通等，其提供的服务都是同质的，即通过各种交通工具，对货物进行快速投递。快递服务商间的产品差异化特征主要表现在两个方面：第一，从产品主体内容看，差异性比较小；第二，产品差异化主要表现为服务质量、营销手段以及消费者感知上的产品横向和纵向的综合差异。

1. 产品主体差异小

（1）产品类型同质性。快递服务的最终目的是为客户提供限时、安全可靠、准确，且具有动态信息跟踪和管理的门到门的取件和递送服务。因此，在这一层面上快递产品具有同质性。

（2）品牌功能同质。虽然各家快递服务商在自己的经营范围都开发了不同品牌的产品，但是除了品牌名称不同以外，其品牌特征、服务对象等方面都十分类似。

（3）服务对象同质性。在服务对象上，各大快递服务商的产品也表现出明显的同质性。

三大快递公司快递服务品牌、服务对象对比如表 8.4 所示。

表 8.4　三大快递公司快递服务品牌、服务对象对比

服务特色	EMS	顺丰	中通
高端品质	次晨达 发挥"全夜航"航空自有运输能力的网络优势，对资源进行整合推出高品质业务	顺丰标快 高品质门到门快递服务，各环节均以最快速度进行发运、中转和派送，并提供超时退费承诺	星联时效件 最高优先级，中心优先中转，网点优先派送，并对中转与派送时间进行了严格规定，保证了在第一时间送达客户手中
中高端	国内特快专递 兼具时效性和稳定性的高品质速递服务	顺丰即日 提供当日或次日送达的门到门快递服务	通达系 实行标准定价，提供次晨、隔晨、次日、隔日等时效承诺

续表

服务特色	EMS	顺丰	中通
中端	国内经济快递 主要为电子商务B2B、B2C以及C2C规模客户及商业客户提供时限较稳定的物品类寄递服务	顺丰特惠 寄递非紧急物品而设计的经济型快递服务	在指定服务范围和寄递时间内收寄，承诺揽收后3天内24点前送达
经济	国内快递包裹 以陆路运输为主的一项包裹寄递业务，主要面向居民及各类企业的包裹快速寄递市场	物流普运 发运大件或较重物品需求而推出的经济型物流服务	电子商务快件服务
特殊物品服务	国内特快专递	顺丰特安 寄递高价值物品（单票声明价值大于2万元小于30万元）而提供的特殊监控、专车派送和专业理赔的快递服务	贵重物品进行保值保价服务，办理货物保险服务

资料来源：各快递公司网站。

因此，快递服务商的产品差异性，主要表现在服务质量、市场营销手段等方面的差异，以及由此而产生的消费者心理差异。

2. 服务质量差异

（1）基础网络质量差异。在这方面，EMS依托国资背景，拥有首屈一指的航空和陆路运输网络。相比之下，各个民营快递服务商网络建设较晚，时间较短，服务地域范围有限，主要采用低价方式进入市场。

（2）具体接触服务上的差异。在与消费者每一次具体的服务过程中，从需求的角度看，不同的快递产品对快递时效、价格、安全性、方便性等有一定的差异。

（3）市场营销手段的差异。随着市场竞争的日益激烈、各快递服务商都采取了相应的市场营销手段，强化其品牌和服务形象，提出了"差异化服务产品"。

（4）消费者心理上的差异。各快递服务商经过多年经营和宣传，其提供的服务在消费者的主观印象、购买习惯上也都存在明显差异，形成了不同的品牌形象。

基于以上分析可知，各快递服务商提供的产品和服务虽然在服务质量、营销手段以及消费者心理方面存在一定差异，但在产品本质和主体内容方面还是具有较强的替代性。

8.2.3.3 市场进入与退出壁垒分析

1. 进入壁垒分析

（1）规模经济壁垒。由于快递服务所需求的网络性特点，快递行业中的规模经济效应非常突出，对规模、网点分布、网点数量、快递人员配备要求很高。因此，快递企业中快递市场的集中度很好地反映了市场中各企业的竞争程度和各个企业的规模。2020年，业务量累计排名前十位的企业，其业务量合计占全部快递业务量的比重达87%，占据了主要的市场份额。

（2）政策法规壁垒。国家和行业的政策法律对快递业发展起着重要的引导作用。2011年，国务院办公厅发布《关于促进物流业健康发展政策措施的意见》，要求破除地区封锁和体制、机制障碍，积极为物流企业设立法人、非法人分支机构提供便利，鼓励物流企业开展跨区域网络化经营，并进一步规范交通、公安、环保、质检、消防等方面的审批手续，缩短审批时间，提高审批效率。尽管如此，对于特定的行业和产品，相关物流企业仍需取得一定资质，具备专业的条件。

（3）必要资本壁垒。正如前面在政策法规壁垒中所提及的资金规模问题，由于快递服务所需的网络性特点，快递企业需要较强的运营能力和一定的管理技术，而且设施设备以及大量初始资金的投入，决定了我国国内异地快递产业的必要资本壁垒很高。

（4）产品差异化壁垒。由我国快递服务差异化的分析可以看出，我国快递市场产品主要以运输、仓储等基本快递服务为主，信息服务、咨询等增值服务的比重较小，服务的内容与类型十分有限，这决定了由产品差别化所造成的快递市场进入壁垒相应较低。

（5）企业策略性行为壁垒。在位快递服务商经常采用的限制竞争的策略性行为主要有：①通过一部分研发投资，抢先承诺提供多档次质量的产品，以填补消费者的需求空间，减少潜在进入者的期望收益，使其做出不进入的决定；②掠夺性定价策略；③加强营销活动；④加快扩张步伐。

2. 退出壁垒分析

快递企业退出快递市场，主要通过企业之间的兼并、重组或者选择破产的方式，其沉没成本壁垒和体制壁垒非常高。因为快递服务所需的专用设备、网络设施在退出产业时，难以以合理的价格及时转让，所以沉没成本壁垒比较高。在目前劳动力市场、资本市场等要素市场发展尚不完善的阶段，产业转移造成的人员就业转移、资本转移也非常困难，对于快递业所属的劳动力和资本都相对密集的产业退出的体制壁垒相对较高。

总之，中国快递产业的进入与退出壁垒都是巨大的，快递业是典型的投入大、产出慢的长线型行业。从以上对产品差异化、市场集中度、进入与退出壁垒三大方面的分析，可得出结论：中国国内快递服务业目前的市场集中度属于高寡占类型，在产品本质上，产品差异化程度比较低，而进入和退出壁垒都很高，市场结构属于典型的寡头垄断市场结构。在此市场结构下，厂商数目非常少，而厂商间的策略性行为对相互收益的影响大，因此，寡头企业之间竞争、合谋、背叛等各种策略交织。

8.2.4 快递服务商间竞争行为的现实例证

8.2.4.1 规模、价格、信息竞争

1. 后来者赶超

中国邮政 EMS（特快专递）自 1980 年开办以来，以较快的速度发展，很快步入发展的黄金时期，几乎垄断着国内快递市场。随后，民营快递企业异军突起，从价格、成本、速度、服务方面展开竞争并赶超，迅速站稳脚跟，并利用后天差异产生的后动优势弥补先天不足。在服务措施方面，民营快递实行了门到门服务、手对手交接、上门收件送件、对大客户还派驻专人到客户处提供收发快件服务；采取灵活自由的服务时间，等等。这些都促使民营快递公司更具竞争力。

2. 规模竞争

我国民营快递企业在集体性认识到规模发展的重要性后,众多的民营快递企业开始采取加盟、自营的方式来扩大网络布局,从而实现最终的规模效应。在市场的推动下,快递企业规模飞速扩张。在市场的召唤下,几乎所有的快递企业都在全力以赴扩大再生产。国家邮政局数据显示,2020年,顺丰营业收入达1540亿元,同比增长37.3%;业务量为81.4亿单,同比增加68.4%。"通达系"公司中,圆通、韵达、中通和申通营业收入分别为349亿元、335亿元、252亿元和215亿元;其业务量均实现两位数增长,分别为126.5亿单、141.4亿单、170.0亿单和88.2亿单。从2016年至2020年,中国快递员数量增长了64%,总数量已经突破350万。从快递服务网点数量来看,2014年我国只有13.2万处营业网点,到2020年我国快递服务营业网点数达到22.4万处。

有的快递企业在规模快速扩张中抓住机会,获得快速成长;而有的快递企业在规模快速扩张中资金链断裂,倒闭。例如,2019年3月,全峰快递处于破产边缘,他曾在全国范围内建立了65个大型转运中心和5000多家营业网点,运输车辆达到1万辆,员工人数超过5万人。而顺丰,在执行"快扩张"战略的过程中,很好地平衡了"快与慎"的挑战。顺丰以往最大的特点就是不融资,不贷款,完全靠自有资金发展滚动。如同本书第5章所分析的,当两个企业的产品产量调整速度满足稳定条件时,产品产量将趋于Nash均衡,同时企业获得各自的最大利润。如果企业的产量调整参数分布在稳定域边缘,产品产量将在Nash均衡点附近波动,一旦企业为了赢得前期优势而扩大产量调整速度,系统将离开Nash均衡,经倍周期分叉进入混沌状态,使产品产量产生剧烈波动,此时企业难以做出长期规划并获得稳定利润。同时快递行业特有的规模性特点更刺激了各快递企业加速扩大规模,存在快递行业不顾市场需求而在生产能力上盲目扩张,造成生产能力的盲目增加,这才是导致某些快递企业破产的原因。因此,快递企业要想可持续发展,在资源配置方面应更为集中合理,这样才能有效降低竞争的激烈程度,保持市场的供求平衡和行业内合理的利润水平。

3. 价格竞争凸显

结合本书7.1、5.3和7.2节的分析,由于各快递服务商间的同质化竞争,随着快递产品间的替代程度加强，纵向差异程度减少，维持合谋变得越来越困难，而价格战更加容易发生。2013 年，中国快递市场中快递全年业务量突破 90 亿件大关，而利润率却在持续下滑，这是由快递业的价格战造成的行业利润率大幅度下降。据西南证券研报，2019 年上半年，中通、圆通、韵达和申通快递单票收入分别为 1.74 元、3.19 元、3.3 元和 3.19 元，同比分别下降 0.18 元、0.38 元、0.04 元和 0.04 元。2020 年上半年，单票收入降幅较大的中通和圆通业绩不甚理想，出现下滑，净利润同比下降 0.37% 和 4.04%。从快递业务需求爆发时期开始，价格战就是其主要的竞争手段，典型的主要由以"四通一达"为代表的民营快递企业，通过超低的服务价格争夺市场份额，以达到其运作的规模性。

正如本书 7.3 节所分析的，随着需求波动的增加，在需求高的阶段时，需要有一个更大的贴现因子来保证合谋的产出，因此，背离合谋的动机更大，此时更容易爆发价格战。每年的"双十一"，都是快递价格战最激烈之时。如本书 7.3 节价格战在产品链上的扩散分析一样，价格战就像"多米诺骨牌"一样扩散到整个市场。

4. 隐藏或传递相关信息，获得相关优势

如本书 3.3、3.4 节所分析的，在不完全成本信息条件下，产品间的替代程度、成本函数的识别能力以及低成本识别因子的具体关系综合影响着信息优势厂商与信息劣势厂商的均衡产量和均衡收益大小关系。EMS 作为快递行业的先行者，在成本和差异性方面都具有信息优势。然而，随着顺丰等民营快递企业的进入，各快递企业对成本信息识别能力得到了增强，进而快速扩大了规模。

EMS 宣称自己拥有完善的运输网络，拥有一体化、高效率的顺畅运作等超乎民营快递低成本的优势。各服务商也都宣称自己服务的优势，让消费者和竞争者认为自己的服务具有强竞争性。

8.2.4.2 服务、网络、人才竞争

长期的低价竞争，使快递公司的利润逐步被蚕食。服务产品提价只能缓解眼前的恶性竞争势态但却不能长久并改善，服务模式单一、服务能力不足才是阻碍快递企业发展壮大的瓶颈。为了增强企业的竞争地位，越来越多的

快递企业纷纷寻求改进服务质量以期区别于竞争对手。而服务差异化才是快递公司避开恶性低价竞争，挖掘客户深层需求，提供额外增值服务，获得超额收益的根本之路。一些口碑好、服务质量高、网络能力强的品牌企业，逐步得到了消费者认同，业务量上升较快；相反，一些以加盟为主的、管理松散的、服务质量差的企业，市场份额逐渐萎缩，生存压力加大。

随着人们对快递配送速度的要求越来越高，各快递服务商相继推出更多的高速快递服务产品，航空运输能力成为竞争的关键。基于前述分析可知，快递服务竞争，最根本的就是网络和服务竞争。网络竞争应由过去的"你无我有""你有我优"阶段上升到根据市场竞争与客户需要进行动态调整和适时优化的"你中有我，我中有你"的竞争合作高层阶段。

8.2.4.3 倒闭、兼并风潮

据快递物流咨询网统计，从 2010 年开始，我国快递企业之间的并购、重组案例主要有 15 起，最近几年明显增多（见表 8.5）。快递业彼此间的竞争日趋激烈，新一轮市场重组必将进行。

表 8.5 中国国内异地快递近年倒闭、兼并典型案例

年份	倒闭、并购事件
2014	西安的世合集团以 3 亿元的投资并购汇强快递； 宅急送从复星基金融资 10 亿元； 天地华宇并购凡客旗下的如风达快递； 顺丰速运并购了星程宅配等"落地配"公司
2015	阿里巴巴入股圆通 20%
2017	苏宁收购天天快递； 快捷快递与申通"合作"转战快运； 嘉里物流收购兰州捷时特物流； 圆通拟收购先达国际
2019	凡客诚品旗下的如风达快递宣布暂停业务； 国通快递全网停工； 全峰快递倒闭； 顺丰收购品骏快递
2020	极兔速递与拼多多联盟； 海航集团破产重整

8.2.5 快递服务商间合谋行为的例证分析

合谋达成需要有信息交流和协议签订的过程，之后合谋的稳定问题也非常重要。不稳定的合谋将有两种后果：以极端的方式进行合作，就是合谋内部的企业相互兼并，成为同一家企业；合谋破裂，回归竞争。

本书在百度搜索了国内异地快递服务商有关价格方面合谋的相关案例。2015年4月，中国邮政通过菜鸟网络向社会开放5000个邮政自提网点作为菜鸟驿站，包括邮局、邮政的报刊亭、代办点，这些网点均为网购用户提供包裹代收服务；同年6月，百世汇通和圆通宣布先期加入菜鸟驿站，且表示菜鸟驿站将向所有快递企业开放，这相当于让菜鸟驿站走出校园，进入社区，为网购用户提供包裹代收服务。2018年，顺丰联合申通和中通，实现了智能快递柜的合作——丰巢智能快递柜。丰巢智能快递柜利用24 h自助开放平台真正实现了消费者从"等快递"到直接"取快递"。快递公司采取的一系列合谋举措有助于快递公司之间减少恶性竞争和相互压价的行为。

8.2.6 兼并、合谋的阻碍

由于公司间的基因、体制、运营方式、人员构成等诸多方面存在差异，融合难度很高，合谋存在一定阻碍，甚至瓦解。

1. 价格合谋瓦解

合谋前寡头企业之间进行着激烈的价格战，为缓和恶性竞争态势，寡头企业具有合谋意愿并实施合谋，但由于着眼个体利益，价格联盟瓦解。掌握着淘宝网近八成快递业务的申通、中通、圆通、韵达四家快递公司，因难以忍受网购快递的成本压力而结成"三通一达"涨价联盟。但是，2019年6月份，申通快递为了争夺订单量，直接把价格下调到9毛每单，随后其他几家快递公司也不得不下调价格应战；面对激烈的价格战，各家快递公司只能谈判，算是暂时止战。这几家快递企业为缓和激烈的价格战而建立了价格联盟，因没有达成具有约束力的协议，各主体只关注自身的最大利益，而忽视长期的利益和整个行业的整体利益，该价格联盟最终必定因利益冲突而瓦解。

本书在百度搜索了国内异地快递服务商有关价格方面合谋的相关案例，部分案例整理如下。

2019年9月，圆通、中通、申通、百世汇通、韵达等快递企业先后进行较大幅度提价，由原来的首重2.6元/千克上涨至4元/千克，续重由1~2元/千克上涨至4元/千克，同时对涨价前已经签订合同的商家，快递企业予以单方面毁约。因快递费上涨，一些商户想更换合作方，但其他快递企业均不收货，由于商户无正当理由拒绝交易，只能被动接受原合作快递企业涨价。

2014年8月1日，重庆圆通、申通、中通、汇通、韵达、天天六家快递公司统一提高了快递收费标准。经查，六家快递公司调价前多次召开价格协调会议，存在相互串通、操纵市场价格的行为，违反了价格法相关规定。与此同时，湖南湘潭地区也有多家快递公司同时涨价遭到投诉。统一涨价事件暴露出快递业近年来低价竞争的恶果：不少快递公司已无法承受价格战，行业低水平的发展模式难以为继。这是加盟商的自发行为，与圆通快递公司总部无关，而且这也是总部严厉制止的行为。由于目前全国多数大型快递公司采取"直营+加盟"模式，以圆通为例，对于终端网点、加盟商，圆通只有建议权，没有决定权。该负责人还透露了一个"公开的秘密"，即一般情况下，总公司只规定一个成本价，加盟商自行把握利润。

2. 兼并、收购的阻碍或瓦解

快递企业兼并重组，是促进快递产业转型升级和跨越式发展的快速路径。但目前快递业的兼并、收购案例中存在一些阻碍或者不成功的事件，收购后问题重重，中国快递业的横向并购面临非常大的挑战，应引以为鉴。

在2017年，为补齐苏宁最后一公里配送能力，苏宁以42.5亿元交易总额收购天天快递。随后京东对外表示，其大件物流体系实现了在中国大陆地区2854个行政区县的全覆盖，以及全国65万个行政村中的53万个。而根据公开数据，京东在以中小件为主的自建物流网络也已覆盖中国大陆93%的区县，"211限时达"及次日达订单占比已经达到了85%，冷链物流网则通过七地生鲜仓在全国不断扩张。

收购天天快递是苏宁发展步伐的重要一步。同年，申通快递以自有资金1.33亿元对快捷快递有限公司进行增资，增资完成后取得快捷快递10%的股权。申通快递率先在业务合作和股权投资方面进行了尝试。圆通收购先达系中国快递行业第一起跨境并购案。预计将有越来越多的快递公司寻求并购路径向海外进军。

8.3 快递行业有效竞争，合谋策略建议

作为组织行为的竞争、合谋，会受到组织所处社会环境等诸多因素的影响。基于前面几章的理论和现实分析，本章对快递服务商间有效竞争与合作，从服务商和政府两个角度提出相关建议。

8.3.1 快递服务商应从规模、价格竞争转向价值提升

对已经有所积累并快速发展的快递行业，采用低价竞争来阻止竞争对手，是"双败"后果。随着法规健全和竞争有序的市场的发展，应以合理价格和成本，提供合适服务质量和客户满意度。

1. 市场细分

快递企业应将客户分类，针对不同类别客户对各项服务的关注度和企业的核心竞争力，设计出各具特色的主打产品，以不断增加市场份额。随着快递企业走向成熟，细分市场是今后快递业转型重点发展方向。例如，顺丰特安产品，寄递高价值物品（单票声明价值大于 2 万元小于 30 万元）而提供的特殊监控、专车派送和专业理赔的快递服务。

2. 产品与服务多元化发展

未来中国快递企业还需要进一步开发多元化、多层次的服务产品组合，以满足不同客户的需求，最大限度地拓展市场份额。快递领域竞争日趋激烈，原始的价格战最终将损害企业利益，也会忽视用户的实际需求。服务领域的竞争，需要企业了解市场、抓住客户，通过各种技术手段为用户提供更好的服务体验。例如，国际四大快递企业，历经多年发展，目前经营范围已涵盖物流、电商、金融、保险、咨询等综合业务。

3. 仓储配送一体化服务

抓住电子商务发展的契机，"三通一达"从 2012 年开始实施"电商仓储一体化"发展战略，为 B2C 电商提供"仓储+配送"服务。仓配一体化的服务旨在为客户提供一站式仓储配送服务，即订单后阶段的一体化解决方案下

的仓储与配送的无缝结合，特别是在电商行业，仓配一体化更是需求迫切，这是因为电商改变了传统的配送模式，由以前的 B2B 变成了 B2C，而电商企业又大多不具备仓储配送能力。

4. 发展增值衍生服务

快递企业同质化竞争的后果是价格战，导致恶性竞争，影响了行业健康发展。在快递本业基础上积极发展增值衍生服务，例如，移动广告、咨询和培训、大数据分析等，可创造更多价值。

5. 重视品牌建设，不断提升品牌价值

现阶段，同质化现象严重，缺乏差异化和有力的竞争，整个行业资源整合程度相对较低，很大程度是由于快递企业在品牌建设认识上的不足，缺乏准确定位。在激烈竞争状况下，各快递企业应加强建立特有的品牌文化，如在速度、售后服务、信息跟踪、安全等方面形成独有的品牌，不断提升实力和品牌。

8.3.2 快递服务商间资源整合，加强合作

鉴于港口、码头、场站、领空等许多传统物流资源的排他性，现代快递服务设施的高投入性，以及进入新兴市场的壁垒和风险等，企业无论是想增加现有市场份额，还是在以开辟新市场领域为动力所发动的竞争中，选择合作伙伴结成强大的物流网络所带来的先动优势和规模效应成为首选。

1. 横向资源整合：战略联盟

横向整合可产生技术协同效应、管理协同效应和市场协同效应，进而提升我国快递企业的实力。快递业的网络特性，决定了规模经济及范围经济在很大程度上是影响产品成本差异和企业效率差异的重要因素。目前，网络的分散化、重复建设、不规模性极大制约了快递企业的发展。因此，需要加强合作，整合资源，建立战略联盟，以此来增加服务品种，扩大服务的覆盖面，为客户提供一体化服务，提升市场份额和竞争能力。我国的快递企业要认清形势，结成战略联盟，互相利用对方的优势，互惠互利，优化网络、整合资

源，以降低快递企业的运营成本，共享彼此的网络资源，形成规模效益，获得更好的发展机会。

2. 混合整合模式：多方参与主体，获得多方资源

混合整合模式是横向整合模式与纵向整合模式的统一，这既有对处于快递企业上下游位置间的企业整合，也有处于平行位置的快递企业的整合与联盟，获得多方资源。例如，由阿里巴巴集团主导，各快递企业以及相关金融机构共同组建的"菜鸟网络科技有限公司"，利用先进的互联网技术，建立开放、透明、共享的数据应用平台，为电子商务行业、物流行业、供应链服务商等各类产业服务，努力打造遍布全国的开放式、社会化物流基础设施。这种横向整合，可创新物流服务内容并提高物流服务质量，支持物流行业向高附加值领域发展并升级，最终建立社会化资源高效协同机制。

横向资源整合与纵向资源整合只有灵活地结合，才能更好地实现资源共享与规模经济，但需注意联盟稳定的两个关键问题：第一，协同关联度问题。协同关联度的高低关系到物流联盟系统的稳定程度；各子系统的协同关联度高，就意味着他们之间的合作可以达到很高的协同程度，进而使系统的有序化程度也高；有序化程度越高，物流联盟越具有稳定性，就越有可能实现共同的目标。第二，合理的利益分配机制对物流联盟的稳定性具有决定性作用。物流联盟能够稳定和发展，合作伙伴之间的利益分配必须要合理，否则物流联盟就存在不稳定因素。由于准确评估合作伙伴的贡献在物流联盟创建之初难度很大，而且可能存在各种隐藏行为和机会主义行为，所以，设计既有约束性又有灵活性的利益分配机制是非常重要的。

8.3.3 规制快递服务商有序竞争、合谋行为的政策建议

1. 鼓励有序竞争

全面开放国内包裹快递市场，对符合许可条件的外资快递企业，按核定业务范围和经营地域发放经营许可证。政府不断优化快递业发展环境，推动企业转型升级、健康发展，这将进一步增强我国快递业对经济社会的服务作用。快递业将来的监管重点应该是对竞争秩序进行监管，对安全加以监管，对消费者的利益保护进行监管，对公共利益的保护进行监管，包括对诚信体

系的建设。

2. 规范准入、退出机制，加强监管、完善相关法律制度

对贯穿于快递服务商准入、运行、退出市场的各环节进行有效监管，要运用法律、经济、行政等各种合理方式，对运行的各环节和各方面进行规划、组织、协调和控制，以利于快递服务市场的高效、平稳、有序发展。

3. 快递服务质量规制

由于快递服务质量密切关系到公共利益和社会利益，所以快递服务质量规制是重要的规制目标。快递业规模经济和范围经济引起的进入障碍和市场同质化竞争、价格竞争，使得在位企业缺乏提高服务质量的动力。本书第6章分析指出，有序的竞争和合理的市场结构能提高快递服务质量，而且有效的服务质量规制有利于服务质量逐步提高和社会利益最大化。

但服务这种看不见摸不着的无形产品，不能基于有形产品质量规则的方式来制定服务质量规制，因此，它与产品质量规制有很大不同。政府和公共服务部门应该结合经济、技术发展水平，以及社会公众、厂商目标等各方主体的利益诉求，合理制定质量标准。在标准执行方面，应在市场经济基础上，依靠维护自身利益的行业主体的自律规范和政府超经济的强制力量来实施。

4. 鼓励并购、重组

快递业显著的规模经济和网络特征，决定了该行业应具有较高的市场集中度。快递业发展的初、中期，集中度较低，必将通过并购整合而提升。快递企业的并购有利于我国快递产业做大、做强，有利于培育品牌优、实力强、具有国际竞争力的民族快递企业；有利于快递产业的优胜劣汰，有利于组建大型快递企业集团，有利于提升快递产业的集中度，有利于内资快递企业的转型升级。成功的并购和重组不仅能帮助企业实现低成本扩张和跳跃式发展，还能在短期内进入新业务领域。

2011年5月，国家邮政局就已发布《关于快递企业兼并重组的指导意见》。该《意见》指出，积极支持快递业兼并重组的各项优惠政策，争取五年内，培育出一批年收入超百亿、具有较强国际竞争力的大型快递企业。在2019年的收购案例中，阿里巴巴收购网易考拉，苏宁易购收购家乐福中国，物美并

购麦德龙等案例均入选本年度十大并购事件。

但又要注意，并购重组在形成规模经济的同时，若未有效控制，会在一定程度上使产业形成过度集中，增加企业超强的市场势力，这可能形成新的垄断；一旦产生垄断，组织就有可能凭借其垄断地位对提供的快递服务制定高于市场的垄断价格，导致社会福利损失。因此，需要加强对兼并重组后企业快递服务的监督管理。

8.4　小　结

基于前述理论分析的结果，提出产业有序竞争的相关对策，具体包括：（1）厂商应实施产品差异化战略。（2）依据市场环境，行业间适度合谋，并采取一定措施，增强合谋稳定性。（3）厂商可适度实施进入阻止策略。（4）政府实施合理的规制措施。（5）建设公开、透明、开放、竞争有序的市场体系。

接着以中国国内异地快递产业为案例分析，从市场集中度、产品差异化、进入与退出壁垒三个角度，以"理论+实证"的方式，对我国国内异地快递业市场结构进行了分析，得出目前中国快递产业是寡头垄断市场结构的结论。产业内企业彼此依赖严重，竞争、合谋行为交织、转换。另外，从现实表现佐证了快递服务商间存在规模、价格、信息竞争，服务、网络、人才竞争，倒闭、兼并风潮、进入阻止策略竞争策略；同时也存在与合谋行为紧密相关的价格合谋、深层合谋及合谋的阻碍与瓦解，指出合谋的破裂、激烈的竞争也促成快递服务商间的合谋行为的发生。组织的竞争、合谋行为深受外界社会环境的影响，基于前几章的理论和现实分析，本章最后对快递服务商间有效竞争与合作，从服务商和政府两个角度提出相关建议。

第9章
结论与展望

9.1 主要结论

厂商对策行为的竞争与合谋间歇性长期存在，本书针对产品差异性对厂商间竞争、合谋及稳定性影响，应用合谋理论、博弈论数学模型、古诺产品差异化模型、Lancaster 模型及其扩展模型，从静态和动态两个角度，揭示了厂商间竞争、合谋行为的机理、影响因素；对我国快递业高速发展和存在的问题，基于前述理论分析，从现实表象角度证明快递服务商间竞争、合谋行为的存在性，并提出有序竞争、合谋行为的建议，从而为企业的决策和对策行为选择和政府管制政策的实施提供一定的理论依据。通过系统的探索与研究，本书得出以下结论。

（1）主要应用博弈论方法，从产品横向差异化的角度对厂商处于完全垄断，双寡头垄断竞争，同时决策、先后决策竞争均衡进行分析和比较；讨论成本信息不完全、产品差异信息不完全下的两个厂商的竞争均衡；最后对三个垄断厂商进入阻止策略进行了分析。

① 当产品存在差异性时，均衡价格、均衡产量和均衡利润都要高于产品无差异时的均衡价格、均衡产量和均衡利润，进而证明实施产品差异化更有利于厂商获利；领导厂商先决策，运用领导优势，产量、收益较同时决策时提高；对于跟随者来说，差异化能抵消领先者的"先动优势"，尤其是当差异化达到一定程度，跟随者的产量和利润将会超过领先者。

② 在信息不完全条件下，信息优势厂商与信息劣势厂商的贝叶斯均衡产量和利润大小关系依赖于信息优势厂商的高成本概率值、产品间的替代程度以及识别因子的取值范围。信息优势厂商将依据利润最大化来决定隐藏或者传递真实信息。

③ 对三个垄断厂商进入阻止策略进行了分析，得出在位垄断厂商同时进行阻止进入决策时，两个厂商投入资源差与其边际成本差相反，优势厂商投入的资源更多；产品差异性影响进入阻止成本，产品差异性越大，投入的进入阻止成本越少。

（2）基于双寡头和三寡头垄断市场，建立了基于产品横向差异的双寡头和三寡头产量重复博弈模型。

① 双寡头系统稳定性分析表明，当两个企业的产品产量调整速度满足稳

定条件时，企业的产品产量将趋于 Nash 均衡，同时获得各自的最大利润。如果企业的产量调整参数分布在稳定域边缘，产品产量将在 Nash 均衡点附近波动；一旦企业为了赢得前期优势而扩大产量调整速度，系统将离开 Nash 均衡，经倍周期分叉进入混沌状态，产品产量剧烈波动，企业难以做出长期的规划并获得稳定利润。但若厂商间产品替代程度降低，产量波动范围将变小。

② 对有限理性预期规则下的三寡头市场的产量重复博弈模型的动态演化过程进行详细分析发现，企业为了增加利润可能加快对产量的调整，任何一方的调整速度超出稳定域都可能使系统陷入不稳定状态。这表明，当市场上的寡头数目增多时，由于可替代产品间存在差异，尽管博弈企业采用相同的决策规则，博弈系统也会出现较双寡头市场更加复杂的性态与结果。

（3）从机理角度对产品横向差异对合谋稳定性的影响进行分析。

① 在双寡头完全合作情况下，对收益、产量、价格进行分析，博弈分析的结果是（完全竞争，完全竞争），合作后的决策是（背叛，背叛），尽管此时收益最低。在不完全信息下，纳斯策略、合作策略、背叛策略的概率、产品替代程度将综合影响厂商的平均收益，厂商将依据平均收益最大化原则，灵活调整策略选择。

② 通过部分合作、背叛收益及演化稳定性分析得出，企业的演化稳定合作意愿度参数为 $\alpha^* = 0$，即企业群里企业的演化稳定转为不合作状态。

③ 讨论了两种惩罚规则（纳什回归、T 时期惩罚）下共谋和产品差异度的关系，即随着厂商间产品替代程度的提高，要求的折现因子也提高，表明合作难度加大。但从经济意义上看，产品替代性程度增加，产品趋于同质，企业间为了避免激烈的市场竞争，共谋合作的可能性也会增加。随着背叛惩罚期时段的加大，共谋合作的可能性降低，而且比 NR 惩罚模式下的共谋折现因子低。

④ 在不完全信息下，对双寡头博弈动态调整合作机制进行了研究，生产企业在针锋相对策略思想下可能产生合作，但均衡稳定性对参数敏感，并不能保证在该策略下达到 Pareto 最优状态。同时对针锋相对策略进行了改进，在加入反馈控制之后，合作具有自发性，该系统也在一定范围内达到稳定。

（4）分析了产品纵向差异下厂商的进入、阻止行为，研究比较了完全垄断下厂商市场行为、两厂商同时质量定位、高低质量厂商分别在无最低质量规制时和政府不同最低质量规制下序贯质量定位，在位厂商的竞争、进入阻止，跟随厂商的进入策略行为机理。

① 同时质量决策下，高低质量厂商的市场份额、收益相同；序贯决策下，在位者收益高于同时质量决策时的收益，具有先进入优势，进入者收益低于同时质量决策时的收益；不管在位者是高质量企业还是低质量企业，在位者收益、后进入者收益、消费者收益和社会总福利均保持不变。

② 通过质量序贯决策下的厂商进入阻止策略分析比较可得，高质量在位者可采取降低质量水平，低质量在位者可采取提高质量水平的策略阻止进入者进入。若阻止成功，则当 $\frac{0.008874}{r} < f < \frac{1}{18r}$ 时，阻止策略时的收益大于容纳进入策略时的收益，当 $0 < f < \frac{0.008874}{r}$ 时，阻止策略时的收益小于容纳进入策略时的收益；若阻止未成功，进入阻止策略时的收益小于容纳进入策略时的收益。因此，进入成本高低对厂商进入阻止策略的选择非常重要。

③ 以消费者收益最大化制定的最低质量标准，不管高低质量厂商的进入先后次序，最低质量标准都是一致的，高质量厂商的质量水平为 $\frac{8\bar{\theta} + \sqrt{241} - 11}{16r}$，低质量厂商的质量水平为 $\frac{8\bar{\theta} + 3\sqrt{241} - 49}{16r}$；低质量和高质量企业的质量水平都提高了，有利于提高整体质量水平，提高消费者的效用，提高低质量厂商的收益，但降低了在位高质量厂商和社会的整体福利；高低质量产品间的差异缩小了，从而增加了两产品间的价格竞争，低质量产品的份额提高了，高质量产品的份额降低了。最低质量标准的设置，影响了在位者的进入阻止策略的选择。

④ 以社会福利最大化制定的最低质量标准，当在位者是高质量产品企业时，提高了后进入低质量厂商的收益，提高了整体质量水平，增加了社会福利，但降低了在位高质量厂商的收益。当在位者是低质量产品企业时，最低质量标准并没有改变在位者和进入者的质量选择，在位者和进入者的进入阻止行为和进入行为与无最低质量标准时一样。

⑤ 因为符合社会福利最优的最低质量标准缩小了在位者和进入者之间可选择的质量差异，在位者是高质量产品企业时所获得的利润小于在位者是低质量产品企业时所获得的利润，而进入者是低质量产品企业时所获得的利润要大于进入者是高质量产品企业时所获得的利润。因此，在进入成本较小的

情况下，如果在位者能够自主选择，在位者会选择生产低质量产品。

（5）分析了产品纵向差异化下，质量水平高低、价格战、需求波动、退出可能性对厂商间合谋与背叛行为的影响。

① 企业通过对提供高低不同质量产品厂商合谋临界贴现值的分析得出，随着 $\bar{\theta}$ 值的增加，两厂商产品的相对差异降低，厂商维持合谋所需要的临界贴现因子值不断增加；提供高质量产品的厂商维持合谋所需要的临界贴现因子值要高于提供低质量产品的厂商。

② 通过价格战在产品链上的扩散分析得出，由于产品链条上的"误伤效应"，局部价格战存在向整个产品链条蔓延的危险。贴现因子不够高，价格战连锁反应就易发生。

③ 通过对需求波动下的合谋与价格竞争的分析得出，需求波动下，高需求时，削价的诱惑很大，需要有一个更大的折现因子才能够保证触发战略成为一个均衡战略。当企业存在退出市场的可能时，在高需求阶段维持合谋所需求的贴现因子更大。因此，小企业在需求高的阶段降价的动机要比大企业更强烈。

（6）基于前述理论分析的结果，提出有序竞争的相关对策；以中国国内异地快递业为实证分析对象，对其从现实表象的角度证明快递服务商间竞争、合谋行为的存在、不稳定性，提出国内异地快递业有序竞争的相关建议。

① 基于前述理论分析的结果，提出产业有序竞争的相关对策，具体包括厂商应实施产品差异化战略；依据市场环境，行业间适度合谋，并采取一定措施，增强合谋稳定性；厂商可适度实施进入阻止策略；政府实施合理的规制措施；建设公开、透明、开放、竞争有序的市场体系。

② 对中国国内异地快递业实证分析后，从服务商和政府两个角度提出相关建议。快递服务商应从规模、价格竞争转向价值竞争，实现良性竞争；强化资源整合。公共政策应鼓励有序竞争，规范准入、退出机制，加强监管、完善相关法律制度，快递服务质量规制，鼓励并购重组。

9.2 展望

本书在查阅大量相关文献基础上，针对产品差异性对厂商间竞争、合谋及稳定性影响进行了深入研究。虽然做了一定的工作,但研究中仍然有许多不足之处,还值得进一步深入研究。

(1) 产品差异化模型参数与产品生产成本函数、产品性能成本函数联系紧密,但书中做了简化处理。如在古诺产品差异化模型中将单位成本简设为 c_1,c_2,Lancaster 模型中将单位成本简化为 $C = rs^2$,未对成本模型进行扩展,这在一定程度上影响了本书有关结论的准确性,但这不改变本书的基本结论和适用性。

(2) 实证部分,在对中国国内异地快递业深入分析时,应结合给定的研究假设或改变研究假设,使一些研究假设能够更好地反映案例的现实情况并应用真实数据,从而提高研究结论的质量。然而,虽然通过各种渠道,想方设法地来搜集资料,但收效甚微,原因是商业机密,没有一家快递服务商提供成本、业务量、服务质量等系统信息。因此,只能从能搜索到的新闻报道中对分析结论做定性和案例佐证,希望以后能根据实际数据验证本书中提出的相关理论。

参考文献

[1] 盛文军. 产品差别化的经济分析[D]. 南京: 南京大学, 2003.

[2] 杨建文. 产业经济学[M]. 上海: 上海社会科学院出版社, 2008, 56.

[3] 李雪. 产品差别化、市场透明度与合谋[D]. 上海: 上海财经大学, 2006

[4] 张秋红, 刘国亮. 垂直差异化与电信运营商合谋分析[J]. 商业研究, 2013, 01: 41-46.

[5] 杨菲菲. 中国电力产业监管中规制合谋及其防范机制设计[D]. 重庆: 重庆大学, 2012.

[6] 张彦博, 寇坡, 张丹宁, 等. 企业污染减排过程中的政企合谋问题研究[J]. 运筹与管理, 2018, 27(11): 184-192.

[7] 潘越, 汤旭东, 宁博, 等. 连锁股东与企业投资效率: 治理协同还是竞争合谋[J]. 中国工业经济, 2020(02): 136-164.

[8] CAO W Q, XU X. Analysis of the cooperation strategies between HSR express and express companies based on evolutionary game theory[J]. Advances in Transdisciplinary Engineering, 2020(12).

[9] AGLIARI A, NAIMZADA A K, PECORA N. Nonlinear dynamics of a Cournot duopoly game with differentiated products [J]. Applied Mathematics and Computation, 2016, 281: 1-15.

[10] 石岿然, 肖条军. 双寡头纵向产品差异化市场的演化博弈分析[J]. 东南大学学报(自然科学版), 2004, 7: 523-528.

[11] 雷娟. 具有网络外部性差异化产品的博弈分析[J]. 商业研究, 2005, (18): 165-167.

[12] 芮明杰, 李想. 差异化、成本领先和价值创新——企业竞争优势的一个

经济学解释[J]. 财经问题研究, 2007, 1: 37-44.

[13] 王国才, 陶鹏德. 网络外部性存在下的产品差异化竞争与价格歧视策略[J]. 系统管理学报. 2007, 2(16): 41-46.

[14] 胡建兵. 基于二角形分布的纵向产品差异化模型[J]. 哈尔滨工程大学学报, 2008, 4: 425-43.

[15] 邓添予. 网络零售供应链服务差异化策略及产品定价研究[D]. 成都: 西南财经大学, 2013.

[16] 肖剑, 李园园, 张旭梅. 产品差异化下的线上与线下供应链合作广告微分对策[J]. 计算机集成制造系统, 2018, 24(08): 2088-2097.

[17] 祝树金, 钟腾龙, 李仁宇. 进口竞争、产品差异化与企业产品出口加成率[J]. 管理世界, 2019, 35(11): 52-71+231.

[18] 胡志强, 胡渊, 狄晨晨. IPO 前后的企业产品差异化动态策略——引入股价信息学习的模型与实证[J]. 中国管理科学, 2020, 28(05): 52-61.

[19] CHANG M. The effects of product differentiation on collusive pricing[J]. International Journal of Industrial Organization, 1991, (9).

[20] HACKNER J. Endogenous product design in an infinitely repeated game [J]. International Journal of Industrial Organization, 1995, (13).

[21] ROSS T W. Cartel stability and product differentiation [J]. International Journal of Industrial Organization, 1992, (10).

[22] HACKNER J. Collusive pricing in markets for vertically differentiated products [J]. International Journal of Industrial Organization, 1994, (12).

[23] 李雪. 产品差别化、市场透明度与合谋[D]. 上海: 上海财经大学, 2006.

[24] 赵玻, 岳中刚. 厂商合谋理论研究综述[J]. 财贸研究, 2008, (04): 10-15.

[25] 何慧爽. 垂直差异化与合谋稳定性关系分析[J]. 技术经济与管理研究, 2012, (08): 17-20.

[26] DREBER A, FUDENBERG D, RAND D G. Who cooperates in repeated games: The role of altruism, inequity aversion, and demographics[J]. Journal of Economic Behavior and Organization, 2014, 98(2): 41-55.

[27] AV A, CI B. More than words! How narrative anchoring and enrichment help to balance differentiation and conformity of entrepreneurial products[J].

Journal of Business Venturing, 35(6).

[28] 王志江. 产品替代性程度与企业共谋合作关系的研究[J]. 数学的实践与认识, 2006, (03): 91-95.

[29] 王皓. 差异化产品价格战的产生与扩散机制分析[J]. 经济评论, 2012, (02): 16-22+30.

[30] 何慧爽. 产品差异化、竞争强度与企业R&D策略分析[J]. 科学学研究, 2010, 09: 1361-1367.

[31] 何慧爽. 产品差异化、竞争类型与合谋稳定性分析[J]. 经济数学, 2010, (02): 17-22.

[32] 赵刘威, 杜建国. 具有异质预期类型和产品的差异度的Cournot博弈动力学分析与控制[J]. 工业技术经济, 2018, 37(01): 65-75.

[33] 马东升, 宋华明, 黄甫. 产品质量差异化背景下基于行为的定价策略研究[J]. 工业工程与管理, 2020, 25(05): 113-120.

[34] 官振中, 任建标, 宋秋云. 考虑公平偏好和产品纵向差异化的产品定价[J]. 系统管理学报, 2020, 29(06): 1215-1225.

[35] 杜宇玮. 产品差异化、GVC博弈与代工企业自主品牌升级[J]. 世界经济与政治论坛, 2020, (04): 104-136.

[36] 杨建文. 产业经济学[M]. 上海: 上海社会科学院出版社, 2008, 56.

[37] BOWLEY A L. The mathematical ground work of economies[M]. Clarendon Press, 1924.

[38] SHUBIK, MARTIN, LEVITNA, et al. Market structure and behavior[M]. Cambridge: Harvard University Press, 1980.

[39] HOTELLING H. Stability in competition[J]. Economic Journal, 1929, 39: 41-57.

[40] LERNER A P, Singer H W. Some notes on duopoly and patial competition[J]. The Journal of Political Economic, 1937, 45(2): 145-186

[41] LANCASTER K A. Consumer demand: A new approach[M]. New York: Columbia University Press, 1979.

[42] 叶和俊, 陈宏民. 差异化古诺竞争的一个动态模型[J]. 大连海事大学学报（社会科学版）, 2007, 6(6): 101-103.

[43] Dowrick S V. Stackelberg and Cournot duopoly: Choosing roles. The RAND Journal of Economics, 1986: 251-260.

[44] RIEHARD M. Can first-mover and early-mover advantages be sustained in an industry with low barriers to entry/imitation [J]. Strategic Management Journal, 1998, 19.

[45] 赵凯, 王健. 产品差异与技术差距影响研发溢出的理论探讨——基于企业竞争合作策略视角[J]. 科技进步与对策, 2019, 36(01): 28-35.

[46] 郎骁, 邵晓峰. 基于零售商入市顺序的横向差异化产品组合决策[J]. 系统管理学报, 2019, 28(06): 1169-1177.

[47] 周沫, 刘同. 互联网企业横向产品差异化竞争策略研究[J]. 系统科学学报, 2021, 29(01): 132-136.

[48] BERTOLETTI P. A note on endogenous firm efficiency in Cournot models of incomplete information[J]. Journal of Economic Theory, 1996, 71(1): 303-310.

[49] MERZONI G. Strategic delegation in Cournot oligopoly with incomplete information[J]. Advanced in Applied Microeconomics, 2000, 9: 279-305.

[50] 张宇波, 罗先觉, 薛钧义. 寡占市场中动态古诺模型的建立及稳定性分析[J]. 系统工程理论与实践, 2003, (11): 54-59.

[51] 彭运芳. 信息不对称情况下寡头市场决策的动态博弈[J]. 中国软科学, 2004, (5): 140-143.

[52] 夏少刚, 张大乐. 不完全信息下贝叶斯纳什均衡的转化[J]. 东北财经大学学报, 2006, (4): 3-8.

[53] 岳朝龙, 周世军. 不完全信息条件下动态库诺特模型的均衡分析[J]. 经济数学, 2008, (6): 188-194.

[54] 王强, 陈圻. 不完全成本信息下差异产品厂商古诺竞争博弈分析[J]. 运筹与管理, 2010, 04: 51-58.

[55] 黄金曦, 徐丹. 不完全信息下上市公司股权反收购动态博弈——基于万科与宝能系的股权之争[J]. 财会通讯, 2016, (32): 86-88.

[56] 李钢, 卢艳强. 虚拟社区知识共享的"囚徒困境"博弈分析——基于完全信息静态与重复博弈[J]. 图书馆, 2019, (02): 92-96.

[57] 马永红, 李言睿. 不完全信息下企业合作创新策略的多方博弈模型[J]. 哈尔滨工程大学学报, 2019, 40(09): 1656-1661.

[58] 张俊玲. 基于财产保险市场的一类寡头价格博弈模型研究[D]. 天津: 天津大学, 2011.

[59] BISCHI G I, NAIMZADA A. Global analysis of a dynamic duopoly game with bounded rationality[C]. Advances in Dynamic Games and Application. Italy: Birkhauser, 1999: 361-385.

[60] 潘玉荣, 贾朝勇. 不同理性双寡头博弈模型的复杂性分析[J]. 复杂系统与复杂性科学, 2007, 4(2): 71-76.

[61] 易余胤, 盛昭瀚, 肖条军. 具溢出效应的有限理性双寡头的动态演化[J]. 系统工程学报, 2004, 19(3): 244-250.

[62] 陈德华. 完全信息下垄断市场竞争均衡研究[D]. 北京: 北京邮电大学, 2010.

[63] FAHRI K. Barriers to entry in industrial markets[J]. Journal of Business & Industrial marketing. 2002, 5(17): 379-388.

[64] 李太勇. 产品差别化与市场进入壁垒[J], 外国经济与管理, 1999, (05): 45-48.

[65] 景建红, 冷雪梅. 关于我国电信业进入壁垒的经济学分析[J], 当代财经, 2002, 10.

[66] 范正伟, 谢雪梅. 中国电信进入移动领域壁垒重重[J], 通信企业管理, 2008, 9.

[67] 万伦来, 郭冬亮. 政府补贴、市场进入壁垒对民营企业绩效的影响——基于中国民营上市公司的实证研究[J]. 工业技术经济, 2016, 35(09): 92-99.

[68] 余东华, 邱璞. 产能过剩、进入壁垒与民营企业行为波及[J]. 改革, 2016(10): 54-64.

[69] 范红忠, 章合杰. 进入壁垒、审慎监管与银行风险承担——利率市场化条件下的理论与实证[J]. 云南财经大学学报, 2019, 35(03): 51-62.

[70] CHANG M. Intertemporal product choice and its effects on collusive firm behavior [J]. International Economic Review, 1992, (4).

[71] HACKNER J. Endogenous product design in an infinitely repeated game[J]. International Journal of Industrial Organization, 1995, (13).

[72] T W. Cartel stability and product differentiation[J]. International Journal of Industrial Organization, 1992, (10).

[73] 何慧爽. 垂直差异化与合谋稳定性关系分析[J]. 技术经济与管理研究, 2012, (08): 17-20.

[74] GABSZEWICZ J J, THISSE J F. Price competition, quality and income disparities[J]. Journal of Economic Theory, 1979, 20: 340-59.

[75] RONNEN U. Minimum quality standards, fixed costs and competition[J]. Rand Journal of Economics, 1991, (22).

[76] CRAMPES C, HOLLANDER A. Duopoly and quality standards[J]. European Economic Review, 1995, 39: 71-82.

[77] HAMILTON S F, SUNDING D L, ZILBERMAN D. Public goods and the value of product quality regulations: The case of food safety[J]. Journal of Public Economics, 2003, 87(3-4): 799-817.

[78] 蒋春华. 最低质量标准理论研究综述[J]. 宏观质量研究, 2013, 03: 26-32.

[79] ECCHIA G, LAMBE R TINI L. Minimum quality standards and collusion [J]. Journal of Industrial Economics, 1997, 45 (1): 101-113.

[80] 鲁文龙, 陈宏民. 贸易技术壁垒的博弈分析[J]. 预测, 2003. (4): 62-64.

[81] 陈艳莹, 杨文璐. 集体声誉下最低质量标准的福利效应[J]. 南开经济研究, 2012, (1): 134-144.

[82] GARELLA P, PETRAKIS E. Minimum quality standards and consumers' information[J]. Economic Theory, 2008, 36(2): 283-302.

[83] NEVEN D. Two stage equilibrium in Hotelling's model[J]. Journal of Industrial Economics, 1985, 33(3): 317-25.

[84] 张剑虎, 李长英. 产品多样性与企业区位选择[J]. 经济学(季刊), 2010, 9(4): 1505-1518.

[85] 龚强, 张懿. 企业的最优产品差异化选择[J]. 经济学(季刊), 2011, 10(2): 519-634.

[86] D'ASPREMONT, GABSZEWICZ C J, THISSE J. On Hotelling's stability in

competition[J]. Econometrica, 1979, 47(5): 1145-50.

[87] ANDALUZ J , JARNE G. Stability of vertically differentiated cournot and bertrand-type models when firms are boundedly rational[J]. Aninals of Operations Research, 2016, 238(1-2): 1-25.

[88] 王琦玮, 赵刘威, 梅强, 等. 双寡头 Bertrand 博弈模型动态分析与混沌控制[J]. 统计与决策, 2017, (21): 38-41.

[89] 王艳, 谭德庆. 劣势耐用品厂商的产品质保期与质保服务投入策略研究[J]. 中国管理科学, 2018, 26(02): 142-151.

[90] 汪敏达, 李建标, 曲亮, 等. 相安无事还是轮流坐庄: 双寡头动态默契合谋的实验研究[J]. 世界经济, 2019, 42(07): 171-192.

[91] 王浩. 快递服务质量评价研究[D]. 武汉: 湖北大学, 2014.

[92] 赵芳. 我国快递企业服务质量与顾客忠诚关系实证研究[D]. 成都: 西南财经大学, 2012.

[93] 程萌. 我国快递业服务质量规制研究[D]. 沈阳: 辽宁大学, 2013.

[94] 张启波. 基于服务质量的快递企业服务定价[D]. 大连: 大连海事大学, 2012.

[95] 刘亚. 快递业服务质量对服务价值的影响[J]. 中国流通经济, 2014, 05: 106-111.

[96] 张晓玲. 基于 Logit 模型的高铁快递市场分担率预测研究[J]. 铁道运输与经济, 2018, 40(12): 93-97+116.

[97] 贾果玲, 王建伟. 基于 SERVQUAL-IPA 模型的西安市圆通快递服务质量评价[J]. 铁道运输与经济, 2019, 41(10): 57-63.

[98] 焦志伦, 马姣易, 刘秉镰. 快递企业服务制造业物流的合作收益分配研究——基于修正的 Raiffa 解模型分析[J]. 商业经济与管理, 2020, (06): 18-27.

[99] 苗娜娜. 我国快递业发展与消费能级提升互动关系[J]. 商业经济研究, 2020, (07): 174-177.

[100] 黄建华, 党延忠. 快递超网络模型及基于效率的优化方法[J]. 北京理工大学学报（社会科学版）, 2011, 03: 68-72.

[101] 白晓平, 刘兵方. 基于贝叶斯-GO 综合法的快递配送系统可靠性研究

[J]. 工业工程, 2019, 22(04): 23-30+48.

[102] 韩兴, 刘晓平, 王刚, 韩松. 基于深度神经网络复杂场景下的机器人拣选方法[J]. 北京邮电大学学报, 2019, 42(05): 22-28.

[103] 徐俊杰, 曹曦. 城市快递共同配送的演进动力与网络组织研究[J]. 现代城市研究, 2020, (06): 26-32.

[104] 王道平, 杨永芳. 我国国内快递市场的竞争分析[J]. 北京社会科学, 2009, (02): 10-15.

[105] 丁保国. 快递服务业竞争战略与竞争作用力分析——以河南为例[J]. 生产力研究, 2010, (08): 183-184+194.

[106] 丁雅婷. 联邦快递和顺丰快递竞争优势比较分析[D]. 大连理工大学, 2013.

[107] 尹诗, 杨坚争. 基于 GA-BP 模型的城市电子商务竞争力评价——以长三角国家电商示范城市为例[J]. 科技管理研究, 2018, 38(20): 208-214.

[108] 王东. 基于产业链延伸视角的物流行业平台生态圈研究[J]. 商业经济研究, 2019, (23): 100-103.

[109] 李晓津, 张浩源, 肖凯云. 基于 BWM-GRA 模型的快递型物流企业财务绩效评价研究[J]. 数学的实践与认识, 2020, 50(07): 1-7.

[110] 阮平, 黄炜. 基于合作博弈理论的快递员串件行为分析[J]. 物流技术, 2014, 33(01): 200-202.

[111] 杨雯, 张荣. 基于期权定价的高铁与传统快递的 Stackelberg 博弈模型[J]. 铁道科学与工程学报, 2018, 15(01): 39-44.

[112] 于晓辉, 何明珂, 张强, 等. 区块链驱动下快递"最后一公里"共同配送的博弈分析[J]. 运筹与管理, 2020, 29(01): 17-22.

[113] 马军平, 徐寅峰, 吴腾宇. 转向限制网络中基于预知时间的快递车辆在线揽件路径选择研究[J]. 系统工程理论与实践, 2017, 37(09): 2394-2402.

[114] 李钢, 陈未雨, 杨兰, 等. 武汉市快递自提点的空间格局与集聚模式研究[J]. 地理科学进展, 2019, 38(03): 407-416.

[115] 杨菲菲. 中国电力产业监管中规制合谋及其防范机制设计[D]. 重庆: 重庆大学, 2012.

[116] 闫莹. 基于合作竞争的网络组织演化研究[D]. 天津: 天津大学, 2010.

[117] 杜鹏. 高技术虚拟产业集群成员间合作与竞争机制研究[D]. 哈尔滨: 哈尔滨理工大学, 2011.

[118] 纪国涛. 中国移动通信业价格竞争行为研究[D]. 沈阳: 辽宁大学, 2011.

[119] 耿建明. 中国房地产业市场结构、竞争机制及企业竞争策略研究[D]. 武汉: 武汉理工大学, 2010.

[120] 王胜伟. 激励创新视角下的互联网不正当竞争行为法律规制研究[D]. 南昌: 江西财经大学, 2019.

[121] 孙志棋. 基于收缩——松弛竞争机制的沥青混合料低温开裂机理研究[D]. 哈尔滨: 哈尔滨工业大学, 2020.

[122] 胡晓青. 零售通道竞争环境下供应链需求信息共享研究[D]. 杭州: 浙江工业大学, 2020.

[123] 魏娟, 邢占文. 产业组织理论三大流派综述及最新进展[J]. 内蒙古财经学院学报, 2009, (1): 84-88.

[124] 徐田华. 中国产业组织合理化问题研究[D]. 北京: 中共中央党校, 2014.

[125] 王建军, 曹巍. 西方产业组织理论的演化与新发展[J]. 生产力研究, 2007, (6): 20-25.

[126] 夏大慰. 产业组织与公共政策: 哈佛学派[J]. 外国经济与管理, 1999, (8): 4-10.

[127] 余东华. 新产业组织理论及其新发展[J]. 中央财经大学学报, 2004, (2): 49-55.

[128] 李丹, 吴祖宏. 产业组织理论渊源、主要流派及新发展[J]. 河北经贸大学学报, 2005, (3): 48-P55.

[129] 董艳华, 荣朝和. 产业组织理论的主要流派与近期进展[J]. 北京交通大学学报（社会科学版）, 2003, (4): 13-18.

[130] 赵峰. 全面建设小康社会时期中国产业组织政策研究[D]. 哈尔滨: 哈尔滨工程大学. 2006.

[131] 黄涛. 博弈论教程——理论·应用[M]. 北京: 首都经济贸易大学出版社, 2004.

[132] 屈国俊. 中国证券市场监管：基于博弈论视角的分析[D]. 西安：西北大学, 2005.

[133] 王金炳. 博弈论的发展历史和基本内容[J]. 时代经贸, 2007, (09): 12-18.

[134] 李明志, 柯旭清. 产业组织理论[M]. 北京：清华人学出版社, 2004.

[135] 张维迎. 博弈论与信息经济学[M]. 上海：上海三联出版社, 1999.

[136] 谢识予. 经济博弈论[M]. 2 版. 上海：复旦大学出版社, 2002: 134-135.

[137] CHAMBERLIN E, The theory of monopolistic competition[M]. Cambridge, Mass: Harvard University Press, 1933.

[138] ROBINSON J, What is perfect competition? [J]. Quarterly Journal of Economics, 1934, 49(1), 104-120.

[139] 张占东. 企业竞争中的产品差异化战略研究. 经济经纬, 2002, (03): 51-53.

[140] 吉宏伟. 网络经济中企业的产品差异化和兼容性策略研究[D]. 成都：电子科技大学, 2007.

[141] EATON B C, LIPSEY R G. The principle of minimum differentiation reconsidered: Some new developments in the theory of spatial competition [J]. Review of Economic Studies, 1975, 42: 27-49.

[142] ECONOMIDES N. The principle of minimum differentiation revised [J]. European Economic Review, 1984, 24: 345-368.

[143] LANCASTER K. Variety, equity, and effieiency [M]. NewYork: Columbia University Press, 1979.

[144] TIROLE, JEAN. The Theory of industrial organization [M]. Cambridge: The MIT Press, 1988.

[145] 王传荣. 产业经济学[M]. 北京：经济科学出版社, 2009, 56.

[146] 汤卫君. 垄断厂商产品差异化与歧视博弈分析[D]. 合肥：中国科学技术大学, 2006.

[147] SHY O. Industrial organization: Theory and application[M]. Cambridge: The MIT Press. 1996.

[148] CHAMBERLIN E. Duopoly value: Where sellers are few[J]. Quarterly

Journal of Economics, 1929, (43). 63-80.

[149] BAIN J. Barriers to new competition[D]. Cambridge: Harvard University Press, 1956.

[150] ORR D, PMACAVORY. Price strategies to promote cartel stability[J]. Econometrica, 1965, (32). 186-197.

[151] KREPS D. Rational cooperation in finitely repeatedly prisoner dilemma[J]. Journal of Economic Theory, 1982, (27): 245-252.

[152] FRIEDMAN. Non-cooperative equilibrium of super-game[J]. Respective of Journal of Economic Study, 1971, (38): 1-12.

[153] ABREU. Extreme equilibrium of oligopolistics super-game[J]. Journal of Economic Theory. 1986, (39): 191-225.

[154] ROTEMBERG, SALONER. Collusive price leadership[J]. Journal of Industrial Economics, 1990, (39): 93-111.

[155] STIGLER. A theory of delivered price system[J]. American Economic Review, 1968, (39).

[156] BENSON. On the basing point system[J]. American Economic Review, 1990, (80): 584-588.

[157] 罗建兵, 许敏兰. 合谋理论的演进与新发展[J]. 产业经济研究, 2007, 03: 56-61.

[158] 付克娟. 需求变动对合谋的影响机理研究[D], 天津: 天津商业大学, 2011.

[159] 臧展. 需求波动下的垄断合谋与价格竞争——对我国空调行业价格反周期波动的一个解释[J]. 东北财经大学学报, 2007, 02: 22-26.

[160] 刘峥, 徐琪. 不同市场需求在合作策略和非合作策略下双渠道供应链最优订货模型[J]. 东华大学学报(自然科学版), 2015, 41(05): 696-705.

[161] 喻言, 任剑新. 需求不确定条件下中间品区别定价的竞争效应与反垄断规制[J]. 财贸研究, 2017, 28(07): 8-20.

[162] 陈中洁, 于辉. 需求扰动下供应链反向保理的鲁棒决策[J]. 中国管理科学, 2020, 28: 89-101.

[163] 浦徐进, 何未敏, 范旺达. 市场结构、消费者偏好与最低质量标准规制

的社会福利效应[J]. 财贸研究, 2013, 06: 96-104.

[164] 蒋春华. 最低质量标准理论研究综述[J]. 宏观质量研究, 2013, 03: 26-32.

[165] 龚强, 成酩. 产品差异化下的食品安全最低质量标准[J]. 南开经济研究, 2014, 01: 22-41.

[166] VALLETTI T. Minimum quality standards under cournot competition[J]. Journal of Regulatory Economics, 2000, 18(3).

[167] 凌超, 张赞. 监管体系失衡与产品质量选择[J]. 财经论丛, 2015, (06): 98-105.

[168] 陈艳莹, 张小凡. 最低质量标准与高端自有品牌的福利效应[J]. 财经问题研究, 2019, (02): 27-34.

[169] 李荣华. 我国电信市场后进入者的有效竞争研究[D]. 南京: 中南大学, 2008.

[170] 骆品亮, 陆毅. 竞争性品牌策略: 进入遏制角度的分析[J]. 管理科学学报, 2007, 04: 24-31.

[171] 李悦, 李平, 孔令承. 产业经济学[M]. 大连: 东北财经大学出版社, 2008.

[172] 徐峰, 盛昭瀚, 姚洪兴, 等. 延迟决策对一类双寡头广告博弈模型的影响分析[J]. 管理科学学报, 2007, 10(10): 1-10.

[173] 王翼. 自动控制中的基础数学——微分方程与差分方程[M]. 北京: 科学出版社, 1987, 238-242.

[174] 彭靖. 寡头垄断市场价格博弈模型复杂性及其应用研究[D]. 天津: 天津大学, 2010.

[175] 陈予恕, 唐云. 非线性动力学中的现代分析方法[M]. 北京: 科学出版社, 1992.

[176] 曹文琴, 涂国平. 基于收购竞争性的农产品产种联盟博弈研究[J]. 统计与决策, 2015, 6: 66-69.

[177] 易余胤. 基于演化博弈论的企业合作与背叛行为研究[M]. 北京: 经济科学出版社, 2010.

[178] 李建标, 于娟, 王光荣, 等. 产品差异度与厂商共谋行为——模型与实验证据[J]. 南开经济研究, 2008, 03: 28-48.

[179] AXELROD R. The evolution of cooperation[M]. New York: Basic Books,

1984.

[180] CAFAGNA V, COCCORESE P. Dynamical systems and the arising of cooperation in a cournot duopoly Chaos[J]. Solitions and Fracta, 2005.

[181] 施桂萍, 丁占文. 不完全信息下双寡头博弈动态调整合作机制的研究[J]. 科学技术与工程, 2008, 14: 3726-3729+3746.

[182] SHINADAM, YANMAGISHI T. Punishing free riders: Direct and indirect promotion of cooperation[J]. Evolution and Human Behavior, 2007, 28: 330-339.

[183] 何慧爽. 最低质量标准下企业进入的策略性行为选择[J]. 技术经济与管理研究, 2013, 02: 7-11.

[184] 张福利, 施建军, 陈效林. 双寡头一方垄断中间产品市场的纵向差异策略[J]. 管理科学学报, 2010, 01: 10-19.

[185] 夏珑, 史红民. 规制博弈与产品质量[J]. 企业经济, 2010, 02: 46-50.

[186] 付克娟. 需求变动对合谋的影响机理研究[D]. 天津: 天津商业大学, 2011.

[187] 泰勒尔. 产业组织理论[M]. 北京: 中国人民大学出版社, 1997.

[188] 国家邮政局发展研究中心. 中国快递行业发展报告[EB/OL](2020-06). http: //www. spbdrc. org. cn/xwdt/zxdt/202006/P020200618596292583854. pdf.

[189] 国家局和省局信息. 中国快递发展指数报告[EB/OL](2020-03). http: //www. spb. gov. cn/xw/dtxx_15079/202103/t20210305_3854990. html.

[190] 国家邮政局. 邮政业发展"十三五"规划[EB/OL](2017-01). http: //www. spb. gov. cn/ztgz/gjyzjzt/sswgh/ghwb/201701/t20170111_954980. html.

[191] 国家邮政局. 快递业发展"十三五"规划[EB/OL](2017-02). http: //www. spb. gov. cn/zc/ghjbz_1/201702/t20170213_991162. html.

[192] 国家邮政局. 邮政普遍服务"十三五"规划[EB/OL](2017-01). http: //www. spb. gov. cn/ztgz/gjyzjzt/sswgh/ghwb/201701/t20170122_972883. html.

[193] 国家邮政局. "十四五"邮政业发展规划[EB/OL]. http://www.chinapost. com. cn/xhtml1/folder/181312/8171-1.htm.

[194] 国家邮政局. 2020年度快递市场监管报告[EB/OL]. http://www.spb.gov. cn/zy/xxgg/202108/W020210826515815090967.pdf

[195] 国家邮政局. 2020 年邮政行业发展统计公报[EB/OL]. http://www.spb.gov.cn/xw/dtxx_15079/202105/t20210512_3901027.html.

[196] 浙江省邮政管理局. 杭州邮政快递业发展"十四五"规划[EB/OL]. 2020.

[197] 蔺珊珊. 中国快递行业平均价格持续走低的现状及原因浅析[J]. 营销界, 2019(19): 5-6.

[198] 张卫东. 反垄断战略视角下的邮政业[J]. 竞争法律与政策评论, 2019, 5(00): 21-25.

[199] 国家邮政局发展研究中心. 深度解读2020年快递发展五大趋势[EB/OL]. https://www.sohu.com/a/403204472_468675.

[200] 国家邮政局发展研究中心. 中国快递行业发展报告, 2020. 2020 年 5 月.

[201] 曹文琴, 涂国平. 佛山市物流基础设施的现状分析与合理化建议[J]. 物流技术, 2013, 12: 66-70.

[202] 曹文琴, 涂国平. 江西省交通运输及物流企业问卷调查与分析[J]. 物流技术, 2014, 2: 1-4.

[203] 乔均, 何秀丽. 快递行业品牌形象提升的关键因素及影响机制[J]. 南京社会科学, 2011, 09: 30-36+43.

[204] 国务院办公厅. 关于促进物流业健康发展政策措施的意见[EB/OL] (2011-08-19). http://www.gov.cn/zwgk/20110819/content_1928314.htm.

[205] 新闻中心网. EMS 意外退出 IPO 背后: 市场份额与利润两难[EB/OL]. http://news.zol.com.cn/article/240909.html, 2013-12.

[206] 中国财经. 快递上市公司规模竞争白热化[EB/OL](2019-08-02). http://finance.china.com.cn/jtys/20190802/5044686.shtml.

[207] 顺丰疯狂扩张, 欲抗衡 EMS. http://www.ithome.com/html/it/67969.htm.

[208] 中国新闻周刊. 快递业"价格战"白热化, 顺丰龙头岌岌可危[EB/OL]. https://new.qq.com/omn/TEC20190/TEC2019092800297400.html.

[209] 北京零点市场调查与分析公司. http://bjchaoyang029730.11467.com/.

[210] 21世纪经济报道. "通达系"为何难以摆脱"价格共振"? [EB/OL] (2020-05-15). https://new.qq.com/omn/20200515/20200515A012QG00.html.

[211] 新华社. 快递业筹谋摆脱"产业之痛": 十年价格战,何时是个头? [EB/OL]

(2014-10-28). http: //www. sc. xinhuanet.com/content/20141028/c_1113014161. htm, 2014-10.

[212] 零点研究咨询集团. 从服务满意度看快递行业的发展[EB/OL]. http: //www. horizonkey. com/siteadmin/WebAPI/Search.news.inc.php?language = CN, 2013.

[213] 王俊豪. 产业经济学[M]. 2 版, 北京: 高等教育出版社, 2012.

[214] 知乎日报. 菜鸟驿站商业模式[EB/OL]. https: //zhuanlan.zhihu.com/p/ 261691652.

[215] 中研网. 细分市场是今后快递业转型重点发展方向[EB/OL]. http: //www. chinairn. com/print/3917560. html, 2014-09.

[216] 高捷闻, 何承芳. 基于"互联网+"模式下电子商务物流仓配一体化研究[J]. 赤峰学院学报（自然科学版）, 2017, 33(10): 79-80.

[217] 苏伟. 中国快递行业资源整合问题研究[D]. 北京: 对外经济贸易大学, 2007.

[218] 国家邮政局. 关于快递企业兼并重组的指导意见[EB/OL]. http: //www. spb. gov. cn/folder2/folder16/folder22/folder24/2011/03/2011-03-2277912. html, 2011-05.